Ingo Frost

Zivilgesellschaftliches Engagement in virtuellen Gemeinschaften

Eine systemwissenschaftliche Analyse
des deutschsprachigen Wikipedia-Projektes

Herbert Utz Verlag · München

Wirtschafts- und Sozialwissenschaften

Band 46

Umschlagbild: Ausschnitt aus Titelseite von Diderot, d'Alemberts:
Encyclopédie (1751–1772), Quelle:
[http://de.wikipedia.org/wiki/Bild:ENC_1-NA5_600px.jpeg]

Der Druck dieses Buches wurde gefördert durch den Verein
Wikimedia Deutschland – Gesellschaft zur Förderung Freien
Wissens e.V.

Bibliografische Information Der Deutschen Bibliothek:
Die Deutsche Bibliothek verzeichnet diese Publikation in der
Deutschen Nationalbibliografie;
detaillierte bibliografische Daten sind im Internet über
http://dnb.ddb.de abrufbar.

Copyright © Herbert Utz Verlag GmbH · 2006

ISBN 3-8316-0609-9

Printed in Germany

Herbert Utz Verlag GmbH, München
089-277791-00 · www.utzverlag.de

Kontakt zum Autor: www.cogsci.uos.de/~ifrost,
ingo.frost@uni-osnabrueck.de

Zusammenfassung

WIKIPEDIA

Wikipedia hat sich in nur vier Jahren zur umfangreichsten internationalen Internetenzyklopädie entwickelt: Es gelang genug Freiwillige zu motivieren, sich an diesem Projekt zu beteiligen und ein frei zugängliches, mehrsprachiges, virtuelles Lexikon aufzubauen. Paradoxerweise kann sich Wikipedia mit anderen gedruckten Enzyklopädien qualitativ messen lassen (geschehen z.B. im Onlinemagazin der Zeitschrift *Nature*), obwohl sie von Freiwilligen - also weitestgehend nicht von dafür ausgewiesenen Experten - geschrieben wurde und obwohl jeder ohne Anmeldung Artikel direkt verändern oder hinzufügen kann. Ein Aspekt, der dieses *Wikipedia-Phänomen* erklärt, ist die virtuelle Gemeinschaft Wikipedias, eine besondere, flach hierarchisch organisierte, virtuelle Lektorenschaft, die einen Review-Prozess aller Änderungen gemeinsam ermöglicht.

STAND DER FORSCHUNG

Es werden erste Arbeiten über Wikipedia vorgestellt und diskutiert, die aus vier Feldern stammen: (1) *Sozialpsychologie* in Form von empirischen Studien über Wikipedia und über ein bekanntes Open Source-Projekt, (2) *Journalismus* im Kontext des virtuellen partizipativen Journalismus, (3) *Wirtschaftswissenschaften:* Analyse und Einordnung des produzierten (Informations-) Guts und (4) *Informatik,* insbesondere die Datenanalyse von Wikipedia und das Entwicklermodell „Freie Software" und dessen Übertragung auf „Freie Inhalte".

PERSPEKTIVE

Während de Tocqueville 1835 das Engagement der Bürger als entscheidenden Faktor der Demokratie hervorhob, haben spätere Arbeiten eine prozedurale und institutionelle Sichtweise der Demokratie als Staatsform geprägt. Heute sind in Deutschland zwei Drittel aller Bürger in zivilgesellschaftlichen Aktivitäten eingebunden (vgl. Freiwilligensurvey: von Rosenbladt (2000)) und ermöglichen in vielen Bereichen das Ideal der demokratischen Selbstverwaltung: Alles, was durch Bürger selbst organisiert werden kann, wird mehr und mehr durch Bürger selbst organisiert. Diese Art des Engagements folgt bestimmten Normen und Prinzipien, die sich im virtuellen Raum u.a. durch Projekte wie Wikipedia mit ungeahnter Kraft entfalten. Die virtuelle Gemeinschaft wird somit in Bezug zu Freiwilligenarbeit und Freiwilligen-Organisationen außerhalb des Internets gesetzt.

METHODE

Nach ausführlicher Vorstellung der Internetenzyklopädie Wikipedia und einschlägiger Arbeiten in diesem Zusammenhang folgt meine Analyse Wikipedias aus Sicht des zivilgesellschaftlichen Engagements angewandt auf virtuelle Gemeinschaften. Dazu wird Wikipedia als virtuelle Gemeinschaft mit der Organisationsform *eingetragener Verein* und dem Modell der Bürgerbeteiligung verglichen. Methodisch gehe ich dabei wie folgt vor: Durch ein Modell wird (1) die Struktur der Entscheidungsprozesse offen gelegt. Es kommen (2) zwei Messverfahren zum Einsatz. Aus der Perspektive „Wikipedia als Verein" wird das soziale Kapital bestimmt, aus der Perspektive „Wikipedia als Beteiligungsprojekt" wird die Partizipationsintensität gemessen. Anschließend wird die gesamte Untersuchung (3) in den Kontext soziologischer und politikwissenschaftlicher Arbeiten eingeordnet.

So werden gesellschaftliche Effekte und politische Implikationen im Zeitalter der Wissensgesellschaft aufgezeigt: Eine Gemeinschaft, die sich selbst beobachtet und gemeinsam gemeinsame Probleme löst, ist Archetyp eines sozialen Systems. Die somit zur Diskussion geöffneten Stränge der breiten Thematik laufen bei Wikipedia elegant und auf transparente Weise zusammen. Alle Kommunikations-, Organisations- und Produktionsprozesse laufen vollständig über die Wikipedia-Plattform, auf der alle Daten seit Projektbeginn für jeden zugänglich sind.

ERGEBNISSE

Zwischen zivilgesellschaftlichen Aktivitäten und dem Engagement der Wikipedia-Gemeinschaft lassen sich breite Überlappungen feststellen. Sie beziehen sich auf individuelle Motive, strukturelle Aspekte der Beteiligung und auf die Faktoren soziales Kapital und soziales Vertrauen (nach der Auslegung Putnams). Besonderheiten bei Wikipedia sind die fehlende Planungsphase, wodurch viele Vorgänge vereinfacht werden und die Tatsache, dass im Gegensatz zu Vereinen die Interaktionen zwischen den Engagierten relativ anonym ablaufen und meist sachbezogen sind. Generell ist festzuhalten, dass Wikipedia als funktionierendes Beispiel dafür zu nennen ist, wie sich trotz hoher Teilnehmerzahl jeder in jedem Bereich mit gleicher Stimme einbringen kann: Wikipedia dokumentiert Wissen demokratisch und kann als bürgerschaftlich selbstorganisiert angesehen werden.

Wikipedia erweist sich somit als Spiegel unserer Gesellschaft, die zunehmend geprägt wird von Individualisierung, Beteiligung und der wachsenden Bedeutung der Wissensgesellschaft. Wikipedia verbessert den Anschluss an die wissenschaftliche Öffentlichkeit. Gleichzeitig ist Wikipedia aber auch Austragungsort ideologischer Konflikte (*ideologischer Vandalismus*).

Vorwort zur ersten gedruckten Auflage

Das vorliegende Buch basiert auf meiner im Januar 2006 eingereichten Diplomarbeit. Für die erste gedruckte Ausgabe wurden die meisten Daten auf den aktuellen Stand vom April 2006 gebracht. Dank Jakob Voß konnten auch die Grafiken für das Kapitel 2.1.1 überarbeitet und aktualisiert werden.

Die Diplomarbeit habe ich in einer Vortragsreihe in unterschiedlichem Rahmen vorgestellt. Die Reaktionen lassen auf ein großes Interesse an einer wissenschaftlichen Betrachtungsweise Wikipedias schließen.

Mein besonderer Dank gilt dem Wikimedia Deutschland e.V., der durch die finanzielle Förderung dieses Buches diese Arbeit einem breiteren Publikum zugänglich macht. Auch dem Herbert UTZ Verlag, der bereit war, mit der GNU FDL-Lizenzierung dieses Buches neue Wege zu beschreiten und so einen Beitrag zur Förderung Freier Inhalte zu leisten, möchte ich herzlich danken.

Seit Einreichung der Arbeit ist Wikipedia erneut enorm gewachsen, allein die Anzahl der Zugriffe hat sich seit Ende letzten Jahres verdoppelt, also in kaum 4 Monaten. Die englischsprachige Wikipedia konnte vor kurzem den millionsten Artikel feiern. Gleichzeitig wurden einige Schwächen Wikipedias deutlich, die insbesondere durch Recherchen der Printmedien bekannt wurden. So wurde beispielsweise festgestellt, dass Artikel über US-amerikanische Senatoren systematisch manipuliert worden waren, um die Betroffenen in besserem Licht erscheinen zu lassen. Diese Form des virtuellen Vandalismus innerhalb der Wikipedia kann wie im Kapitel (2.1.6, Vandalismus) vorgeschlagen zum *Ideologischen Vandalismus* zählen. Dennoch würde ich heute stärker den manipulativen Charakter dieser Art des Vandalismus hervorheben und ihn von einer rein ideologieverfolgenden Handlungsweise abgrenzen. Ebenso ist zu beobachten, dass der gerade beschriebene Qualitätsmangel der Wikipedia durch die Interaktion mit klassischen Massenmedien entdeckt und daraufhin behoben werden konnte. Diesen Einfluss der Massenmedien habe ich im Rahmen meiner Diplomarbeit so noch nicht erkannt und untersucht. Heute scheint er von zentraler Bedeutung zu sein.

Vorwort

Die Internetenzyklopädie Wikipedia ist ein Phänomen, das viele fasziniert, so auch die Wissenschaftler: In den letzten Jahren sind erste Arbeiten darüber erschienen. Wie alle Untersuchungen auf neuem Terrain sind auch diese sehr kreativ und untereinander heterogen[1]: Es hat sich noch keine einheitliche Theorie oder gefestigte Auffassung entwickelt, auf die neue Arbeiten aufbauen könnten. Über Wikipedia wird meist aus der Sicht der eigenen Disziplin geschrieben – doch Wikipedia lässt sich nicht einzelnen Disziplinen unterordnen. So stellen sich bei Diskussion oder Reflexion über Wikipedia relativ schnell grundlegende Fragen, die durch die bisherigen Arbeiten noch nicht zufriedenstellend bearbeitet wurden.

Somit stellt sich die Herausforderung interdisziplinär zu arbeiten und eine systemwissenschaftliche Sichtweise aus den vorhandenen Arbeiten zu entwickeln. Zusätzlich bette ich die Entwicklung Wikipedias in längerfristige Prozesse auf anderen Gebieten ein. Auf diese Weise möchte ich zeigen, wie es zum Phänomen Wikipedia, wie es sich heute darstellt, kommen konnte.

Zentrales Thema dieser Arbeit ist das emergente Phänomen einer funktionierenden Gemeinschaft, deren Existenz und Erfolg auf einem *gemeinsamen* Ziel und der Wiki-Software basiert.

Ich habe in dieser Arbeit alle wissenschaftlichen Arbeiten berücksichtigt, die mir zu Wikipedia bis zum Zeitpunkt der Anmeldung der Arbeit zur Verfügung standen. Ausgeschlossen habe ich rein technische Arbeiten, die sich nur auf die Software und deren Weiterentwicklung beziehen, da ich die „Wikipedianer" und ihre Gemeinschaft in den Mittelpunkt meiner Arbeit gestellt habe.

In der Entstehungszeit dieser Arbeit fand die *Wikimania* statt, die erste internationale Wikipedia-Konferenz, auf der ich erste Ideen zu meiner Arbeit durch ein Poster präsentiert habe. Soweit dies bereits möglich war, habe ich die Ansätze der dort vorgestellten Arbeiten berücksichtigt.

Innerhalb der deutschen und englischsprachigen Wikipedia wurden erste Hilfestellungen für Wissenschaftler organisiert. Im Juni und Juli 2005 startete ein Programm[2] zur Förderung der wissenschaftlichen Arbeiten rund um Wikipedia.

Bereitgestellt wurde z.B. ein Verzeichnis der Forscher, die sich mit Wikipedia befassen, sowie eine Bibliographie der existierenden Arbeiten. Eingeführt wurde ebenso eine Mailingliste für Wissenschaftler rund um das Thema Wikipedia.

Auch für meine Arbeit war diese Einrichtung wichtig, da sie es z.B. ermöglicht hat mit Joachim Schroer Kontakt aufzunehmen, der mit anderen Wissenschaftlern an der Universität Würzburg die erste größere Erhebung in der deutschsprachigen Wikipedia durchführte.

Abschließend möchte ich auf einige technische Details meiner Arbeit hinweisen:

- Begriffe, die im spezielleren Wikipedia-Kontext stehen, sind durch „▷" gekennzeichnet und werden im Glossar erklärt.

---

[1] In Analogie zu den Phasen der Entwicklung technischer Innovationen, beschrieben bei Ortmann (1995)

[2] siehe Artikel WP_M: RESEARCH, WP_M: WIKI_RESEARCH BIBLIOGRAPHY und WP_M: WIKIPEDIA_RESEARCH_NETWORK

- Artikel aus der Wikipedia werden auf folgende Weise zitiert: Artikelnamen sind als KAPITÄLCHEN formatiert. Davor ist jeweils angegeben, woher dieser Artikel stammt: WP_DE steht für die deutschsprachige[3], WP_EN für die englischsprachige Wikipedia[4] und WP_M für das projektübergreifende ▷Meta-Wiki[5]. Wird der Inhalt eines Artikels aufgegriffen, so liegt eine Kopie der abgerufenen Seite im Anhang vor.

- Unter http://www.coolfrost.de/arbeiten/diplomarbeit befindet sich eine digitale Version dieser Arbeit, bei der Links und Verweise auf Artikel bequem per Hyperlink aufrufbar sind. Auch das Literaturverzeichnis ist intensiv mit Adressen zu Internetressourcen ergänzt worden.

Danke an alle Freiwilligen, die mit leidenschaftlichem Engagement Projekte wie Wikipedia ermöglichen und mir zu vielen Fragen rund um diese Arbeit hilfreich beiseite standen. Ohne die vielfältige Unterstützung vieler einzelner Personen wäre diese Arbeit nicht entstanden. Vielen Dank insbesondere an: Alexandra Tryjanowski, Heide und Uwe Frost, Jakob Voß, Joachim Schroer, Birgit Rochleder, Tanja Pflug, David Wehinger, Dörte Döring, Clara Groeger, Timbo Thelen sowie Andrew Fink.

---

[3]Deutschsprachige Wikipedia: http://de.wikipedia.org
[4]Englischsprachige Wikipedia: http://en.wikipedia.org
[5]Meta-Wiki: http://meta.wikimedia.org

Inhaltsverzeichnis

1 Einleitung

Das erste Kapitel stellt das Phänomen Wikipedia als Ausgangspunkt dieser Arbeit vor, leitet dann die daraus resultierende Fragestellung ab und stellt den gewählten Aufbau dieser Arbeit vor.

1.1 Das Wikipedia-Phänomen: In fünf Jahren zur weltgrößten Enzyklopädie

„Wir schreiben die weltgrößte mehrsprachige Enzyklopädie. Auf unserer neuen Wikipedia-Webseite kann jeder jede Seite ändern und neue Seiten anlegen." - das war das Motto, unter dem am 15.1.2001 die englischsprachige Wikipedia mit nur wenigen Artikeln begann. Offiziell wurde es als *Spaßprojekt*[6] angekündigt. Ein solcher Ansatz wirkt in der Tat ironisch bis sehr naiv und lässt sich mit drei Argumenten kritisieren, mit denen man schnell zu dem Schluss kommt, dass ein solches Unternehmen eigentlich nur scheitern kann.

1. Vandalismus verhindern: Eine Webseite, auf der jeder frei Informationen verbreiten kann, führt zwangsläufig dazu, dass diese Freiheit missbraucht, und Informationen, Parolen und Werbung verbreitet werden, die nichts in einer Enzyklopädie zu suchen haben.

2. Regeln durchsetzen: Es ist nicht möglich sich gegen Vandalismus durchzusetzen, da jede Handhabe fehlt. Es ist praktisch keine Hierarchie vorhanden, wenn alle Benutzer die gleichen Rechte haben. Es entsteht also ein destruktiver Zustand der Anarchie.

3. Freiwillige finden: Um ein Lexikon zu schreiben, braucht man sehr viele Mitarbeiter, die wiederum Spezialisten auf ihrem Fachgebiet sein sollten. Es ist kaum denkbar, dass diese in genügend großer Anzahl in einem solchen Projekt zusammenkommen und freiwillig daran mitarbeiten.

Wikipedia hat trotz dieser so logisch scheinenden Einwände nicht ins Chaos geführt, sondern eine kleine Revolution im Internet ausgelöst und wächst bis heute fast exponentiell [Voß (2005b)]. Die englischsprachige Version der Enzyklopädie Wikipedia hat im Jahr 2004 die Artikelanzahl betreffend die bis dahin populärste gedruckte englischsprachige Enzyklopädie, die Encyclopædia Britannica, übertroffen. In der Wikipedia sind alle Artikel von Freiwilligen verfasst, verbessert und korrigiert worden. Die drei genannten Probleme werden von der virtuellen Gemeinschaft bewältigt und führten keineswegs zum Scheitern des Projektes!

---

[6]Angekündigt auf der Webseite des Vorgängerprojektes Nupedia (siehe Kapitel 2.1.2), zitiert aus der konservierten Nupedia-Webseite vom 18.1.2001 bei ▷Archive.Org
http://web.archive.org/web/20010118225800/http://www.nupedia.com/

1.2 Fragestellung

Wikipedia und Zivilgesellschaft (eigene Abb.)

Die zentrale Fragestellung dieser Arbeitet lautet:

- Kann das Phänomen Wikipedia aus den Entwicklungen der Zivilgesellschaft heraus erklärt werden?

Diese Frage wird weiter spezifiziert:

– Wenn Wikipedia eine Organisation aus Freiwilligen ist, kann sie dann mit der Organisationsform des *eingetragenen Vereins* verglichen werden?
– Ist Wikipedia eine spezielle Art des *bürgerschaftlichen Engagements*?
– Oder ist Wikipedia in erster Linie der Versuch des *Anschlusses an die wissenschaftliche Öffentlichkeit*?

Bevor ein solcher Vergleich stattfinden kann, muss (1) Wikipedia als *soziales System* [nach Luhmann (1996)] vertieft und die Rolle der Gemeinschaft offengelegt und (2) die bisherigen Erklärungsansätze und deren Bezug zur virtuellen Gemeinschaft untersucht werden.

Dazu ergeben sich weitere Fragen:

1. Was genau ist Wikipedia?

- Aus welchen Entwicklungen heraus ist Wikipedia entstanden oder wie kam es zur *Autopoiesis* Wikipedias?
- Welche Komponenten sind differenzierbar, in welcher Beziehung stehen sie und welche Prozesse entstehen durch sie oder wie findet die Selbstorganisation im virtuellen Raum und somit die *Reproduktion* Wikipedias statt?
- Wie ist der *institutionelle Rahmen* außerhalb des virtuellen Raums Wikipedias beschaffen?
- Welche Faktoren wirken von außen auf Wikipedia ein und wie werden Umwelteinflüsse vom sozialen System Wikipedia verarbeitet?

2. Wie wird dieses Phänomen bisher wissenschaftlich erklärt?

- Wie wird Wikipedia interpretiert, wenn das Gut (virtuelles Lexikon) im Mittelpunkt der Untersuchung steht?

- In welcher Beziehung stehen virtuelle Gemeinschaften die ▷Freie Software entwickeln mit Wikipedia?

- Ist Wikipedia eine spezielle Form eines *Bürgerjournalismus* [„participatory journalism", Lih (2004)]?

- Welche empirischen Ergebnisse und Untersuchungen liegen bisher vor?

1.3 Methode

Nach ausführlicher Vorstellung der Internetenzyklopädie Wikipedia und insbesondere der virtuellen Gemeinschaft werden einschlägige wissenschaftliche Arbeiten über Wikipedia vorgestellt. Dann folgt meine Analyse Wikipedias aus Sicht des zivilgesellschaftlichen Engagements angewandt auf virtuelle Gemeinschaften. Dazu wird Wikipedia als virtuelle Gemeinschaft mit der Organisationsform *eingetragener Verein* und dem Konzept der Bürgerbeteiligung verglichen.

Methodisch wird dabei folgendermaßen verfahren:

1. Durch ein Modell wird die Struktur der Entscheidungsprozesse offen gelegt.

2. Es kommen zwei Messverfahren zum Einsatz: Aus der Perspektive „Wikipedia als Verein" wird das Sozialkapital [nach Putnam u. Goss (2001)] bestimmt und aus der Perspektive „Wikipedia als Beteiligungsprojekt" wird die Partizipationsintensität gemessen.

3. Anschließend wird die gesamte Untersuchung im Kontext soziologischer (z.B. zu den Themen: Systemtheorie, soziales Vertrauen, Thomas Theorem) und politikwissenschaftlicher Arbeiten (z.B. zu den Themen: Dritter Sektor, partizipative Demokratie) eingeordnet.

So werden gesellschaftliche Effekte und politische Implikationen im Zeitalter der Wissensgesellschaft aufgezeigt: Eine Gemeinschaft, die sich selbst beobachtet und gemeinsam gemeinsame Probleme löst, ist Archetyp eines sozialen Systems. Die somit zur Diskussion geöffneten Stränge der breiten Thematik laufen bei Wikipedia elegant und auf transparente Weise zusammen. Alle Kommunikations-, Organisations- und Produktionsprozesse werden vollständig über die Wikipedia-Plattform abgewickelt, auf der alle Daten seit Projektbeginn für jeden zugänglich sind.

1.4 Aufbau der Arbeit

Nach einer allgemeinen Einleitung wird der Fragestellung in drei Hauptteilen unter unterschiedlichen Gesichtspunkten nachgegangen.

Der erste Hauptteil befasst sich mit der Vorstellung des Wikipedia-Projektes und seiner Gemeinschaft, der zweite stellt einige bereits vorhandene wissenschaftliche Perspektiven vor. Im dritten Teil entwickle ich eine eigene neue Perspektive.

1. Im ersten Hauptteil (Kapitel 2) stelle ich die unterschiedlichen Facetten des Projektes, insbesondere die Aspekte der Autopoiesis (Entwicklungsstränge), der Reproduktion (Selbstorganisation), der Umwelteinflüsse (z.b. Vandalismus) und den instititutionellen Rahmen vor.

   In diesen Teil sind die Ergebnisse meiner eigenen wissenschaftlichen Beobachtung von Wikipedia sowie die Ergebnisse vieler persönlicher Gesprächen mit aktiven Wikipedianern, Wikipedia-Skeptikern sowie Wikipedia-Benutzern aus universitärem Umfeld eingeflossen.

   Der erste Hauptteil besteht somit aus Beobachtungen verschiedener Stufen[7]:

   - Beobachtungen ersten Grades [beobachten] auf Basis von persönlichen Erfahrungen im Umgang mit Internet, ▷Wiki-Software und Wikipedia,

   - Beobachtungen zweiten Grades [Beobachter beobachten], die auf den unterschiedlichen Sichtweisen auf Wikipedia von Seiten anderer Nutzer basieren, die jeweils eine spezielle Position in dem Projekt eingenommen haben, aber auch indem Beiträge aus den Massenmedien (die Wikipedia beobachten) verfolgt werden, sowie

   - Beobachtungen dritten Grades [beobachten wie Beobachter beobachtet werden], indem hier die Reaktionen auf Beobachtungen von Wikipedia analysiert werden: Wie reagiert die Wikipedia-Gemeinschaft auf Beobachtungen von Wikipedia (z.B. Reaktion auf Presseartikel) aus meiner Sicht?

2. Im zweiten Hauptteil (Kapitel 3) konzentriere ich mich auf wissenschaftliche Beobachtungen zweiten Grades. Dabei werden wissenschaftliche Arbeiten über Wikipedia aus verschiedenen Disziplinen und Ansätzen heraus vorgestellt werden und jeweils im Anschluss diskutiert. So werden bereits untersuchte Aspekte der Gemeinschaft offengelegt und im nächsten Teil kann an sie angeknüpft werden.

   Arbeiten zu Wikipedia werden insbesondere aus vier Feldern vorgestellt:

   (a) Das Lexikon als virtuelles Gut: Ciffolilli (2003); Grassmuck (2000),

   (b) Wikipedia als Weiterentwicklung des Open Source-Prinzips: Hertel u. a. (2003); Garcia u. Steinmueller (2003),

   (c) Wikipedia aus Sicht des „participatory journalism": Lih (2004),

   (d) Empirische Untersuchungen und Datenauswertungen Wikipedias: Schroer (2005); Voß (2005a).

---

[7]Hintergrund ist hier Luhmanns Leitdifferenz aus System und Differenz aus der sich unterschiedliche Arten von Beobachtungen ergeben. Für eine Einführung siehe Berghaus (2004, Kap. 4.2).

3. Der dritte Hauptteil (Kapitel 4) stellt Wikipedia im Kontext des zivilgesell-schaftlichen Engagements vor. Auf diese Weise sollen gesellschaftliche Entwick-lungen außerhalb des Internets, u.a. die Herausbildung und Rolle einer aktiven Zivilgesellschaft [u.a. von Rosenbladt (2000); Etzioni (1999); Goldstein (1979); Putnam (1993a)], zur Erklärung des Wikipedia-Phänomens hinzugezogen wer-den.

Dabei werden drei Ansätze vertieft und Literatur aus anderen Feldern auf Wikipedia bezogen:

(a) Wikipedia im Vergleich zur Organisationsform des „eingetragenen Ver-eins": Jütting u. a. (2003); Putnam (2000),

(b) Wikipedia als eine spezielle Art des bürgerschaftlichen Engagements: Pahl-Wostl u. Hare (2004); Fischer u. a. (2004); Bouwen u. Taillieu (2004); Rasche (2005),

(c) Anschluss an die wissenschaftliche Öffentlichkeit durch Wikipedia: Bahrdt (1971); Willke (1997).

Die Auswahl dieser Ansätze ist motiviert durch eigene Erfahrungen und Fort-bildungen im Bereich des bürgerschaftlichen Engagements und gekoppelt mit Erfahrungen aus dem Studium der Angewandten Systemwissenschaft. Dabei bildet die interdisziplinäre Herangehensweise an Gesellschaft, insbesondere Zi-vilgesellschaft, und Politik (mit Schwerpunkt partizipatorische Demokratie) die fachliche Basis dieser Arbeit.

13

2 Der Forschungsgegenstand Wikipedia

Der Forschungsgegenstand Wikipedia wird in drei Unterkapiteln vorgestellt: Fakten und Begriffe rund um das Wikipedia-Projekt, Aufbau und Funktionsweise Wikipedias aus meiner Sicht, sowie der Organisationsstruktur rund um Wikipedia außerhalb des Internets.

Gegenüber zahlreichen Einführungen anderer wissenschaftlicher Arbeiten in Wikipedia, unterscheidet sich diese Darstellung durch das Hervorheben folgender Aspekte:

- die Darstellung von langzeitigen Entwicklungssträngen, die Wikipedias Nährboden zur Autopoiesis schaffen (siehe 2.1.3),

- die Klassifikation von Vandalismusfällen (Umwelteinflüsse) innerhalb dieser Enzyklopädie (siehe 2.1.6),

- der Wikipedia-Portal-Bereich, durch den sich die Gemeinschaft organisiert und so die Reproduktion ermöglicht (siehe 2.2.3).

Alle drei Aspekte werden im vierten Kapitel soziologisch begründet und in den in dieser Arbeit entwickelten Erklärungsansatz zusammen mit den Ergebnissen anderer Arbeiten (siehe Kapitel 3) über Wikipedia integriert.

2.1 Fakten und Begriffe rund um Wikipedia

Dieses Unterkapitel unterteilt sich in eine statistische Bestandsaufnahme, einen Rückblick durch Betrachtung von Vorgängerprojekten und den Entwicklungssträngen von Wikipedia. Dann wird der aktuelle Stand der Entwicklung Wikipedias am Sprachumfang, am Entstehungsvorgang neuer Artikel und der Umgang mit Vandalismus beschrieben. Abschließend werden die Gefahren skizziert, mit denen sich Wikipidia zur Zeit auseinandersetzt und für deren Vermeidung auch in Zukunft stabile Lösungen gefunden werden müssen.

2.1.1 Bestandsaufnahme Wikipedias aus statistischen Daten

Das Wachstum von Wikipedia lässt sich an verschiedenen Kennzahlen beobachten. Neben der absoluten Artikelanzahl kann man z.b. die absolute Anzahl der angemeldeten Benutzer analysieren. Beide Kennzahlen haben Vor- und Nachteile. Die Anzahl der Artikel kann man auf diverse Weise zählen und kommt dabei zu unterschiedlichen Ergebnissen. Sehr kurze Artikel, Artikel mit Listen, Weiterleitungen oder Seiten zur Begriffsklärung werden manchmal in der Statistik mitgezählt und manchmal nicht. Bei der Anzahl der angemeldeten Benutzer ergibt sich das Problem, dass inaktive ▷Benutzeraccounts nicht gelöscht werden. So tritt der Fall ein, dass Benutzer sich mehrfach anmelden und zum Teil unter mehreren Benutzeraccounts aktiv sind. Eine weitere Möglichkeit besteht darin die Häufigkeit der Domainaufrufe zu beobachten.

Vorstellung der Quellen

Neben dem Zitieren anderer wissenschaftlicher Arbeiten zu diesem Thema (beispielsweise Voß u. Danowski (2004); Voß (2005b); Lih (2004)), kann man direkt auf Statistiken vom Wikipedia-Projekt[8] zugreifen oder alternativ selbst SQL-Anfragen an eine Kopie der Datenbank bei *Wikisign* stellen[9] und so wichtige Kennziffern ermitteln. Eine Rangfolge der meist aufgerufenen Internetdomains erstellt die Firma Alexa. Auch Wikipedia wird dort in Form eines „Trafic Rankings" analysiert[10]. Eine solche Rangfolge der meistbesuchten Internetdomains wird durch Daten der Alexa Toolbar erstellt. Dieses Zusatzprogramm für den Webbrowser sammelt Daten über das Surfverhalten des Nutzers. Diese Daten werden dann anonymisiert und durch die Firma Alexa ausgewertet. Durch die hohe Verbreitung dieser Toolbar ist Alexa die fundierteste Analyse der Domainzugriffe, die mir bekannt ist. Dennoch handelt es sich nicht um eine wissenschaftliche Statistik; möglicherweise wird sie aus kommerziellen Interessen verfälscht. Zwar handelt es sich hier um eine recht hohe Stichprobe des Surfverhaltens (durch Benutzer der Toolbar), dennoch wird nicht sichergestellt, dass das Sample repräsentativ ist. Trotzdem werden hier die Daten von Alexa als Indikator für die Wachstumsanalyse verwendet.

Wachstumsanalyse

1. Voß (2005b) hat intensiv das Wachstum der deutschen Wikipedia mit Hilfe verschiedener Kennziffern untersucht. Er zeigt wie *Datenbankgröße (1), Anzahl der Wörter (2), interne Links (3), Anzahl der Artikel (4), Anzahl der aktiven Wikipedianer (5)* und *Anzahl der sehr aktiven Wikipedianer (6)* sich in der deutschen Wikipedia entwickeln. Bei allen sechs Größen findet er eine Regelmäßigkeit: Offenbar lassen sich die gewonnenen Daten zusammen in Phasen einteilen: Die erste Phase des linearen Wachstums wird im April 2002 bei 10 aktiven Wikipedianern und 2000 Artikeln durch exponentielles Wachstum abgelöst, das bis ca. Ende Februar 2005 anhält und dann nur noch linear verläuft. Voß begründet dies mit technischen Einschränkungen und hält diese Phase nur für vorübergehend und weist auch auf die Sonderrolle der Artikelanzahl hin, die in den letzten Monaten nicht mehr so stark zunimmt. Dennoch wachsen die durchschnittliche Artikellänge und die Verlinkung untereinander weiter sehr stark an.

---

[8]Zuletzt abgerufen am 20.7.2005:
http://en.wikipedia.org/wikistats/DE/Sitemap.htm
[9]Zuletzt abgerufen am 25.8.2005:
http://www.wikisign.org/
[10]Zuletzt abgerufen am 20.7.2005:
http://www.alexa.com/data/details/?url=www.wikipedia.org

15

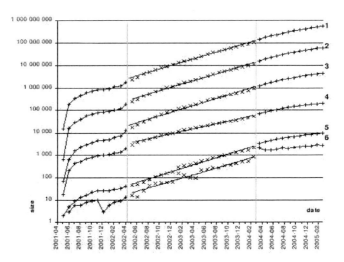

Wachstum der deutschen Wikipedia von Mai 2001 bis Februar 2005, logarithmisch dargestellt - Quelle: Voß (2005b)

2. Wikipedia: Trägt man die Artikelanzahl gegen die Zeit auf und betrachtet die Entwicklung der letzten Jahre, scheint die Anzahl der Artikel der englischsprachigen Wikipedia exponentiell zu wachsen. Der ungewöhnliche Wachstumsschub im Oktober 2002 ist durch die automatische Erstellung von Artikeln zu Ortschaften in den Vereinigten Staaten durch einen ▷Bot aus einer externen Datenbank heraus zu erklären.

Die deutsche Wikipedia wächst offenbar erst linear und erfährt dann einen Wachstumsschub im März 2004 durch ungewöhnlich breite Berichterstattung in den Medien. Ob dann die Kurve in ein exponentielles Wachstum oder nur in ein lineares Wachstum mit höherem Steigungsfaktor führt, wird sich erst in Zukunft zeigen.

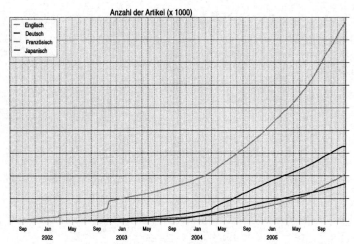

Anzahl der Artikel (x 1000)

Englisch
Deutsch
Französisch
Japanisch

Sep 2002 | Jan | May | Sep | Jan 2003 | May | Sep | Jan 2004 | May | Sep | Jan 2005 | May | Sep

Entwicklung der Artikelanzahl, differenziert nach Sprachen - Quelle: Wikimedia.Org[11]

Untersucht man die Anzahl angemeldeter Wikipedianer, findet im Gegensatz zur letzten Grafik zur Artikelanzahl der Wachstumsschub in der englischsprachigen Wikipedia nicht statt. Somit nähert sich die Anzahl der angemeldeten Wikipedianer noch näher einem exponentiellen Wachstum an. In der deutschsprachigen Wikipedia hat die häufige Erwähnung in den Medien im März 2004 auch dazu geführt, dass sich verhältnismäßig mehr neue Wikipedianer angemeldet haben. Hier wird Andrew Lihs' Beobachtung in der englischsprachigen Wikipedia [Lih (2004)] auch in der deutschsprachigen Wikipedia bestätigt: Die Massenmedien wirken stimulierend auf Wikipedia ein und es ist deutlich zu erkennen, dass nicht nur die Anzahl der Artikel und ihre Qualität[12] verbessert werden, sondern auch die Anzahl der angemeldeten Benutzer stärker zunimmt.

---

[11]Erstellt aus Daten von (letzter Abruf: 10.4.2006):
http://stats.wikimedia.org/DE/PlotsSvgArticlesTotal.htm
[12]Hier im Sinne von Lihs' Rigor & Diversity-Metrik (siehe Kapitel 2.3) verwendet

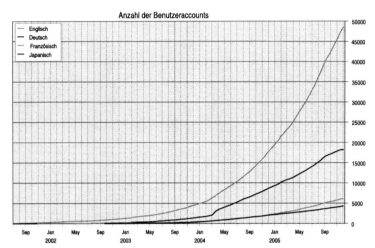

Anzahl der Benutzeraccounts, differenziert nach Sprachen - Quelle: Wikimedia.Org[13]

3. Wikisign: Im Verlauf dieser Arbeit werden Themen wie Kommunikation und Konflikte aufgegriffen. Für die Diskussion über den Inhalt, die grafische oder sprachliche Darstellung eines Artikels werden innerhalb Wikipedias hauptsächlich die Diskussionsseiten genutzt. Pro Artikel kann eine solche Diskussionsseite bei Bedarf angelegt werden. Nicht immer können dort schnell Lösungen durch eine sachliche Diskussion gefunden werden (siehe auch Kapitel Vandalismus 2.1.6) und es entstehen Konflikte (z.b. ▷Edit-Wars).

Die folgende Tabelle gibt Auskunft über die Anzahl der Artikel und Diskussionsseiten abhängig von ihrer Länge. Wenn heftige Diskussionen über den Inhalt eines Artikels ausbrechen, sind diese schnell länger als der Artikel selbst. Lange Artikel sind meist ältere Artikel, die nach und nach inhaltlich ergänzt wurden.

Wörter	Artikel	Diskussion	:Wikipedia	:Wikipedia/Diskussion
>50	271 088	57 824	2 753	1 198
>500	231 321	29 222		
>1000	184 200	19 108		
>1500	14 496	14 360		
>2000	113 871	11 673		
>2500	90 498	9 791		

Anzahl der Artikel und Diskussionsseiten, Stand der Datenbank 13.07.2005 - Quelle: http://www.wikisign.org

[13]Erstellt aus Daten von (letzter Abruf: 10.4.2006):
http://stats.wikimedia.org/DE/PlotsSvgWikipediansEditsGt5.htm

18

Folgende Aussagen lassen sich auf Basis dieser Rohdaten treffen: Nur ca. 21,3% der Artikel mit mehr als 50 Wörtern haben überhaupt eine Diskussionsseite. Ausführliche Diskurse über verschiedene Aspekte eines Artikels (mind. 2 000 Wörter) betreffen ca. 4,3% der Artikel. Zusätzlich sind hier einige Rohdaten für Artikel aus dem ▷Namensraum angegeben, der für die Wikipedianer („:Wikipedia") zur Projektkoordination genutzt wird. Auf diese Daten wird im weiteren Verlauf zurückgegriffen.

4. Alexa: Jede Domain erhält einen Rang in der Rangfolge der meistbesuchten Internetdomains. Analysiert man diesen Rang der letzten 2 Jahre von der Domain Wikipedia.Org, unter der Wikipedias mehrerer hundert Sprachen erreichbar sind, erkennt man deutlich den Eintritt in die 1 000 meist besuchten Webseiten Ende 2003. Anfang 2005 erreicht Wikipedia einen Platz unter den 100 der am häufigsten besuchten Webseiten. Am Tag des Abrufs (10.4.2006) befand sich Wikipedia auf Platz 17.

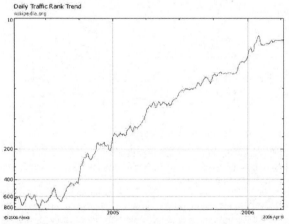

Daily Trafic Rank: Rang von Wikipedia.Org - Quelle: Alexa [14]

Betrachtet man die Anzahl der täglichen Seitenaufrufe, erkennt man ebenfalls die deutlich steigende Popularität Wikipedias. Während bis Mitte 2004 die Wikipedia.Org-Domain unter 100 Millionen Seitenaufrufe zu verzeichnen hatte, wurde Mitte 2005 die 800 Millionen-Marke das erste Mal überschritten. Ende 2005 bis Anfang 2006 verdoppelten sich die Aufrufe innerhalb von nur drei Monaten. Die Zwei-Milliarden-Marke wurde deutlich überschritten.
64% der Aufrufe verteilen sich auf die Subdomain en.wikipedia.org (englischsprachige Wikipedia), 10% auf die deutschsprachige und 5% auf die japanisch-

---

[14]Zuletzt abgerufen am 10.4.2006:
www.alexa.com/data/details/traffic_details?&range=2y&size=large&y=t&url=www.wikipedia.org

sprachige Wikipedia. Die französische Wikipedia-Ausgabe erhält danach nur ca. 2%, obwohl sie die drittgrößte Ausgabe der Wikipedia ist. Möglicherweise ist das damit zu erklären, dass Alexa im französischsprachigen Raum nicht so stark vertreten ist, was zu einer Ungenauigkeit der Schätzung führen könnte.

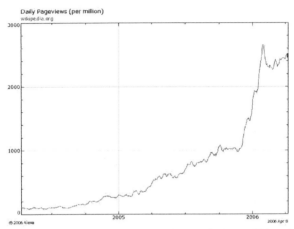

Daily Pageviews: Anzahl täglicher Seitenaufrufe von Wikipedia.Org - Quelle: Alexa[15]

2.1.2 Vorgänger der Wikipedia im Internet

Als Vorgänger der Wikipedia werden folgende Internetprojekte gezählt, die auf einem kollektiven Redaktionssystem basieren: Nicht eine Redaktion entscheidet über die Inhalte, sondern die Gemeinschaft.

Die hier vorgestellten Projekte *Interpedia* und *Nupedia* haben sich zum Ziel gesetzt eine Enzyklopädie aufzubauen, während *Everything* und *h2g2* ursprünglich eher kollektiv[16] geschriebene Internetmagazine sind. Nur bei Nupedia herrschten strenge Teilnahmebedingungen, während die anderen Systeme offen sind für alle, die bereit sind, sich an bestimmte Regeln zu halten.

1. **Interpedia** wurde 1993 in einer Newsgroup[17] als Idee zu einer „Internetenzyklopädie" diskutiert. Der Begriff stammt von einem Beitrag von R. L. Samuell.

---

[15]Zuletzt abgerufen am 10.4.2006:
www.alexa.com/data/details/traffic_details?&range=2y&size=large&y=p&url=www.wikipedia.org

[16]Begrifflich grenze ich in dieser Arbeit *gemeinsam* nicht von *kollektiv* ab, sondern verwende die Begriffe synonym. Bei manchen Definitionen von *kollektiv* wird die Bedeutung der Persönlichkeit unter die des Kollektivs gestellt. Ich grenze mich davon ab, denn die Stärke der Wikipedia-Gemeinschaft besteht in der Diversität des Wissens vieler einzelner Wikipedianer.

[17]Newsgroup: alt.internet.services, Beitrag vom 22.11.1993, vgl. z.B.:
groups.google.de/groups?selm=1993Oct30.142733.154%40crc.sd68.nanaimo.bc.ca&output=gplain

Jeder sollte an dieser Enzyklopädie teilnehmen können, indem neue Artikel in Form von Webseiten in einem Zentralkatalog eingetragen werden konnten. Später wurde diese Idee näher in einer eigenen Newsgroup[18] diskutiert. Im März 1994 wurden in dieser Newsgroup fast 200 Beiträge geschrieben. Uneinigkeiten über das Format der Artikel führte jedoch dazu, dass Interpedia nie über die Planungsphase hinauskam. Dieser Ansatz basiert auf der gemeinsamen Erstellung eines Lexikons, wobei die Artikel jeweils individuell angelegt und verwaltet werden sollten.

2. **Everything** ist ein Redaktionssystem, das im März 1998 in Verbindung mit dem Nachrichtenportal Slashdot gegründet wurde. Nach eigenen Angaben „erwuchs aus einer sehr einfachen durch Benutzer geschriebenen Enzyklopädie eine Onlinecommunity mit dem Schwerpunkt an einer Qualitätsdatenbank aus Informationen, Wissen und Humor zu schreiben, zu veröffentlichen und redaktionell zu arbeiten"[19]. Ende 1999 wurde aus diesem Projekt **Everything2**[20]. Jeder Artikel wird durch einen Knoten innerhalb eines Netzwerkes repräsentiert, den die Benutzer, die ebenfalls als Knoten modelliert werden, in Form von Beiträgen, sogenannten „Writeups", inhaltlich füllen. Auf andere Knoten lässt sich ähnlich wie bei Wikipedia mit einer Klammersyntax verweisen. Diese Verbindungen sind - abhängig von ihrer Benutzung - verschieden stark ausgeprägt.
Jeder Autor behält im Gegensatz zu Wikipedia das Copyright auf seinen Beitrag. Jeder Knoten kann somit nur von dem Autor selbst verändert werden. Das hat zur Folge, dass die Community von den Betreibern der Webseite *abhängig* ist: Beschließen sie, das Projekt nicht weiter zu betreiben, gehen alle Inhalte verloren und die Community muss sich auflösen.
Everything2 verfügt zusätzlich über ein rollenspielartiges Bewertungssystem, durch das die Gemeinschaft Beiträge nach ihrer Qualität bewerten kann. Gleichzeitig werden aktive Benutzer mit Erfahrungspunkten belohnt. Dadurch sollen sie angeregt werden, eigene Beiträge zu schreiben und Beiträge anderer zu bewerten. Gleichzeitig stehen Benutzern mit vielen Erfahrungspunkten mehr Funktionen der Teilnahme innerhalb des Systems zur Verfügung [Emigh u. Herring (2005)].
Ende Juli 2005 existierten mehr als 1 Millionen Knoten und fast 450000 Beiträge.

3. **h2g2** ist der „unkonventionelle Ratgeber fürs' Leben, das Universum und den ganzen Rest"[21], der Artikel über alles enthält und basiert auf einer Idee aus

---

[18]Newsgroup: comp.infosystems.interpedia, siehe auch
`http://groups-beta.google.com/group/comp.infosystems.interpedia`
[19]Aus dem Englischen übersetzt: „grown from being a very simple user-written encyclopedia to an online community with a focus to write, publish and edit a quality database of information, insight and humor." Quelle: WP_EN:EVERYTHING2
[20]`http://www.everything2.com`
[21]Aus dem Englischen übersetzt: „the unconventional Guide to Life, the Universe and Everything",
Quellen: WP_DE:DOUGLAS ADAMS, `http://www.bbc.co.uk/dna/h2g2/A943184`

Douglas Adams Sciencefictionroman „Hitchhiker's Guide to the Galaxy"[22] bzw. per *Anhalter durch die Galaxis*. In diesem Roman handelt es sich um ein elektronisches Buch. Diese fiktive Enzyklopädie regte viele Internetprojekte an, jedoch erst durch das Engagement Douglas Admas wurde h2g2 zu einem tragfähigen lebendigen System. Zusammen mit seiner Firma TDV (The Digital Village) wurde h2g2 im April 1999 gestartet. Es handelt sich um ein Peer-Review-System[23] mit mehrstufigen Benutzerrollen zwischen freiwilligen Mitarbeitern und bezahlten Redakteuren. Die Auswahl der Themen ist sehr offen und ähnelt so nicht einer typischen Enzyklopädie. Im Jahr 2001 wurde h2g2 von der BBC übernommen und wird heute als Teil des Internetservice BBCi weitergeführt[24].

4. Das Projekt **Nupedia** wurde im März 2000 von Jimbo Wales und Larry Sanger mit einem ähnlichen Ziel wie Wikipedia gegründet, nämlich eine große freie Enzyklopädie aufzubauen. Im Gegensatz zu Wikipedia handelte es sich um ein klassisches Peer-Review-Lexikon, allerdings auf der Basis von Freiwilligen. Dieses Redaktionssystem sollte die hochwertige Qualität der Artikel garantieren. Zusätzlich war das Projekt so angelegt, dass eine Vielzahl festgelegter Rollen in hierarchischer Abstufung die Gemeinschaft steuern sollte. Neben den Verfassern von Artikeln gab es Themenredaktionen und eine Vielzahl von Begutachtern, die teilweise nur dann an dem Projekt teilnehmen durften, wenn sie promoviert hatten:

„So, essentially, as a Nupedia writer, you work with a subject editor, lead reviewer, peer reviewers, and copyeditors to fine-tune your work. The process is complicated, but thorough and rewarding."[25]

Schon zu dieser Zeit wurde die ▷GNU-Lizenz für ▷Freie Inhalte (▷GFDL, siehe Free Software Foundation (2002)) verwendet, was die freie und öffentliche Nutzung der Artikel langfristig sicherstellte und die Unabhängigkeit von Autoren und Betreibern der Webseite garantierte: Durch das mit der GFDL eingeschränkte Urheberrecht erlauben die Autoren allen Nutzern die Weitergabe der Inhalte und sogar die kommerzielle Verbreitung. Inhalte von Wikipedia werden später unter der gleichen Lizenz veröffentlicht, auch in Form einer DVD auf kommerziellem Wege.

Das Projekt Nupedia wurde jedoch nach einiger Zeit eingestellt, da der Begutachterprozess der Artikel sich als sehr langwierig herausstellte und dazu führte, dass die Veröffentlichung der Artikel eine lange Vorlaufzeit hatte[26].

---

[22]h2g2 ist eine aussprechbare Abkürzung des Buchtitels HHGG

[23]Aus akademischen Kreisen bekannt: System bei dem andere eine eingereichte Arbeit bewerten und kritisieren, bevor sie veröffetnlicht wird. Siehe auch: Kapitel 3.2.3

[24]http://www.bbc.co.uk/dna/h2g2/

[25]Entnommen aus ▷Archive.Org:
http://web.archive.org/web/20030801121917/www.nupedia.com/write.shtml

[26]Quellen: WP_DE: Vorgänger_der_Wikipedia, bzw. WP_DE:Wikipedia: Geschichte_der_Wikipedia

2.1.3 Entwicklungsstränge Wikipedias im Rückblick

Die erfolgreiche Entwicklung der deutschsprachigen Wikipedia lässt sich nur schwer an einzelnen Ereignissen nachvollziehen, da parallele Entwicklungen auf verschiedenen Gebieten erst die Voraussetzungen für den Erfolg von Wikipedia schufen. Zu diesen Entwicklungssträngen zähle ich[27] neben dem Wikipedia-Strang, auf den im letzten Kapitel eingegangen wurde,

1. die **Entwicklung des Lexikons** als Grundwerk der universalen Bildung,

2. die **Entstehung der Open Source**[28]**-Bewegung**,

3. die **Verbreitung des Internets** in Deutschland zusammen mit seinen technischen Neuerungen sowie

4. die Ausdehnung des Demokratiegedankens auf die Gesellschaft durch **bürgerschaftliches Engagement**.

Alle vier werden hier kurz vorgestellt, um anschließend zu zeigen, wie sie zusammenwirken.

1. Zur Zeit der Aufklärung in Europa gewann die moderne Enzyklopädie an Bedeutung, da sie die von „unkritischer Autoritätsgläubigkeit zeugenden Zitenschätze früherer Enzyklopädien"[29] ablöste. Hier spiegelt sich der Geist der Aufklärung wider, sodass Diderots und D'Alemberts „Encyclopédie ou Dictionnaire raisonné des sciences, des arts et des métiers" zu einem der wichtigsten Werke der Aufklärung wurde. Konversationslexika hatten später den Zweck, den Übergang zum Bildungsbürgertum durch die Bereitstellung begrifflicher Grundlagen zu unterstützen.

2. Nachdem Richard Stallman das ▷GNU-Projekt gegründet hatte und daraus die ▷GPL hervorging, war die Grundlage für ▷Freie Software und deren rechtlichen Rahmen geschaffen worden. Der nächste wichtige Schritt der Freien Software war das Aufkommen eines neuen Entwicklermodells. Am 5. Oktober 1991 veröffentlichte der finnische Informatikstudent Linus Torwalds in der Usenet-Newsgroup comp.os.minix seine Weiterentwicklung des Betriebssystemkerns Minix und forderte dazu auf, bei der Entwicklung von diesem neuen Linux Betriebssystem mitzuarbeiten. Auf diese Weise etablierte sich eine neue Organisationsform zur Produktion von Software, bei der viele Freiwillige über das

---

[27]In der Literatur werden als Entwicklungsstrang häufig Entwicklungen zur Speicherung von Informationen in Netzwerken genannt (für eine ausführlichen Darstellung siehe Kapitel 1 bei Voß (2005a) zu Memex, dem Xanadu-Projekt und der Entwicklung des World Wide Web), die ich jedoch als Vorbedingung zur Entstehung von Internet, Hypertext und der Wikitechnologie zähle und hier nicht vertiefe.

[28]▷*Open Source* und ▷*Freie Software* werden hier synonym verwendet, siehe auch Glossar.

[29]Zitiert aus: Brockhaus, Die Enzyklopädie in 24 Banden, F.A. Brockhaus Leipzig Mannheim, 1996 (Artikel: Enzyklopädie)

Internet gemeinsam komplexe Software entwickeln. So erschien im März 1994 die Version 1.0 von ▷GNU/LINUX. Im Jahr 2001 gab es schätzungsweise 30 Millionen Linuxinstallationen weltweit mit steigender Tendenz. Durch das neue Entwicklermodell entstanden ▷Open Source-Softwareprojekte über fast die gesamte Softwarepalette [Grassmuck (2002)]. Die Zusammenhänge zwischen Wikipedia und der Open Source Bewegung werden im Kapitel 3.2 vertieft.

3. In den letzten fünf Jahren hat sich die Anzahl der Internetnutzer verdoppelt (Wachstum 96,4%). Somit verfügen im September 2005 57,0% der Deutschen über einen Zugang zum Internet[30]. Parallel dazu hat sich in Deutschland die technische Ausstattung stark weiterentwickelt: Internetzugänge mit Modem über die analoge Telefonleitung werden mehr und mehr durch ISDN- und DSL-Zugänge abgelöst. So entwickelte sich das Internet von einem Medium, das hauptsächlich in Universitäten und durch Informatiker genutzt wurde, zu einem alltäglich genutzten[31] Massenmedium[32]. Hinter dem am meisten verwendeten Internetdienst E-Mail folgt auf Platz zwei das World-Wide-Web. Webseiten mit ▷Wiki-Software, die nach und nach in den letzten Jahren aufgekommen sind, ermöglichen einer Gemeinschaft nicht nur Informationen zu konsumieren, sondern auch selbst Informationen und Wissen beizutragen und mit anderen Quellen zu verknüpfen. Da dies online geschieht, ist ein guter Internetzugang wichtig. Während E-Mails offline geschrieben werden und dann in sehr kurzer Zeit online verschickt werden können, ist für die Arbeit mit ▷Wikis empfehlenswert während des ganzen Vorgangs online mit dem Internet verbunden zu sein.

Dadurch wird eine neue Qualität der Kommunikation erreicht: Es wird möglich, zeitlich asynchron, örtlich getrennt zu kommunizieren. Durch ein solches Kommunikationsmedium können viele Menschen gemeinsam untereinander kommunizieren, was durch andere Medien wie Radio, Fernsehen oder Telefon bisher nicht möglich war.

4. Der 1999 im Auftrag der Bundesregierung durchgeführte *Freiwilligensurvey* war die erste umfangreiche Studie zum Thema bürgerschaftliches Engagement in Deutschland. Aus der Erhebung gingen u.a. folgende Resultate hervor: Ein Drittel aller Bürgerinnen und Bürger engagieren sich in Deutschland ehrenamtlich in Verbänden, Initiativen oder Projekten. Ein weiteres Drittel ist aktiv in einem Verein oder einer Gruppe tätig, ohne jedoch ehrenamtliche Aufgaben zu übernehmen. Somit sind insgesamt zwei Drittel der Bevölkerung ab 14 Jahre in gesellschaftlichen Gruppierungen eingebunden und aktiv beteiligt. Das freiwillige Engagement ist damit erheblich größer als bislang angenommen und

---

[30]Internetnutzer sind alle diejenigen, die die technische Möglichkeit haben das Internet zu nutzen, sowie über ein Grundwissen zur Nutzung des Internets verfügen.
Quelle: `http://www.internetworldstats.com/europa.htm`, Daten von September 2005, Letzter Abruf am 28.10.2005
[31]vgl. z.B. Studie: „TimeBudget 11" Mediennutzung und Freizeitverhalten,
Quelle: `http://www.sevenonemedia.de/research/newmedia/timebudget/`, Abruf am 22.9.2005
[32]Dieser Begriff trifft nach Luhmann nicht auf das Internetprojekt Wikipedia zu, diese Feststellung wird jedoch erst im Laufe der Arbeit vertieft.

wird häufig unterschätzt. Es hat einen so hohen Stellenwert, dass der Staat Deutschland ohne ehrenamtliches Engagement nicht mehr auskommen könnte [siehe von Rosenbladt (2000)]. Somit ist zivilgesellschaftliches Engagement neben Staat und Wirtschaft, zum dritten unverzichtbaren Sektor geworden.

Übertragung in den virtuellen Raum
Diese vier Entwicklungsstränge wirken bei Wikipedia zusammen und bilden so die Grundlage für den Erfolg Wikipedias:

Mit dem Internet kommt auch die Idee des Internetlexikons auf. In diesem Zusammenhang ist insbesondere Interpedia zu nennen (siehe 2.1.2). Hier wird Internet als Medium gedacht, bei dem sehr viele Einzelnutzer durch relativ kleine eingebrachte Anteile umfangreiche Projekte organisieren können. Musterbeispiel dafür ist die ▷Freie Software-Bewegung. Es stellte sich im Laufe der Zeit heraus, dass viele solche Projekte gegründet wurden, sich jedoch kein Erfolg einstellte. Einer der Gründe dafür ist, dass man eine Gemeinschaft aus Internetnutzern braucht, die kontinuierlich einen Beitrag leisten. Ein wichtiger Aspekt dabei ist die Leistung und Anerkennung jedes einzelnen Freiwilligen einer solchen Community (empirisch gezeigt bei Hertel u. a. (2003), siehe Kapitel 3.2). Ein nächster Entwicklungsschritt hin zu der Wikipedia-Community ist die Überwindung der Vorstellung „Qualität über Quantität" hin zum Paradigma „Quantität als Qualität". Auch wenn dieser Schritt von Nupedia (kleine Anzahl, dafür ausgewiesene Experten) zu Wikipedia (jeder hat ein Recht sich einzubringen) eher unbewusst gegangen wurde, zeigt sich hier die Herausbildung der Wissensgesellschaft, die bei Informationskompetenz seitens der Nutzer nach Gohl (2001) offenbar nicht nur „das ‚Herrschaftswissen' von ‚Vater Staat' infrage [stellt]" sondern auch Aufgaben der Wissenschaft übernimmt. Erstaunlicher Weise entsteht hier keine Pseudowissenschaft sondern eine Art Abbild von vielfältigem Wissen einzelner Mitglieder der Gesellschaft je mit individuellen Fertigkeiten und Wissen. Im Fall Wikipedia wurde anfangs ebenfalls das Engagement vieler einzelner Bürger unterschätzt, dass schon längst in Deutschland gesellschaftlicher Alltag ist, wie der Freiwilligensurvey [von Rosenbladt (2000)] zeigt. Die Zusammenhänge zwischen zivilgesellschaftlichem Engagement und Wikipedia werden ausführlich im 4. Kapitel diskutiert.

Die ursprünglichen Ideale des Internets werden laut Grassmuck (2002, S.195) mehr und mehr durch die Kommerzialisierung von Diensten verdrängt. So kristallisiert sich für Nutzer der Unterschied zwischen „kostenlosen" und „freien Inhalten" immer stärker heraus. Während einige im Internet tätige Firmen Teile ihres Angebots den Nutzern umsonst anbieten, besteht jederzeit die Gefahr der Einführung eines gebührenpflichtigen Zugangs oder der finanzielle Ruin der Firma. Beides führt dazu, dass die Dienste und Inhalte nicht mehr allen Nutzern zur Verfügung stehen. ▷Freie Inhalte können, dürfen und sollen kopiert und verbreitet werden. Leitgedanke dabei ist, dass Erweiterungen des Inhalts ebenfalls wieder frei zugänglich sein sollten. Der Aufbau von Freien Inhalten ist somit ein nachhaltiges Konzept, bei dem es sich für den einzelnen „lohnt sich einzubringen"[33]. Diese Gedanken sind jedoch erst

---

[33]Nachhaltigkeit erhöht die Effizienz: siehe Faktor *Self-efficacy* des VIST-Modells, Kapitel 3.2.2

dann fruchtbar in Projekte wie Wikipedia zu überführen, wenn genug Bürger das Internet nutzen und Wikipedia als Werk von Bürgern für Bürger ansehen.

Entwicklung von Wikipedia

Die Entwicklung von Wikipedia wird in diesem Absatz anhand wichtiger Daten richtungsweisender Ereignisse für das Projekt nachvollzogen (Quelle: WP_DE: WIKIPEDIA: GESCHICHTE_DER_WIKIPEDIA):

- 15.1.2001: Parallel zu Nupedia startet Jimmy Wales mit Larry Sanger als Chefredakteur, die englischsprachige Wikipedia. Ursprünglich sollte Wikipedia als Plattform zur gemeinsamen Erstellung von Artikeln dienen, die später den Redaktionsprozess der Nupedia durchlaufen sollten.

Wikipedia am 27. 9. 2001,
Quelle: web.archive.org/web/20010927105229/http://deutsche.wikipedia.com/

- 22.2.2002: Die spanische Wikipedia-Gemeinde spaltet sich aufgrund von Gerüchten zur Einblendung von Werbung und dem Eindruck vieler von mangelndem Mitspracherecht. Als Reaktion wird die „Enciclopedia libre" gegründet. Daraufhin reagiert Jimmy Wales: Wikipedia solle auch künftig werbefrei bleiben. Der Domainname wird von wikipedia.com auf wikipedia.org (die Top Level Domain com war ursprünglich für kommerzielle, org für nicht-kommerzielle Organisationen gedacht) geändert.

- 20.6.2003: Verbleibende Rechte an Namen und Inhalten der Projekte Wikipedia und Wikimedia werden an die neu gegründete Wikimedia Foundation (siehe Kapitel 2.3.1) übertragen.

- Juli 2003: *Wikinfo* spaltet sich ebenfalls von Wikipedia ab. Es soll hier kein ▷Neutraler Standpunkt gefunden werden, sondern aus verschiedenen subjektiven Sichtweisen geschrieben werden: „sympathetic point of view". So wird innerhalb Wikipedias die Verwendung des Neutralen Standpunkts (▷NPOV) gestärkt.

- April 2005: Wikiweise, ein weiterer Ableger von Wikipedia wird gegründet. Wikiweise unterbindet in seinem Projekt die Möglichkeit jedes Nutzers Seiten zu ändern.

2.1.4 Wikipedias Mehrsprachigkeit

Die rasante Entwicklung von Wikipedia-Ausgaben in anderen Sprachen wird in diesem Kapitel untersucht. Dabei wird der Stand vom April 2005 mit dem vom April 2006 verglichen. Auf diese Weise wird auch deutlich wie unterschiedlich schnell sich der Wachstum in den einzelnen Ausgaben vollzieht.

Bestandsaufnahme des Sprachumfangs: April 2005

Neben den drei großen Wikipedia-Versionen mit über 100 000 Artikeln in englischer, deutscher und japanischer Sprache waren im April 2005 Wikipedia-Ausgaben in ca. 200 Sprachen vorhanden, von denen aber nur etwa ein Drittel mehr als 1 000 Artikel umfassten. Trotzdem bedeutet dies nicht, dass diese bedeutungslos sind, da bei vielen von einem exponentiellen Wachstum auszugehen ist, sobald sie eine gewisse Größe (Anzahl von Artikeln) erreicht haben [Voß (2005b); Voß u. Danowski (2004)].

In der folgenden Tabelle sind alle 23 Ausgaben angegeben, die mehr als 10 000 Artikel haben. Die genaue Anzahl ist jedoch umstritten, da verschiedene Möglichkeiten bestehen die Anzahl der Artikel zu ermitteln[34].

Sprache		Gründung	Anzahl	Sprache		Gründung	Anzahl
Englisch	en	Jan/01	530 603	*Esperanto*	eo	Nov/01	22 379
Deutsch	de	Mai/01	220 365	Norwegisch	no	Jan/02	22 673
Japanisch	ja	Sep/02	112 904	Finnisch	fi	Sep/02	18 797
Französisch	fr	Aug/01	99 215	Hebräisch	he	Juli/03	18 097
Schwedisch	sv	Mai/01	70 720	Ukrainisch	uk	Dez/03	17 646
Niederländisch	nl	Aug/01	65 884	Russisch	ru	Nov/02	15 599
Polnisch	pl	Sep/01	63 553	Bulgarisch	bg	Dez/03	14 988
Spanisch	es	Mai/01	45 819	*Katalan*	ca	März/01	13 341
Italienisch	it	Jan/02	39 843	Rumänisch	ro	Juli/03	11 828
Portugiesisch	pt	Juni/01	37 233	Slovenisch	sl	Juli/03	11 699
Chinesisch	zh	Okt/02	24 949	Serbisch	sr	Juni/03	10 652
Dänisch	da	Feb/02	24 190				

Wikipedia-Ausgaben mit mehr als 10 000 Artikeln und ihre Artikelanzahl mit Länderkürzel und Gründungsdatum (Stand April 2005) - Quelle: WP_M:COMPLETE

---

[34]Siehe dazu Anmerkungen in Kapitel 2.1.1

Der Rangfolge anhand der Artikelanzahl der Wikipedia-Ausgaben ist mit Vorsicht eine Bedeutung zuzuschreiben, denn wenn einzelne Wikipedias ähnlich stark wachsen, wird der aktuelle Rang insbesondere durch den Zeitpunkt der Gründung bestimmt. Dennoch kommt manchen Sprachen eine ganz besondere Rolle zu. Es können strukturell zwei Sprachgruppen unterschieden werden: solche mit und solche ohne Nationalstaatbezug:

- Bei Sprachen mit Nationalstaatbezug kann durch das Verhältnis zwischen Sprache und Nation weiter unterschieden werden.

  - In manchen Ländern wird hauptsächlich eine Sprache gesprochen (wenn keine signifikanten Minderheiten mit anderen Sprachen vorhanden sind), die jedoch nur in dem einen Land gesprochen wird.
  - Andere Länder verfügen über zusätzliche Sprachen, die in manchen Regionen eine sehr starke Bedeutung haben.
  - Die dritte Möglichkeit sind die Weltsprachen, wie Englisch, Spanisch oder Französisch, die in völlig verschiedenen Nationen gesprochen werden.

- Die Sprachen der zweiten Gruppe ohne Nationalstaatbezug sind geringer verbreitet, aber dennoch nicht zu vernachlässigen. Sie zeichnen sich dadurch aus, dass sie eher als Fremdsprache Bedeutung haben, gering verbreitet und über mehrere Länder verteilt sind. In diese Gruppe gehören Kunstsprachen wie Esperanto oder Sprachen, die nicht mehr gesprochen werden wie Latein.

Schon aus dieser einfachen Überlegung wird klar, dass sich Unterschiede in Wikipedia ergeben. In der Liste sind die Besonderheiten *regionaler Sprachen* und *Kunstsprachen* hervorgehoben. Auf Platz 13 der Wikipedia-Ausgaben ist die Wikipedia für Esperanto. Offenbar eignet sich das Medium Internet besonders gut, um Ressourcen in dieser Sprache wie beispielsweise ein Lexikon anzulegen, da die esperantosprechende Gemeinschaft über viele Länder verteilt ist und das Internet stark zur Kommunikation einsetzt. Ganz anders verhält es sich mit den regionalen Sprachen. Die katalanische Ausgabe der Wikipedia befindet sich auf Platz 20 kurz hinter Sprachen mit sehr hoher Verbreitung wie Russisch. Möglicherweise nutzen Minderheiten Wikipedia, um ihre Identität durch ein Lexikon in ihrer Sprache zu festigen.

Aus dem Nationalstaatbezug lässt sich noch eine weitere These aufstellen: Offenbar entwickeln sich Artikel über umstrittene Themen anders, wenn die Wikipedia-Gemeinde international ist und so Innen- als auch Außensichten dargelegt und diskutiert werden können. Wenn jedoch der Blick auf die Dinge der Welt nur aus Sicht einer Nation dargestellt wird, die innerhalb des Nationalstaates lebt, können nationale Ansichten erfahrungsgemäß nur schwer um andere Außensichten ergänzt werden.

---

[35]Gründungsdaten entnommen aus:
http://en.wikipedia.org/wikistats/EN/TablesArticlesTotal.htm

Ende 2001 existierte Wikipedia bereits in 18 verschiedenen Sprachen. Wie schnell das Wachstum stattfindet ist auch daran zu erkennen, dass sich die Zahl der Wikipedias mit über 10 000 Artikeln vergrößert hat: Während des ersten Abrufs dieser Liste vom ▷*Meta-Wiki* im April 2005 bis zum Oktober 2005 hat sich die Liste von 23 auf 32 erweitert.

Sprachumfang im April 2006
Anfang 2006 hat die englischsprachige Wikipedia die Marke von einer Million Artikel überschritten. Neben der deutschen und japanischen Ausgabe verfügen nun weitere über mehr als 100 000 Artikel: die französische, die polnische, die niederländische, die schwedische, die italienische, die portugiesische und seit kurzem die spanische Ausgabe. Dabei wurde die japanische Ausgabe, bezogen auf die Artikelanzahl, von der französischen überholt (siehe Grafik in Kapitel 2.1.1: Anzahl der Artikel). Bis zum 10. April 2006 haben insgesamt 16 weitere Ausgaben die Marke von 10 000 Artikeln deutlich überschritten.

2.1.5 Entstehung eines Artikels

Im ersten Moment überrascht es, dass keine Funktion „Neuen Artikel anlegen" permanent dem Benutzer durch die Software bereitgestellt wird. Diese Funktion wird nur in bestimmten Kontexten angeboten und muss also von den Benutzern erst entdeckt werden. Es gibt dazu zwei Möglichkeiten:

1. Wenn die Suche nach einem Artikel erfolglos ist (kein Artikel zu dem Suchbegriff vorhanden ist), bietet die Software dem Benutzer an, einen neuen Artikel zu diesem Begriff anzulegen.

2. Die andere, von der Wikipedia-Gemeinschaft favorisierte Methode ist der Einsatz von Links auf Artikel, die noch nicht bestehen. Dabei handelt es sich um eine Besonderheit der Hypertextarchitektur der eingesetzten ▷Wiki-Software. Ein Artikel kann und soll innerhalb Wikipedias schon mit ähnlichen Begriffen und Themen verlinkt sein, auch wenn er noch nicht geschrieben ist. Folgt man dann einem solchen rot hervorgehobenen Link auf einen noch nicht geschriebenen Artikel, besteht ebenfalls die Option den Artikel anzulegen.

Die zweite Variante sorgt dafür, dass auch andere Wikipedia-Benutzer, die zu dem Thema Artikel schreiben, durch die Links auf den neuen Artikel aufmerksam gemacht werden. Gleichzeitig können Benutzer auch ohne die Absicht, einen neuen Artikel zu schreiben, Links auf noch nicht existierende Artikel setzen, wenn sie der Meinung sind, dass Wikipedia als Lexikon einen Artikel zu diesem Thema haben sollte. Andere Benutzer werden auf diese Weise angeregt und auch aufgefordert Artikel zu schreiben. Eine spezielle Liste mit noch zu schreibenden Artikeln, somit eine Sammlung der „roten Links" stehen auf Extraseiten (WP_DE: WIKIPEDIA: FEHLENDE_ARTIKEL, WP_DE: WIKIPEDIA: WANTEDPAGES_A-Z) bereit.

Technisch sieht das Anlegen eines Artikels genauso aus wie das Ändern, mit dem Unterschied, dass das editierbare Textfeld, in dem der Inhalt dargestellt wird, noch leer ist. Zum Anlegen eines neuen Artikels stehen diverse Hilfestellungen und Vorlagen bereit, die jedoch in den meisten Fällen keine Rolle spielen, da die Benutzer normalerweise mit dem Lexikonstil in Wikipedia schon vertraut sind, da sie in Wikipedia schon viele Artikel gelesen haben und die Wikipedia Grundsätze kennen, denn auch diese sind in gewisser Weise implizit bereits bekannt (siehe Kapitel 1.2.1).

Danach erscheint der neue Artikel auf einer speziellen Seite (aufgelistet bei SPEZIAL:RECENTCHANGES und als *Neu* gekennzeichnet), die ebenfalls von Benutzern der Gemeinschaft intensiv beobachtet wird. Artikel, die nicht im Lexikon erscheinen sollten, können dann auf die Liste der Löschkandidaten (vgl. WP_DE: WIKIPEDIA: LÖSCHKANDIDATEN und ▷Löschantrag) gestellt werden. Dann hat jeder Benutzer die Möglichkeit, sich dazu zu äußern und so gegebenenfalls die Löschung des Artikels abzuwenden.

Falls der Artikel nicht auf diese Weise gelöscht wird, beginnt die *Evolution* des Artikels: Nach einiger Zeit werden andere Benutzer auf den Artikel stoßen und ihn durch andere Formulierungen, Beseitigung von Rechtschreib- und Tippfehlern, Ergänzungen und Links verbessern. Der Grad der Evolution kann zum Beispiel wie durch Lih (2004) vorgeschlagen mithilfe einer Metrik gemessen werden. Diese sehr einfache Metrik „Rigor and Diversity" basiert auf den beiden Kennzahlen „Anzahl der Änderungen" und „Anzahl der Autoren". Sind beide Werte hoch, dann ist der Artikel häufig von vielen verschiedenen Personen überarbeitet worden, was normalerweise zu einer höheren Qualität führt. Die Metrik wird kritisch in Kapitel 2.3 behandelt.

2.1.6 Trivialer und ideologischer Vandalismus

Der Begriff Vandalismus stammt ursprünglich von den Vandalen, die im Jahr 455 Rom plünderten. Heute bedeutet Vandalismus mutwillig ausgelebte Zerstörungswut meist in Zusammenhang mit öffentlichen oder privaten Gütern. Der Begriff hat eine sehr negative Konnotation, obwohl es Grenzbereiche gibt, bei denen möglicherweise auch positive Aspekte von Vandalismus sichtbar werden: Graffiti können durchaus einen künstlerischen Wert haben und den öffentlichen Raum bereichern, obwohl sie illegal sind. Graffiti werden normalerweise auch als Vandalismus gezählt, da sie oft als Sachbeschädigung betrachtet werden.

Im virtuellen Raum des Internets ist diese Art des Vandalismus meist nicht vorstellbar, da die meisten Webseiten nur abrufbar sind und dem Nutzer keine Änderungen ermöglichen. In Internetforen oder Newsgroups findet man durchaus Formen von Vandalismus, z.B. indem völlig unpassende Inhalte verbreitet werden und so das Forum missbraucht wird. Innerhalb Wikipedias unterscheide ich zwei Klassen von Vandalismus und führe dazu folgende Begriffe ein:

1. Klasse: **Der triviale Vandalismus**
   Mutwillige oder unbeabsichtigte kleine Änderungen von Artikeln, wie das Verfälschen einzelner Informationen, das Hinzufügen von unpassenden Informationen oder das kommentarlose Löschen von Teilen des Inhalts. Diese Art von Vandalismus ist völlig unabhängig von dem Artikel und die Änderungen sind meist sinn- und ziellos.

Diese Änderungen sind bei einem Überfliegen der veränderten Inhalte meist schnell erkennbar, werden mit wenigen Klicks rückgängig gemacht und sind schnell ohne weitere Folgen und Anschlusskommunikation beseitigt.

2. Klasse: **Der ideologische Vandalismus**
   Inhaltliche Änderungen, die eine Perspektive auf einen Artikel absolut machen und möglicherweise andere Perspektiven löschen. Diese Änderungen sind meist mit einem ideologischen Hintergrund verbunden. Oft führt diese Art des Vandalismus zu langen Diskussionen und möglicherweise sogar zu einem Bearbeitungskonflikt (▷Edit-War, s.u.). Dennoch beinhalten sie einen positiven Aspekt: *Manchmal muss diese Art von Vandalismus stattfinden, damit ein Konflikt entsteht aus dem die Ideologie erkannt und als solche gekennzeichnet wird* [siehe dazu: Hassine (2005)].

Die Wikipedia-Gemeinschaft ist sich bewusst, dass bei einem solchen offenen Wiki-System die Gefahr des Vandalismus inhärent ist. Ich befasse mich hier mit der zweiten Klasse von Vandalismus. Innerhalb der Wikipedia-Grundsätze würde eine Definition etwa so lauten:

Wenn Änderungen in einem Artikel durchgeführt werden, so dass der ▷Neutrale Standpunkt (▷NPOV [36]) nicht mehr gegeben ist, handelt es sich um Vandalismus.

Die Neutralität wird dann nicht gewahrt, wenn zum Beispiel in Artikeln mit verschiedenen Sichtweisen einzelne der aufgeführten Sichtweisen gelöscht werden. NPOV bedeutet in diesem Zusammenhang auch, dass, wenn verschiedene Sichtweisen zu einem Thema koexistieren und mit Quellenangabe belegt werden können, diese auch dargestellt werden sollen. In einigen wenigen thematischen Bereichen eines Lexikons ist es sehr schwer, diesen ▷Neutralen Standpunkt zu finden, bzw. zu entscheiden, ab wann eine Änderung zu Vandalismus gezählt wird. Dabei entscheidet die virtuelle Gemeinschaft immer wieder neu, was als Vandalismus anzusehen ist und was nicht. Hier sei zum Beispiel der Bereich Politik genannt, bei dem ständig verschiedene Auffassungen aufeinanderprallen. Normalerweise entsteht durch die Diskussionsseiten, die hinter jeden Artikel geschaltet sind, ein Diskurs über solche unterschiedlichen Auffassungen[37]. Vandalismus bedeutet, dass man sich nicht zuerst diesem Diskurs stellt, sondern sofort den Artikel bewusst verfälscht, indem das Jedermannsrecht Artikel zu ändern ausgenutzt wird. So wurde beispielsweise im Vorfeld der Landtagswahlen in Nordrhein-Westfalen versucht, die Artikel über den CDU-Politiker WP_DE: JÜRGEN RÜTTGERS und den sozialdemokratischen Ministerpräsidenten Nordrhein-Westfalens, WP_DE: PEER STEINBRÜCK zu manipulieren. Diese Manipulation wurde jedoch schnell von der Wikipedia-Gemeinschaft entdeckt. Die Medien berichteten von diesem Versuch der Manipulation, zumal die anonymen Änderungen von einer IP-Adresse aus dem Bundestag durchgeführt worden waren[38] , jedoch ihre Wirkung verfehlten.

---

[36]NPOV=*Neutral Point Of View*, Neutraler Standpunkt, siehe dazu Abschnitt 1.2.1

[37]Siehe z.B. den Artikel WP_DE: NIKOLAUS KOPERNIKUS (Stand 2.6.2005) und den ausgedehnten Streit auf der Diskussionsseite „War Nikolaus Kopernikus Deutscher oder Pole?"

[38]vgl. Artikel bei politik-digital.de vom 14.7.2005:
http://www.politik-digital.de/edemocracy/wahlkampf/bundestagswahl05/
wikisteiner050714.shtml

Es gibt zwei Möglichkeiten das Problem des Vandalismus zu bewältigen, entweder durch die Gemeinschaft *kollektiv* oder durch die Administratoren[39] *autoritär*. Die flache und offene Struktur von Wikipedia soll nicht eingeschränkt werden, so nimmt sich die Gemeinschaft des Problems an und löst es soweit wie möglich. Über die ▷Beobachtungslisten werden einzelne Benutzer über Änderungen informiert. Zusätzlich wird eine Liste mit vandalismusgefährdeten Artikeln[40] , die in diesem Kapitel vorgestellt wird, gemeinsam verwaltet und aktuell gehalten. Wenn die Gemeinschaft die Vielzahl der Änderungen beobachtet, scheint ein weiteres soziales Phänomen zu emergieren: *Vertrauen in einzelne Benutzer*. Die aktive Teilnahme an Wikipedia innerhalb spezieller Themenbereiche führt dazu, dass man das Verhalten einzelner Benutzer kennenlernt und ggf. ihren Änderungen vertraut, während anonyme Änderungen eher stärker kontrolliert werden.

Beide Listen führen dazu, dass Vandalismus schneller entdeckt wird. Hier wirkt das ▷Open Source-Gesetz: „Given enough eyeballs, all bugs are shallow"[41]. Durch Vandalismus gefährdete Artikel in der deutschsprachigen Wikipedia aus Sicht der Wikipedia-Gemeinschaft sind insbesondere Artikel aus den Feldern Politik und Geschichte, meist verknüpft mit Weltanschauungen, die nicht den allgemein üblichen entsprechen. Falls der Vandalismus Überhand gewinnt, kann ein Administrator die Bearbeiten-Funktion des Artikels sperren. Man versucht jedoch, dieses Vorgehen wenn irgend möglich zu vermeiden. Im seltenen Fall einer solchen Sperrung können Änderungen nur noch im Diskussionsbereich vorgeschlagen und dann ggf. von einem Administrator in den Artikel übernommen werden.

Die vandalismusgefährdeten Artikel (WP_DE: WIKIPEDIA: BEOBACHTUNGSKANDIDATEN) lassen sich in in folgende Gruppen zusammenfassen:

- Aktuelles: Artikel zu Themen, die zur Zeit in den Massenmedien thematisiert werden, werden auch innerhalb von Wikipedia häufiger gelesen [Lih (2004)] und scheinen Vandalen anzulocken, denn es ist offenbar attraktiv an einer prominenten Stelle Vandalismus zu betreiben. Zur Zeit des Abrufs handelte es sich um Artikel wie WP_DE: JOHANNES PAUL II. oder WP_DE: KONKLAVE, der den Vorgang der Papstwahl beschreibt, sowie um Artikel zu Themen der Tagespolitik, beispielsweise WP_DE: SOZIALABBAU oder WP_DE: GEORGE W. BUSH.

- Sexualität: Pubertierende Jugendliche neigen dazu, vulgäre Zeichnungen und Sprüche nicht nur an öffentlichen Orten ihrer Umgebung zu hinterlassen, son-

---

oder bei dem Onlinemagazin Telepolis vom 21.5.2005:
http://www.heise.de/tp/r4/artikel/20/20139/1.html
oder die Onlineausgabe des Spiegels vom 19.5.2005:
http://www.spiegel.de/netzwelt/politik/0,1518,356570,00.html

[39]Die Rolle und die Möglichkeiten des Administrators werden in Kapitel 2.2.3 beschrieben.

[40]Siehe Artikel: WP_DE: WIKIPEDIA: BEOBACHTUNGSKANDIDATEN, Abruf vom 21.4.2005 befindet sich im Anhang

[41]Zitat von Eric S. Raymond bzw. Linus Torwalds, siehe zum Beispiel WP_EN:LINUS'S_LAW oder LIH (2004): Gelingt es dem Software-Projekt, eine ausreichend große Menge an Freiwilligen für die Mitarbeit zu begeistern und deren Arbeiten zu koordinieren, so werden sämtliche Probleme schnell entdeckt und können auch schnell behoben werden.

dern weiten dies auch auf virtuelle öffentliche Räume wie Wikipedia aus. Artikel aus dem Bereich Sexualität sind somit besonders gefährdet[42].

- Religiöser Fundamentalismus: Wenn Gruppen sachliche Argumente oder Anschauung, die ihrer religiösen Überzeugung widersprechen, nicht akzeptieren und diese Artikel löschen oder durch ihre Anschauung ersetzen und so die ▷NPOV-Grundregel verletzen, bezeichne ich dies hier als „religiösen Fundamentalismus". Davon sind zur Zeit Artikel wie WP_DE: DARWINISMUS, WP_DE: EHRENMORD, WP_DE: AIDS, WP_DE: FRAUENRECHTE oder WP_DE: SCHWANGERSCHAFTSABBRUCH insofern betroffen, als sie zu einer der religiösen Auffassung passenden Fassung umformuliert werden. Diese Art des Vandalismus betrifft jedoch auch Artikel über Religion, Kirche und wichtige Personen innerhalb religiöser Gemeinschaften. Oft werden aus Artikeln wie WP_DE: ISLAM, WP_DE: SCIENTOLOGY oder WP_DE: JOSEPH_RATZINGER kritische Passagen entfernt.

- Politische Ideologien: Konflikte über politische Ideologien wurden und werden oft nicht neutral diskutiert und führten in der Vergangenheit sogar zu Kriegen. Auch heute finden diese Konflikte innerhalb von Wikipedia aufgrund der ideologisch verklärten Sicht der Anhänger einer Ideologie statt. Themenbereiche, die durch Artikel wie WP_DE: SOZIALISMUS, bei der heutigen Sichtweise auf die DDR, Neoliberalismus oder Nationalsozialismus auch mit Rückblick auf Deutschland und die Verfolgung der Juden aufgegriffen werden, sind regelmäßig Opfer von Vandalismus.

- Geschichte: Der Vandalismus in diesem Bereich wird durch nationalistische Sichtweisen geprägt. Da in der deutschsprachigen Wikipedia Menschen verschiedener Nationalitäten und unterschiedlichem Grad an Nationalbewusstsein mitschreiben, sind zum Beispiel folgende Artikel durch Vandalismus gefährdet: WP_DE: TÜRKEI, WP_DE: KURDEN, WP_DE: ARMENIEN (VÖLKERMORD), sowie Artikel zu Themen wie zweiter Weltkrieg, deutsche Geschichte oder gewaltsame Konflikte im ehemaligen Jugoslawien.

- Drogen und Sucht: In diesem Feld variieren die Vorstellungen über die Gefährlichkeit bzw. Ungefährlichkeit so sehr, dass Artikel wie WP_DE: CANNABIS, WP_DE: DROGE, WP_DE: KOKAIN den eigenen Vorstellungen angepasst werden.

- Studentenverbindungen: Über Studentenverbindungen herrschen sehr unterschiedliche Vorstellungen, die von einem Extrem bis ins andere reichen, ohne dass zwischen den Kontrahenten die Bereitschaft zur Diskussion besteht. Artikel wie WP_DE: DEUTSCHE BURSCHENSCHAFT, WP_DE: STUDENTENVERBINDUNG oder WP_DE: SCHMISS sind häufig von Vandalismus betroffen.

---

[42]Wikipedia pflegt auch Artikel zu umgangssprachlichen Begriffen rund um Sexualität und unterscheidet sich so von gewöhnlichen Lexika. Interessanterweise sind relativ viele und ausführliche Artikel in diesem Feld vorhanden. Möglicherweise kann durch die Anonymität in Wikipedia das Tabu, in Öffentlichkeit sachlich über Sexualität zu sprechen, gebrochen werden. Siehe dazu auch WP_DE: PORTAL ZUSAMMENLEBEN, PARTNERSCHAFT UND SEXUALITÄT.

- Werbung und Esoterik: Durch das offene System werden auch (meist dubiose) Firmen angelockt, die hier eine Möglichkeit sehen in thematisch passenden Artikeln Werbung für Medikamente (z.B. in Artikeln wie WP_DE: IMPOTENZ oder WP_DE: PROTEINE) zu machen. Auch Anhänger aus dem Bereich Esoterik versuchen intensiv, durch das Setzen von Links auf ihre Seiten zu werben. Auf diese Weise versuchen sie, den ▷Pagerank bei Suchmaschinen zu verbessern, da ein Link von Wikipedia auf eine Seite als Qualitätsmerkmal interpretiert wird.

- Sonstige: Bestimmte radikale Ansichten zum Thema Internet werden gerne versucht durchzusetzen (besonders Angriffe auf Artikel wie WP_DE: MICROSOFT oder WP_DE: BILL GATES). Auch interne Artikel, die über den Gebrauch von Wikipedia berichten, wie beispielsweise WP_DE: WIKIPEDIA: TUTORIAL (SEITE 1) werden gerne zum Experimentieren genutzt. Artikel zum Thema WP_DE: VERSCHWÖRUNG, bzw. WP_DE: WELTVERSCHWÖRUNG, über WP_DE: GEHEIMBUND oder WP_DE: ILLUMINATENORDEN werden ebenfalls oft Opfer von Vandalismus.

Die hier vorgestellte Liste ist ein Resultat der Selbstbeobachtung der Wikipedia-Gemeinschaft. Allgemeiner könnte man sagen, dass sich die Ideologieproblematik auch in Wikipedia widerspiegelt. Definiert man Ideologie auf Basis von Differenz zwischen Bewusstsein, im Sinne einer Vorstellungs- oder Ideenwelt, und gesellschaftlicher Realität[43], so stellen sich für ein Lexikon die folgenden Herausforderungen:

1. Ideologische Sichtweisen müssen als solche gekennzeichnet werden und

2. anderen Sichtweisen gegenübergestellt, bzw. voneinander abgegrenzt werden.

Viele Anhänger einer Ideologie versuchen gleichzeitig diesen Vorgang zu untergraben.

Neben der beschriebenen Liste der Beobachtungskandidaten steht der Gemeinschaft ein allgemeiner Artikel[44] zur Verfügung, der Hinweise im Umgang mit Vandalen beinhaltet und der - wie (fast) alle Artikel in Wikipedia - geändert bzw. erweitert werden kann. So können Erfahrungen von Benutzern mit Vandalismus auch hier der Gemeinschaft zugänglich gemacht werden. Es zeigt sich, dass häufig Vandalismus durch Benutzer, die das erste Mal bei Wikipedia sind und sich über die „Seite bearbeiten"-Funktion wundern, es vielleicht gar nicht glauben können, dass sie den Artikel verändern oder gar löschen können[45] und es dann gleich ausprobieren. Oft wissen diese Benutzer dann nicht, wie man diese Änderung rückgängig macht.

Der Vandalismusbegriff kann auch auf neue Artikel ausgedehnt werden, denn falls jemand der Meinung ist, dass ein neu angelegter Artikel nicht in Wikipedia passt, so wird dieser als Löschkandidat vorgeschlagen (durch stellen eines ▷Löschantrags) und als solcher diskutiert[46]. Einige solcher unsachlichen oder unpassenden Artikel

---

[43]Der Begriff der Realität ist selbstverständlich im Ideologiestreit auch auf Grund von erkenntnistheoretischen Fragestellungen problematisch. Zur Einführung vgl. z.B.: Brockhaus, Die Enzyklopädie in 24 Banden, F.A. Brockhaus Leipzig Mannheim, 1996 (Artikel: Ideologie)

[44]Siehe Artikel: WP_DE: WIKIPEDIA: VANDALISMUS, Abruf vom 21.4.2005 befindet sich im Anhang

[45]Siehe dazu z.B. Voß u. Danowski (2004) und die zitierte E-Mail auf Seite 4

[46]Siehe dazu WP_DE: WIKIPEDIA LÖSCHKANDIDATEN

könnten als Vandalismus aufgefasst werden, auch wenn die Wikipedia-Gemeinschaft diese Art der Untermauerung der Ansprüche eines Lexikons nicht als Vandalismus betrachtet.

2.1.7 Probleme und Gefahren des Wikipedia-Projektes

Trotz einiger Gefahren und Probleme hat sich Wikipedia bisher stabil entwickelt. Das liegt insbesondere daran, dass die Wikipedia-Gemeinschaft viele potentielle Probleme selbst entdeckt und Mechanismen entwickelt hat, um mit ihnen umgehen zu können.

- **Copyright**: Gefahren drohen zum Beispiel durch das Rechtssystem im Falle einer Copyright-Verletzung. Wenn Inhalte durch Benutzer in einen Wikipedia-Artikel kopiert werden, die unter Copyright stehen, sie also zum Beispiel von einer anderen Webseite stammen oder aus einem Buch abgeschrieben wurden, findet eine Verletzung des Copyrights statt. Innerhalb des Wikipedia-Portals werden selbstverständlich alle Autoren dazu aufgefordert dies auf keinen Fall zu machen. Dennoch geschieht dies von Zeit zu Zeit u.a. von unerfahrenen Benutzern. Auch könnte der Fall eintreten, dass mutwillig unter Copyright stehende Inhalte in Wikipedia eingefügt werden. In Wikipedia hat jeder Benutzer auch ohne Anmeldung die Möglichkeit dazu: Im System ist keine Kontrollinstanz vorhanden, die im Vorab eine Verletzung des Copyrights feststellen könnte, deshalb müssen die alternativen Kontrollinstanzen, die im letzten Kapitel beschrieben wurden, zum Einsatz kommen. Hier stellt sich das Problem, der Erkennung einer Urheberrechtsverletzung. Im Zweifelsfall werden deshalb Inhalte gelöscht, da es sonst zu einer Unterlassungsklage kommen könnte. Spätestens dann müsste ein Administrator eingreifen und die rechtlich problematischen Inhalte unwiderruflich löschen. Wenn jedoch die Unterlassungsklagen Überhand gewinnen würden, könnte ein Gericht beschließen, dass innerhalb Wikipedias nicht genug Kontrollinstanzen zur Wahrung des Copyrights vorhanden sind, und befinden, dass solche offenen Wiki-Systeme rechtlich problematisch sind, da niemand rechtliche Verantwortung für die Änderungen übernimmt, bzw. garantieren kann, dass es nicht zu einer Wiederholung kommt. Wikipedia Deutschland e.V. hat ein Rechtsgutachten[47] erstellen lassen, das sich auch diesem Thema widmet und zur Auffassung kommt, dass die rechtliche Situation nicht eindeutig ist. Auch in diesem Bereich ist die Wikipedia-Gemeinschaft aktiv und versucht, Urheberrechtsverletzungen zu finden und darauf zu reagieren[48].

- **Vandalismus**: Damit die kollektiven Kontrollmechanismen gegen Vandalismus funktionieren ist ein Mindestverhältnis zwischen aktiven Benutzern und Artikeln notwendig. Wächst die Artikelanzahl weiter, könnte ein Benutzerrückgang oder gar ein Stagnieren der Anzahl aktiver Benutzer zu einem Problem

---

[47]WP_M:RECHTSFRAGEN (Mit Link auf Rechtsgutachten zu Wikipedia, in Auftrag gegeben durch Wikipedia Deutschland e.V.), Abruf 22.7.2005
[48]Siehe dazu: WP_DE: WIKIPEDIA: URHEBERRECHT, WP_DE: WIKIPEDIA: URHEBERRECHTSFRAGEN (abgerufen am 22.7.2005)

werden. Wenn man von einem evolutionären Wissenszuwachs, analog zu Ira Goldsteins (1979) Ansatz des genetischen Graphs ausgeht, wächst die Anzahl neuer Artikel deshalb schneller, da immer mehr Bereiche spezieller behandelt werden. Hier muss die Gemeinschaft entscheiden inwieweit sie „die Gesamtheit des Wissens unserer Zeit in lexikalischer Form"[49] wirklich behandeln möchte. Auf der anderen Seite sind immer mehr (zeitlose) Artikel in hoher Qualität vorhanden, die nicht mehr überarbeitet werden müssen. Eine Möglichkeit bestünde darin, sie zu sperren und somit ihre Qualität zu konservieren. Bisher hat die Gemeinschaft flexibel auf Probleme reagiert und würde sich auch einem solchen Problem widmen und versuchen Lösungen zu finden.

- **Qualitätsunterschiede**: Artikel werden zu Themen geschrieben, zu denen Benutzer die Initiative ergreifen. So werden z.b. technische Themen und Themen rund um Hard- und Software ausführlich und tiefgründiger behandelt als andere, weil Menschen mit Wissen in diesem Bereich verhältnismäßig stark in der Wikipedia-Gemeinschaft repräsentiert sind. Auf der anderen Seite sind manche grundlegende Begriffe aus den Geistes- oder Sozialwissenschaften noch in einem recht rudimentären Zustand oder noch gar nicht vorhanden. Vielen Nutzern von Wikipedia ist nicht klar, dass es starke Qualitätsunterschiede innerhalb von Wikipedia gibt: So lassen sich schnell mangelhafte Artikel finden[50], während normale gedruckte Enzyklopädien eher in der Lage sind, ein bestimmtes Qualitätsniveau zu halten und Artikel von zu geringer Qualität vor der Veröffentlichung zu überarbeiten oder zu streichen.

- **Zu schnelles Wachstum**: Systeme mit exponentiellem Wachstum neigen dazu, instabil zu werden. Bei Wikipedia ist folgendes Problem aufgetreten: In starken Wachstumsphasen müssen die Hardware und die Internetanbindung ständig ausgebaut werden. Trotz eigener Stiftung war die Finanzierung neuer Server ab einem bestimmten Punkt nicht mehr möglich, was dazu führte, dass die Webseite zeitweise nur sehr langsam war, oder die Server unter dem hohen Verkehr zusammenbrachen. Interessanterweise hat auch hier die Gemeinschaft reagiert: Mit einem Spendenaufruf innerhalb des Wikipedia-Portals (▷Meta-Wiki) wurde binnen kürzester Zeit Geld für neue Hardware eingeworben.

- **Edit-War** (Deletion war): Ein ▷Edit-War bezeichnet das aufeinanderfolgende Wiederherstellen zweier konkurrierender Versionen eines Artikels. Normalerweise handelt es sich um eine Meinungsverschiedenheit, die nicht auf der Diskussionsseite ausgetragen wird: Jeder Autor ist davon überzeugt, dass seine Version des Artikels besser ist als die andere. Oft entsteht ein solcher Konflikt, wenn sich keine Lösung auf der Diskussionsseite finden lässt, oder der Konflikt auf einer persönlichen Ebene ausgetragen wird. Edit-Wars blockieren den Artikel und führen dazu, dass die Beteiligten verärgert werden und möglicherweise sogar aus dem Projekt aussteigen. Edit-Wars können oft nur durch

---

[49] zitiert aus Artikel WP_DE: WIKIPEDIA, Abruf 20.7.2005
[50] Vgl. Rezension zur Wikipedia DVD (Ausgabe Frühjahr 2005):
`http://hsozkult.geschichte.hu-berlin.de/rezensionen/type=rezcdrom&id=6561`

den Eingriff Dritter gelöst werden, die dann zwischen den Parteien vermitteln. Ich schätze den Anteil an Edit-Wars im Verhältnis zu den regulären Änderungen relativ gering ein (vgl. geringe Anzahl der langen Diskussionsseiten in 2.1.1), sie werden jedoch in der Gemeinschaft als problematisch wahrgenommen, da ein solcher Streit unproduktiv erscheint und Feindschaften zwischen Benutzern entstehen können. Neben allgemeinen Informationen zum Edit-War und Hilfestellungen zur ihrer Vermeidung [51], wurde von der Gemeinschaft ein Vermittlungsausschuss[52] eingerichtet. Zusätzlich stellt die Gemeinschaft Hilfestellungen zur Moderation[53] bereit.

Eine weitere Variante des Edit-Wars ist der *Deletion-War*, ein Löschkonflikt zwischen zwei Administratoren, die durch gegenseitiges Löschen und Wiederherstellen ihre Uneinigkeit darüber austragen, ob ein Artikel aus der Wikipedia gelöscht werden soll oder nicht.

- **Forking**: ▷Forking bezeichnet die Teilung eines ▷Open Source-Projekts in zwei separate Projekte, die meist aus dem Konflikt zwischen den Programmieren entstehen, wenn verschiedene unvereinbare Vorstellungen über die Weiterentwicklung der Software entstehen. Dieser Begriff wurde recht schnell auch auf ▷Open Content-Projekte wie Wikipedia übertragen. Eine Uneinigkeit in der Wikipedia-Gemeinschaft, z.B. ob sich Wikipedia durch eingeblendete Werbung finanzieren sollte oder nicht, kann dazu führen, dass ein neues Lexikonprojekt entsteht und sich die Gemeinschaft teilt. Genau dieser Fall ist in der spanischen Wikipedia eingetroffen (siehe dazu Kapitel 2.1.3).

- **Qualität und Transparenz**: Theoretisch entstehen hochwertige Artikel durch einen langen evolutionären Prozess, bei dem der Artikel ständig verbessert und perfektioniert wird. In der Praxis entstehen dabei Probleme, zwar werden viele Ergänzungen und Verbesserungen durchgeführt, doch eine gründliche abschließende Überarbeitung mit Prüfung der Fakten und der Literatur findet meist nicht statt. Für Leser der Wikipedia-Artikel ist nicht transparent, auf welchem Niveau sich ein Artikel befindet.

  Das Qualitätsproblem wird insbesondere durch die Qualitätsoffensive (ausführlich dargestellt in dem Artikel WP_DE: WIKIPEDIA: QUALITÄTSOFFENSIVE) von der Gemeinschaft angegangen. Zur Zeit des Abrufs des Artikels fand eine Umstrukturierung des Qualitätsmanagements statt. Manche Maßnahmen aus der Qualitätsoffensive sind also zur Zeit im Aufbau oder nicht in Betrieb.

  - *Bewertungsbausteine* (WP_DE: WIKIPEDIA: BEWERTUNGSBAUSTEINE) sind ▷Textbausteine und bestehen aus Kürzeln, die an den Anfang eines Artikels gestellt werden können und dann von der eingesetzten ▷Wiki-Software meist in Form eines Hinweises dargestellt werden. Diese Hinweise werden auch eingesetzt, um auf mangelnde Qualität eines Artikels hinzuweisen. So erfahren Wikipedianer an welchen Stellen Arbeitsbedarf

---

[51]WP_DE: EDIT-WAR
[52]WP_DE: WIKIPEDIA: VERMITTLUNGSAUSSCHUSS
[53]WP_DE: WIKIPEDIA: MODERATION

besteht und Leser erfahren bekannte Mängel eines Artikels. Wichtige Bausteine sind zum Beispiel „Stub", aus dem Englischen „Stummel", so markiert man unzulänglich kurze Artikel, weiterhin der Hinweis, dass in dem Artikel nur eine Deutschland-Sichtweise dargestellt wird oder der Hinweis, dass die Neutralität von der aktuellen Version des Artikels zur Zeit auf der Diskussionsseite besprochen wird.

– Die *Offensiven* gehen gezielt die Qualitätsverbesserung von Artikeln an:

* Die *Strukturoffensive* (WP_DE: WIKIPEDIA: STRUKTUROFFENSIVE) befasst sich mit der thematischen Einordnung durch Kategorisierung, Themenlisten und die Entwicklung von Übersichtsportalen, die Artikel eines Themenbereichs sortiert darstellen.

* Die speziellen Einrichtungen *Focus* (WP_DE: WIKIPEDIA: FOCUS) und *Review* (WP_DE: WIKIPEDIA: REVIEW) fördern die Beteiligung an der Qualitätsverbesserung einzelner Artikel. Artikel, die in den Focus gestellt wurden, bieten Autoren dieses Artikels die Möglichkeit, Anregungen und Kritik von der Gemeinschaft zu erhalten. Der Bereich Review ist ähnlich, jedoch intensiver und für Artikel, die offenbar schon auf einem hohen qualitativen Niveau sind. Review und Focus sind zwar für alle Benutzer offen, was jedoch nicht bedeutet, dass hauptsächlich Laien hier Kritik üben. Die Bereiche sind thematisch gegliedert, sodass Nutzer, die Spezialisten in einem Bereich sind, sich gezielt hier einbringen können. Bei der Durchsicht dieser Verbesserungsvorschläge fällt auf, dass hier Benutzer in ihren speziellen Rollen (siehe 2.2.3) agieren: Manche kennen sich sehr gut im Internet aus und ergänzen den Artikel mit Weblinks, andere versuchen die Artikel sprachlich oder optisch zu verbessern.

* Der *Wikireader* (WP_DE: WIKIPEDIA: WikiReader) ist eine gedruckte Sammlung von Artikeln zu einem bestimmten Thema. Bei dieser Sammlung müssen Artikel bestimmte Mindeststandards haben. Verbesserungen von Artikeln für einen Reader fließen auch in die internetbasierte Version ein.

– Auszeichnungen/Prämien: Artikel können Auszeichnungen erhalten, die normalerweise am Ende des Artikels mit einer ähnlichen Technik wie die ▷Textbausteine gekennzeichnet werden. Nach der Nominierung findet die Auswahl durch eine Abstimmung unter Wikipedianern statt, die jedoch so geartet ist, dass die Wahl verhindert werden kann, wenn von nur einem Benutzer gravierende Einwände gemacht werden. Momentan werden in Wikipedia zwei Auszeichnungen vergeben: *lesenswerte Artikel* (WP_DE: WIKIPEDIA: LESENSWERTE_ARTIKEL) und *exzellente Artikel* (WP_DE: WIKIPEDIA: EXCELLENTE_ARTIKEL), bzw. *exzellente Bilder* (WP_DE: WIKIPEDIA: EXCELLENTE_BILDER). Für die Vorbereitung der Artikel zur Nominierung wird empfohlen den Focus und den Review zu verwenden, damit dort Verbesserungsvorschläge gemacht werden können. *Kopfgeld* (WP_DE: WIKIPEDIA: KOPFGELD) steht für Prämien (Sachspenden), die für eine konzentrierte Artikelarbeit vergeben werden könnten.

- Der *Außenspiegel* (WP_DE: WIKIPEDIA: AUSSENSPIEGEL) sammelt externe Rezensionen, wertet sie aus und nimmt daraufhin Verbesserungen vor; zum Beispiel ist die unter „Qualitätsunterschiede" erwähnte Rezension hier zur Zeit (August 2005) aufgeführt.

- Die Redaktionen (WP_DE: WIKIPEDIA: REDAKTION) sind noch im experimentellen Status und sollen Anlaufstelle für Fragen von Lesern sein. Die *Redaktion* soll sich in Fachredaktionen untergliedern, sodass die Fragen dann an Spezialisten weitergeleitet werden können.

- Ziel des *WikiPress*-Projektes (WP_DE: WIKIPEDIA: WIKI PRESS) ist die Erstellung einer gedruckten Ausgabe von Wikipedia, um so den Zugang zu Wikipedia außerhalb des Internets zu ermöglichen.

2.2 Aufbau und Funktionsweise

Zur Analyse Wikipedias schlage ich eine Differenzierung in drei Sphären vor:

1. Die Idee: ideelle Sphäre, die den Gedanken einer kollektiv angefertigten Enzyklopädie beinhaltet.

2. Die Software: algorithmische Sphäre, die aus der installierten ▷Wiki-Software besteht und durch die Benutzeroberfläche und einen Browser für den Benutzer sichtbar wird.

3. Die Gemeinschaft: gesellschaftliche Sphäre interagierender Benutzer und selbstorganisierter Gemeinschaft.

Alle drei Sphären lassen sich im Hinblick auf ihre Entwicklung und ihre Ausprägung analysieren. Die Software kann Nährboden für die Gemeinschaft und ihre Organisation sein, gleichzeitig nimmt die Gemeinschaft an der Weiterentwicklung der Software teil[54]. Die Idee formuliert klare Zielvorstellungen, die so einen sozialen Code schafft und die Reproduktion von Normen ermöglicht.

Bisher scheint ein produktives Ineinandergreifen von Methode und Teilnehmern stattzufinden. Dadurch wird ständig die Machbarkeit der Vision, die größte Enzyklopädie zu schreiben, realisierbarer, was wiederum die Bereitschaft zur Mitarbeit stärkt.

2.2.1 Die Idee: Gemeinsames Ziel und anerkannte Grundsätze

Aigrain (2003) nennt in seiner Arbeit zwei Faktoren, die von Wikipedia-Kritikern anfangs unterschätzt wurden, und schließlich zum Erfolg von Wikipedia führten. Es liegt eine klare Vision von dem vor, was erreicht werden soll sowie ein entsprechender

---

[54]Hier zeigt sich ein Charakteristikum der „sozialen Software", die die Interaktion innerhalb einer Gruppe fördert, siehe dazu:
http://www.shirky.com/writings/group_enemy.html (zuletzt abgerufen am 30.10.2005)

Verhaltenskodex[55], der durch den ▷NPOV explizit formuliert wird. Der zweite Faktor hängt mit der Durchführbarkeit zusammen: Die Software ist so angelegt, dass wenn sich genug Personen in Wikipedia im Sinne des NPOVs engagieren, eine kleinere Gruppe mit destruktiven Zielen keine Chance hat.

Diese Vision besteht aus verschiedenen Aspekten, die bereits im folgenden Leitsatz implizit vorhanden sind: *Wir schreiben eine öffentliche Enzyklopädie*. Folgende Einzelaspekte lassen sich aus dieser Vision ableiten:

- *Wir schreiben eine Enzyklopädie:* Jeder kann sich etwas unter einer Enzyklopädie vorstellen oder kennt zumindest ein Lexikon. Somit ist für jeden von Anfang an nachvollziehbar, welche Anforderungen an einen Lexikonartikel gestellt werden.

- *Wir schreiben aus einem neutralen Standpunkt*: Eine gute ideologiefreie Enzyklopädie muss dem Anspruch der Neutralität nachkommen, aber ebenfalls in der Lage sein, verschiedene Standpunkte neutral darzustellen und somit nicht nur verschiedene Meinungen, sondern auch verschiedene Personengruppen zu integrieren. Der ▷NPOV schreibt dies fest.

- *Die veröffentlichten Inhalte sollen frei zugänglich sein*: Dazu werden sie unter einer Lizenz (▷GFDL) veröffentlicht, die sie unabhängig von Copyrightansprüchen einzelner Autoren und Organisationen macht. Dennoch werden die Autoren der Inhalte genannt und müssen bei einer Kopie ebenfalls angegeben werden (▷Open Content bzw. ▷Freie Inhalte).

- *Die Atmosphäre soll produktiv sein*. Dazu müssen die Diskussionsseiten genutzt werden und zwar so, dass ein respektvoller Umgang innerhalb der Gemeinschaft gefördert wird (siehe auch WP_DE: WIKIPEDIA: WIKIQUETTE, die Netiquette für Wikipedia).

Betrachtet man Wikipedia als ein System, dann würden diese vier Faktoren den binären Code repräsentieren: Jede Aktion innerhalb Wikipedias wird anhand des Leitsatzes bzw. seiner vier Faktoren, binär klassifiziert:

- 0: Eine Aktion verletzt einen oder mehrere der vier Faktoren,

- 1: Eine Aktion verletzt keinen der vier Faktoren.

Wenn beispielsweise ein Benutzer einen Artikel in Wikipedia inhaltlich verändert, sodass der ▷Neutrale Standpunkt verloren geht, wird diese Aktion höchstwahrscheinlich von anderen Benutzern rückgängig gemacht.

---

[55]Aus dem Englischen übersetzt: „a clear vision of what it is trying to achieve, a related code of conduct" - Aigrain (2003).

2.2.2 Die Software: Das Wiki-System

Die eingesetzte ▷Wiki-Software [Leuf u. Cunningham (2001)] basiert auf einem denkbar einfachen Prinzip: Ein ▷Wiki[56] besteht aus einzelnen Artikeln, jeder Artikel ist auf einer eigenen Seite abgelegt. Zu jedem Artikel stehen folgende Funktionen bereit:

1. Seite bearbeiten (außer sie ist durch einen Administrator geschützt worden),

2. Diskussion: jeder Artikel hat seine eigene Diskussionsseite,

3. Version/Autor: stellt eine Liste mit vorherigen Versionen des Artikels dar (▷Versionsgeschichte),

4. Anderen Sprachen: listet Sprachen, in denen ein Artikel zum gleichen Thema vorhanden ist,

5. Verschieben-Funktion zum Umbenennen einer Seite,

6. Werkzeuge: ein- und ausgehende Links.

---

[56]Ursprünglich WikiWikiWeb, 1995 erfunden von Ward Cunningham; Wikipedia ist zur Zeit die größte Wiki-basierte Webseite

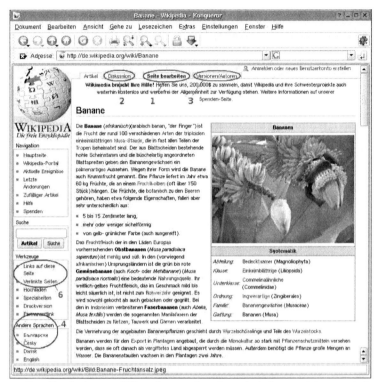

Die Oberfläche von Wikipedia mit Spendenaufruf oben und hervorgehobenen Funktionen - Quelle: WP_DE: BANANE (27.8.2005)

Auf diese sechs Standard-Funktionen gehe ich nun im Einzelnen ein:

1. Wählt man die Funktion „Seite bearbeiten" so erscheint an Stelle des Artikels ein Formularfeld mit dem Artikel als Textversion. Da ein solches Formularfeld nur reinen Text ohne Layout anzeigt, werden die Textauszeichnungen durch einfache Formatierungsregeln ersetzt. Setzt man beispielsweise ein doppeltes Gleichzeichen („==") um ein Wort herum, so wird dieses Wort nach dem Speichern zu einer Überschrift im Artikel. Auf diese Weise wird mit einfachen Mitteln ein Editor in den Browser integriert. Eine ganze Reihe solcher Formatierungen, die alle über einen Link „Bearbeitungshilfe" nachgeschlagen werden können, ermöglichen Benutzern ohne Programmier- oder HTML-Kenntnissen den Artikel mit Textauszeichnungen zu gestalten. Unter diesem Textfeld stehen die sich selbst erklärenden Optionen „Seite speichern" und „Vorschau zeigen" zur Verfügung. Zusätzlich ist es möglich, die Änderung zu kommentieren

oder sie als „kleine Änderung" zu kennzeichnen, wenn beispielsweise nur ein Tippfehler korrigiert wurde.

2. Jeder Artikel hat einen eigenen Diskussionsbereich, der technisch identisch mit dem Artikel ist: Er funktioniert nach dem selben Prinzip wie der Artikel, denn jeder kann alles ändern. In der Praxis sieht dieser Diskussionsbereich jedoch anders als der Artikel aus. Hier wird der Artikel inhaltlich kritisiert, hinterfragt, Änderungen und neue Gliederungen diskutiert. Dabei hat es sich eingebürgert eigene Beiträge in dem Diskussionsbereich zu unterschreiben, indem man „˜˜˜˜" hinter seine Änderung schreibt. Dieses Kürzel wird dann nach dem Speichern durch Datum und Benutzername ersetzt. Der Diskussionsbereich hat wie der Artikel auch eine eigene ▷Versionsgeschichte, es können also ältere Versionen der Diskussion wiederhergestellt werden. Der Einsatz dieses Diskussionsbereichs ist jedoch sehr unterschiedlich, denn viele Artikel kommen ganz ohne eine zusätzliche Diskussion aus. Andere, z.b. politische Themen, werden sehr intensiv diskutiert. Wenn eine solche Diskussionsseite zu lang und unübersichtlich wird, greift normalerweise ein Administrator ein und verschiebt ältere Diskussionsbereiche in das Archiv des Diskussionsbereichs.

3. Ein sehr wichtiges Element der Wiki-Software ist die Versionsverwaltung oder Versionierung der Artikel. Die Idee stammt aus den Prinzipien für Hypertext- bzw. Hypermedia-Systemen, die jedoch in dem Kontext nie umgesetzt wurden (vgl. Halasz (1988)). In der Praxis wird Versionskontrolle zur Organisation von ▷Open Source-Projekten eingesetzt, bei der viele Programmierer an der selben Datei arbeiten. Damit nun die Veränderungen nachvollziehbar werden, die andere im Laufe der Zeit gemacht haben, werden alle alten Versionen ebenfalls zugänglich gemacht und mit einer Vergleichsfunktion lassen sich die Unterschiede anzeigen. Dieses Konzept ist auf die gemeinsame Entwicklung eines Lexikonartikels übertragen worden. Wenn diese Funktion aufgerufen wird, erscheint eine Liste mit den letzten Änderungen am Artikel. Dabei ist jeweils der genaue Zeitpunkt der Änderung, der Autor (wenn nicht angemeldet, die IP-Adresse) und der Kommentar zur Änderung mit Kennzeichen (z.B. „K" für kleine Änderung) angegeben. Bei einem Klick auf die Zeitangabe wird der Artikel angezeigt, wie er zu dem Zeitpunkt aussah. Durch „Seite bearbeiten" und „Seite speichern" kann nun eine alte Version wiederhergestellt werden. Die Liste enthält noch eine weitere wichtige Funktion: es lassen sich zwei Versionen auswählen und vergleichen. Dann werden die inhaltlichen Unterschiede angezeigt und man kann sich schnell einen Überblick über die letzten Änderungen verschaffen.

4. In dem Artikel kann manuell angegeben werden, ob ein Artikel zu dem gleichen Thema in einer anderen Sprache existiert und es kann so auf ihn verwiesen werden. Wenn ein Benutzer den Artikel in einer Wikipedia einer anderen Sprache kennt, kann er diesen dort eintragen. Alternativ sind Wikipedia-Robots (▷Bots) wie „FlaBot"[57] im Einsatz. Es handelt sich um kleine Programme, die

---

[57]siehe WP_DE: BENUTZER:FLABOT

z.B. die Artikel verschiedener Sprachen automatisch verknüpfen oder Rechtschreibefehler korrigieren (siehe auch Kapitel 2.2.3, Abschnitt Benutzertypen).

5. Über die Verschieben-Funktion können Artikel umbenannt werden[58]. Dies ist zum Beispiel bei dem evolutionären Vorgang innerhalb Wikipedias notwendig, wenn Begriffe nach und nach differenzierter dargestellt werden. Bei einem Artikel zum Begriff *Moldau* wurde möglicherweise zuerst nur der Fluss in Tschechien behandelt. Da das Wort *Moldau* als Homonym mehrere Begriffe bezeichnet (u.a. die Bezeichnung des Staates, der vorher Moldawien genannt wurde) ist eine Begriffsklärung unter dem Stichwort *Moldau* notwendig, also eine Seite, die die verschiedenen Bedeutungen von *Moldau* aufzählt und auf die Einzelartikel verweist. Um eine solche Seite einzuführen, muss der Artikel zum Fluss Moldau umbenannt werden in *Moldau (Fluss)*. Es reicht in einem solchen Fall nicht, die Inhalte in einen neuen Artikel zu kopieren, da dann die ▷Versionsgeschichte verlorengeht und auch nicht mehr nachvollziehbar ist, wer die Autoren des Artikels waren.

6. Pro Artikel stehen zwei besondere Werkzeuge zur Verfügung. Mit „Links auf diese Seite" lassen sich die Backlinks auflisten, also alle diejenigen Artikel, die auf den aktuellen Artikel verweisen. Damit ist ein wichtiges Prinzip umgesetzt, was Ted Nelson ursprünglich auch für den Hypertext vorgesehen hatte: beidseitige Links. Das zweite Werkzeug zeigt alle vom Artikel ausgehende Links an. Diese Links sind in einer Artikelliste mit Änderungsdatum aufgeführt, sodass einfach recherchiert werden kann, ob die Links inhaltlich noch konsistent sind, wenn sich die verlinkten Artikel inhaltlich verändert haben.

Neben diesen sechs Grundfunktionen, die bei jedem Artikel zur Verfügung stehen, ist die Software mit weiteren speziellen Funktionen für angemeldete Benutzer ausgestattet. Die wichtigste davon ist die ▷*Beobachtungsliste*. Angemeldete Benutzer können Artikel markieren, deren Änderungen sie verfolgen wollen. Typischerweise handelt es sich dabei um Artikel, die von dem Benutzer selbst geschrieben wurden oder bei denen der Benutzer beteiligt war. Nach der Anmeldung steht ein Direktlink zur eigenen Beobachtungsliste bereit, in der alle Änderungen der letzten Tage der beobachteten Artikel aufgelistet werden. Zusätzlich enthält diese Liste einen „Unterschied"-Link. Folgt man diesem Link, wird der geänderte Artikel angezeigt und dabei der geänderte Inhalt hervorgehoben. Wenn mehrere Benutzer an einem Artikel geschrieben haben und den Artikel auch beobachten, ist die Chance groß, dass Vandalismus schnell entdeckt wird.

Manche Funktionen, bei denen ein Missbrauch stattfinden könnte, sind den Administratoren vorbehalten. Dazu gehört..

- ..die Sperrung von Benutzern, die zum Einsatz kommt wenn ein Benutzer offenbar absichtlich über längere Zeit in Wikipedia sich nicht an die Wikiquette hält,

---

[58]Diese Funktion steht nur angemeldeten Benutzern zur Verfügung.

- ..das Schützen von Artikeln, sodass sie vorübergehend nicht mehr geändert werden können und

- ..das unwiderrufliche Löschen von Artikeln oder Versionen von Artikeln, z.B. wenn ein Copyrightproblem vorliegt, indem jemand zum Beispiel urheberrechtlich geschützte Inhalte in Wikipedia kopiert hat[59].

Neben diesen Funktionen innerhalb der Software werden noch einige spezielle Dinge auf den Wikipedia-Seiten angeboten. Neben umfangreichen Statistiken über das Projekt selbst stehen alle Artikel im Datenbankformat zum Herunterladen bereit, sodass jeder ohne Probleme sein eigenes Wikipedia samt allen Artikeln eröffnen könnte. Eine Reihe spezieller Seiten, die genau wie Artikel und Diskussionsseiten aufgebaut sind, ermöglichen die Selbstverwaltung der Wikipedia-Gemeinschaft. Dazu dient in erster Linie das Wikipedia-Portal[60]. Es leistet neuen Benutzern Hilfestellung und führt in die Arbeits- und Umgangsweise der Wikipedianer untereinander ein. Diverse Seiten helfen bei der Verbesserung der Qualität von Artikeln (Stichwort: Qualitätsoffensive), dem gezielten Entgegenwirken von Vandalismus, der Präsentation von Wikipedia nach außen und der Bildung der Wikipedia-Gemeinschaft, z.B. durch Stadtgruppentreffen (siehe WP_DE: WIKIPEDIA: TREFFEN_DER_WIKIPEDIANER) u.a.. Hier leisten die Mitgliederseiten einen wichtigen Beitrag. Sie können von den Benutzern selbst gestaltet werden. Häufig werden hier die Interessensgebiete und die Artikel genannt, an denen man mitgearbeitet hat.

Als ▷Wiki-Software wird zur Zeit MediaWiki Version 1.415 (Stand Dezember 2004, siehe auch WP_DE: WIKIPEDIA: MEDIAWIKI) verwendet und steht unter einer ▷Open Source-Lizenz. Ihre Besonderheit ist der Kontakt zwischen der Wikipedia-Gemeinschaft und den Entwicklern. So werden innerhalb der Wikipedia-Gemeinde Änderungs- und Erweiterungsvorschläge diskutiert und mit den Entwicklern der Software abgestimmt (siehe z.B. WP_DE: WIKIPEDIA: MEDIAZILLA).

Die Wiki-Software ist somit ein Wissensmanagementsystem auf Minimalismusbasis, das mit einer sehr simplen, schnell zu erlernenden Software auskommt und viel Komplexität auf die Gemeinschaft und ihre Entscheidungsprozesse überträgt.

2.2.3 Die selbstorganisierte virtuelle Gemeinschaft

Hinter dem Lexikon steht eine Gemeinschaft aus aktiven Internetnutzern, die durch das Wikipedia-Portal kommunizieren und dort das Projekt verwalten. In diesem Unterkapitel werden die formellen und informellen Benutzertypen bzw. Rollen in der virtuellen Gemeinschaft (vgl. Ciffolilli (2003)) sowie das Wikipedia-Portal vorgestellt.

Das Wikipedia-Portal

Das ▷Portal ist genau wie das Lexikon auch durch einzelne Artikel mit Option zur Diskussion aufgebaut sind. Dieser Bereich der Webseite wurde von bisherigen wissenschaftlichen Arbeiten eher vernachlässigt, obwohl hier über 2500 Artikel zur

---

[59]Siehe auch WP_DE: WIKIPEDIA: ADMINISTRATOREN
[60]Siehe: WP_DE: WIKIPEDIA: PORTAL, bzw. ▷Portale

Verfügung stehen (vgl. Daten aus Kapitel 2.1.1). Einen ersten Überblick verschafft die Einstiegsseite des Portals.

Ausschnitt aus der Einstiegsseite des Wikipedia-Portals - Quelle: WP_DE: WIKIPEDIA: PORTAL (27.8.2005)

Das Wikipedia-Portal gliedert sich in folgende Bereiche:

- Einsteigerinformationen: insbesondere ausdruckbares Wikipedia-Handbuch und *Spielwiese*, eine Seite auf der man das Wiki-Prinzip ausprobieren kann,

- Beteiligen: schafft einen Überblick über anfallende Arbeiten innerhalb des Projektes,

- Neues: Ankündigungen von Aktionen: hier Schreibwettbewerb,

- Terminkalender: Termine für Treffen regionaler Wikipedia-Gruppen,

- Projekte und Portale: Übersicht über vorhandene Projekte (z.B. WikiPress) und ▷Portale,

- WikiKompakt: Ausgaben der Wikipedia (z.B. Reader, DVD etc.),

- Fehlende Artikel: Liste verlinkter aber noch nicht geschriebener Artikel,

- Fehlende Bilder: Grafiken und Fotos, die in Artikeln noch fehlen,

- Übersetzungen gewünscht: zur Übertragung von Artikeln aus anderen Sprachen oder ▷Meta-Wiki,

- Review des Tages: Ausschnitt aus einem Artikel, der zur Zeit durch alle überprüft wird,

- Tipps: z.B. zur neuen Rechtschreibung,

- Hauptfunktionen: thematisch erneut gegliedertes Inhaltsverzeichnis des ▷Portals.

Das Wikipedia-Portal erfüllt folgende wichtige Funktionen:

- **Selbstorganisation der Gemeinschaft**: Ein offener Raum in dem neue Ideen eingeführt, Probleme aufgezeigt und diskutiert und gemeinsam Lösungen entwickelt werden können.

- **Transparenz für Beteilung**: Neue Benutzer sehen, wie vielfältig die Bereiche sind, in denen man sich einbringen kann und wo sie erwünscht sind und gebraucht werden.

- **Übernehmen von Aufgaben**: Jeder kann frei die Aufgaben übernehmen, die zu ihm passen und auf diese Weise produktiv seine Fähigkeiten einbringen und informelle Rollen übernehmen. Dies ist ein wichtiger Faktor bei der Teamarbeit (siehe u.a. Kapitel 3.2, Hertel u. a. (2003); Aigrain (2003)).

- **Motivation zur Mitarbeit**: Kontinuität kann durch schnell sichtbare Erfolge in der Mitarbeit erreicht werden, wird aber auch durch die offene Art des ▷Portals und die speziellen Einrichtungen wie den Schreibwettbewerb gefördert: Man kann schnell Teil eines erfolgreichen Projektes werden und fühlt sich dadurch auch selbst erfolgreich.

Benutzertypen

Trotz Wikipedias flacher Hierarchie sind in Wikipedia verschiedene Benutzertypen mit verschiedenen Rechten vorhanden (siehe WP_DE: WIKIPEDIA: BENUTZER). Die Unterschiede wirken sich deshalb nicht schwerwiegend aus, da anonyme Benutzer schon fast alle Seiten bearbeiten können. Dies ist ein Recht, das normalerweise der Redaktion einer Webseite vorbehalten ist.

Momentan wird innerhalb des Wikipedia-Projektes mit sechs formellen Benutzertypen gearbeitet:

- **Anonyme**, können als nicht angemeldete Benutzer, Seiten im ▷Wiki anlegen und bearbeiten. In der ▷Versionsgeschichte erscheinen ihre Beiträge unter ihrer IP-Adresse, an der man ungefähr zurückverfolgen kann, wo sich der Benutzer befindet, da Organisationen und Institutionen normalerweise eine fest zugeordnete Reihe von IP-Adressen benutzen (siehe dazu beispielsweise den in Kapitel 2.1.6 geschilderten Fall im Zusammenhang mit Herrn Rüttgers).

- **Mitglieder** haben einen ▷Benutzeraccount und können nach Anmeldung, die lediglich aus der Wahl eines Benutzernamens und Passworts besteht, Seiten verschieben (umbenennen), Bilder und andere Mediendaten hochladen sowie eine ▷Beobachtungsliste benutzen. In allen Listen (z.B. Autoren/Versionen, ▷Beobachtungslisten) erscheinen Autoren nur mit Benutzernamen. Es wird also keine IP-Adresse und oft nur ein Pseudonym angezeigt. Angemeldeten Benutzern wird also mehr Privatsphäre gewährt.

47

- **Administratoren** können Seiten schützen, geschützte Seiten bearbeiten, Seiten löschen und gelöschte Seiten wiederherstellen sowie Benutzer und IP-Adressen sperren. Nach einer genügend großen Anzahl von Änderungen an Wikipedia-Artikeln kann jeder angemeldete Benutzer für die Rolle des Administrators kandidieren. In dem Bildschirmausschnitt des ▷Portals sind die aktuellen Kandidaten aufgelistet.

- **Bürokraten** verfügen über die Option Benutzern den Administrationsstatus zu verleihen und Benutzer umzubenennen. Dieses Recht ist jedoch auf ein Wikipedia-Projekt in einer Sprache beschränkt.

- Die **Stewards** können in einem beliebigen Wikipedia-Projekt Benutzer zu ▷Bürokraten benennen. Wenn noch keine ▷Bürokraten im Einsatz sind, bietet sich die zusätzliche Möglichkeit an, Administratoren direkt zu benennen. Stewards werden von der Gemeinschaft gewählt.

- Programme, die automatisch Veränderungen an Artikeln durchführen, haben den Benutzertyp **Bot** (Kurzform von Robot). Änderungen von Bot-Benutzern sind in ▷Beobachtungslisten ausblendbar.

- Ein zusätzlicher Benutzertyp im weiteren Sinne sind die **Entwickler** bzw. **Systemadministratoren**. Ursprünglich waren diese auch Administratoren. Diese Gruppe ist gewählten Strukturen bei der Wikimedia Foundation untergeordnet.

2.3 Organisationsstruktur rund um Wikipedia

Wikipedia findet auch außerhalb des Internets statt. Lokal durch Treffen der Wikipedianer und durch Aktionen wie Messestände, national durch den Wikimedia Deutschland e.V. sowie international durch die Dachorganisation, die Wikimedia Foundation. Im August 2005 fand in Frankfurt am Main die erste eigene Konferenz, die *Wikimania* statt.

2.3.1 Wikimedia Foundation, die finanzielle Absicherung

Wikipedia sowie einige weitere ▷Open Content-Projekte werden durch die Wikimedia-Stiftung finanziert. Die „Wikimedia Foundation Inc." ist eine nach US-amerikanischem Recht in Florida registrierte nichtkommerzielle „corporation". Jimmy Wales, Gründer der Wikipedia, gab am 20. Juni 2003 die Gründung offiziell bekannt.

Die Wikimedia Foundation finanziert sich nach eigenen Angaben hauptsächlich durch private Spenden und Sponsoren und wird weitestgehend durch ehrenamtliche Mitarbeit organisiert. Zu den großen Sponsoren gehören u.a. Google und Yahoo[61].

Andere bekannte Open Content-Projekte der Wikimedia-Stiftung sind ähnlich wie Wikipedia organisiert: sie sind meist mehrsprachig, ▷Wiki-Software wird eingesetzt und die Inhalte stehen unter der ▷GFDL.

---

[61]Quelle: `http://wikimediafoundation.org/wiki/About_Wikimedia`

- Das **Meta-Wiki** dient der Projektkoordination und ist zum Beispiel zur Organisation der ersten Konferenz intensiv genutzt worden.

- Die **Wikimedia Commons** bieten Raum zur Sammlung von digitalisierten Medien. Insbesondere Fotos stehen hier für die Verwendung in anderen Projekten bereit.

- Das **Wiktionary** ist ein frei verfügbares Wörterbuch für Wörter aus und in allen Sprachen.

- **Wikibooks** hat sich zum Ziel gesetzt, eine mehrsprachige Bibliothek mit Lehrbüchern und anderen Lern- und Lehrmaterialien, deren Inhalte frei nutzbar sind, bereitzustellen.

- Das **Wikisource**-Projekt sammelt Quellen in Form von Texten, die entweder urheberrechtsfrei sind oder unter der ▷GFDL stehen.

- **Wikiquote** ist ein Kompendium von Zitaten in jeder Sprache.

- Auf aktuelle Nachrichten hat sich das **Wikinews**-Projekt spezialisiert. Hier kann jeder selbst Artikel verfassen.

- **Wikispecies** ist ein offenes und freies Artenverzeichnis, das sich an wissenschaftlichen Bedürfnissen orientiert.

Alle Wikimedia-Projekte sind werbefrei. Innerhalb der Projekte werden mit großem Erfolg Spendenaufrufe durchgeführt. Offenbar sind Wikipedianer gerne bereit, Wikipedia auch finanziell zu unterstützen.

2.3.2 Wikimedia Deutschland e.V.: Lokaler Ableger der Wikimedia Foundation

In Deutschland wird die Wikimedia Foundation durch die deutsche Tochterorganisation (Chapter), den eingetragenen Verein *Wikimedia Deutschland - Gesellschaft zur Förderung Freien Wissens* vertreten. Der Verein hat eine eigene Mitgliederstruktur und ist so losgelöst von der deutschen Internetcommunity Wikipedias.

Der Verein wurde am 13. Juni 2004 mit dem Zweck der Erstellung, Sammlung und Verbreitung Freien Wissens und die Ermöglichung freier Zugänge zu diesem Wissen gegründet. Er ist als gemeinnützig anerkannt und finanziert sich durch Mitgliederbeiträge und Spenden.

Zusammen mit der Wikipedia-Gemeinschaft sammelt er Vorschläge, zur Förderung von Wikimedia-Projekten. Bisher wurde Material entwickelt um auf Wikipedia-Projekte aufmerksam zu machen. Kleine Gruppen von Mitgliedern haben auf Messen und Konferenzen durch einen Stand über Wikipedia informiert. So erhält Wikipedia ein Gesicht und ist nicht mehr nur eine anonyme Plattform im Internet.

Um die rechtlichen Gefahren für Wikipedia im deutschen Rechtsraum abzuschätzen (siehe Copyrightproblem in 2.1.7) und passend darauf reagieren zu können wurde ein Rechtsgutachten in Auftrag gegeben, das schon veröffentlicht wurde und so

Klarheit über Urheberrechtsfragen bringen soll. Es beantwortet auf ▷Metawiki gesammelte Rechts- und Urheberrechtsfragen (siehe WP_M:Urheberrechtsfragen und WP_M:Rechtsfragen).

Ziele und Aufgaben laut Satzung
In der Satzung Wikimedia Deutschland (2004) des Vereins werden sieben Paragraphen zu den Zielen und Aufgaben des Vereins aufgeführt, die hier verkürzt dargestellt werden.

1. Erstellung, Sammlung und Verbreitung Freier Inhalte (engl. Open Content) in selbstloser Tätigkeit zu fördern, um die Chancengleichheit beim Zugang zu Wissen und die Bildung zu fördern.

2. Bei der Sammlung und Verbreitung der Freien Inhalte sollen in erster Linie, aber nicht ausschließlich, ▷Wikis zum Einsatz kommen.

3. Der Verein soll die Aufgaben einer Sektion (engl. Local Chapter) der Wikimedia Foundation Inc. (Florida, USA) wahrnehmen.

4. Dem Zweck des Vereins sollen namentlich dienen:

   - der Betrieb und die finanzielle Förderung des Betriebs von Internetsystemen, mit dem Schwerpunkt auf verschiedene internationale Wikimedia-Projekte,

   - die Förderung anderer Verbreitungswege, zum Beispiel in digitaler oder gedruckter Form, mit dem Schwerpunkt auf verschiedene internationale Wikimedia-Projekte,

   - Öffentlichkeitsarbeit, Veranstaltungen oder Informationsmaterial fördern und bereitstellen,

   - Klärung wissenschaftlicher, sozialer, kultureller und rechtlicher Fragen im Zusammenhang mit ▷Freien Inhalten.

5. Der Verein kann Mittel an andere Organisationen gleicher Struktur mit gleichen Zielen weiterleiten.

6. Der Verein verfolgt ausschließlich und unmittelbar gemeinnützige Zwecke.

7. Mitglieder erhalten in ihrer Eigenschaft als Mitglied keine Zuwendungen aus den Mitteln des Vereins.

2.3.3 Die erste internationale Wikipedia-Konferenz: *Wikimania 2005* in Frankfurt

Vom 4. bis 7. August 2005 fand die erste internationale Wikipedia-Konferenz in Frankfurt statt. Sie wurde durch die Wikimedia Foundation, die nationalen Wikimedia-Vereine und vielen freiwilligen Wikipedianern organisiert. Diese internationale Konferenz mit über 500 Teilnehmern hat zum ersten Mal Wikipedianer aus aller

Welt zusammengebracht. Zirka 50 Vorträge und eine Vielzahl von Workshops zu diversen Themen wurden durchgeführt. Der Gründer von Wikipedia (Jimmy Wales), der Erfinder der ▷Wikis (Ward Cunningham) und der Gründer der freien Softwarebewegung (Richard Stallman) haben ebenfalls an der Konferenz mit eigenen Vorträgen teilgenommen.

Im Mittelpunkt standen Vorstellungen einzelner Wikipedia-Ausgaben wie der indonesischen, als größte Wikipedia in einem Drittweltland oder der chinesischen in Zusammenhang mit Menschenrechten und Demokratieentwicklung. Neben technischen Aspekten wurde eine breite Palette wissenschaftlicher Perspektiven vorgestellt und vertieft. Auch die Ausweitung des Wiki-Prinzips auf andere Bereiche, wie Bildung und Einsatz in Unternehmen, wurde thematisiert.

Besonders hervorzuheben ist das Management dieser Konferenz, das von Menschen durchgeführt wurde, die sich nur von einem Internetprojekt kennen und in anderen Bereichen meist nicht zusammenarbeiten. Offenbar sind viele der Organisatoren auch in anderen zivilgesellschaftlichen Organisationen tätig und konnten ihr Know-how aus Bereichen wie Veranstaltungsmanagement, Sponsoring oder Freiwilligenmanagement auf diese Konferenz übertragen, anwenden und sie so überhaupt erst ermöglichen.

3 Stand der Forschung: Wissenschaftliche Erklärungsansätze

Nach der Einführung in das Wikipedia-Projekt im letzten Kapitel folgt nun die Präsentation von ausgewählten wissenschaftlichen Arbeiten über Wikipedia. Sie sind vier Unterkapiteln zugeordnet, die je eine Perspektive repräsentieren:

1. Interpretation Wikipedias anhand der produzierten Enzyklopädie als eine besondere Güterart,

2. Wikipedia als ▷Open Content-Projekt in Anlehnung an die ▷Open Source-Bewegung,

3. Wikipedia interpretiert als *partizipativer Journalismus* und

4. Vorstellung empirischer Arbeiten über Wikipedia.

Jedes dieser vier Unterkapitel wird durch eine abschließende Bewertung und Einordnung der vorgestellten Arbeiten abgeschlossen. Sie bilden so den Grundbau für die eigenen Erklärungsansätze, die im vierten Kapitel entwickelt werden.

3.1 Wikipedia als Allmende, Klub- oder öffentliches Gut?

Welche kollektive Güterart wäre für die Enzyklopädie Wikipedia adäquat? Der Ausdruck *Allmende* bezeichnete ursprünglich ein gemeinsam genutztes Stück Land in einer Gemeinde. Dabei entsteht die Allmendeproblematik und die Möglichkeit der Übertragung auf alle öffentlichen Güter bis hin zur Wissensgesellschaft und Wikipedia. Um dieses Konzept herum entstanden viele wissenschaftliche Arbeiten aus verschiedenen Disziplinen heraus, von denen hier drei näher vorgestellt und zu Wikipedia in Bezug gesetzt werden.

3.1.1 Vorstellung der Autoren

Volker Grassmuck studierte Soziologie, Publizistik, Informationswissenschaft und Psychologie an der Humboldt-Universität zu Berlin. Nach Mitarbeit in verschiedenen sozio-technischen Projekten promovierte er 1999. Grassmuck ist sehr engagiert in der Internetszene: neben dem von ihm mitgegründeten Verein mitko e.V. zur Vernetzung Berliner Medienkulturen und regelmäßigen Vorträgen beim Chaos-Computer-Club hat er die Konferenzreihe *The Wizards of OS*[62] - *Information wants to be free* organisiert, aus dem die in diesem Unterkapitel diskutierte Arbeit stammt. Volker Grassmuck prägte u.a. durch sie den Begriff *Wissens-Allmende* schon vor dem Aufkommen Wikipedias.

- Volker Grassmuck: Die Wissens-Allmende (2000) - [Grassmuck (2000)]

---

[62] *Wizards of OS* steht für „**O**perating **S**ystems and social systems" bzw. „**B**etriebssysteme der **S**ystemgesellschaft"

Philippe Aigrain ist französischer Informatiker und befasst sich jedoch schon lange mit Software aus einer sozialkritischen Perspektive. Er hat verschiedene Projekte u.a. an der Universität Toulouse gegründet und ist aktiv im Bereich ▷Freie Software. Er thematisiert ebenfalls Begriffe wie *information commons* und *public goods* im Zusammenhang mit Wikipedia in seiner Arbeit:

- Philippe Aigrain: The Individual and the Collective in Open Information Communities (2003) - [Aigrain (2003)]

Andrea Ciffolilli ist italienischer Wirtschaftswissenschaftler und stellt in seiner Arbeit eine Taxonomie virtueller Gemeinschaften vor. Als theoretische Basis nutzt er dazu die Teamtheorie sowie *Club Economics*.

- Andrea Ciffollili: Phantom authority, self-selective recruitment and retention of members in virtual communities: The case of Wikipedia (2003) - [Ciffolilli (2003)]

3.1.2 Einleitung: Gemeinsame Güter und ihre Problematik

Die ursprüngliche Idee der Allmende (während des Mittelalters in Europa)

Der Begriff *Allmende* stammt aus dem mittelhochdeutschen „almende" oder „al(ge)meinde". Er bezeichnete ursprünglich eine Wald- oder Weidefläche, die von den Mitgliedern einer Gemeinde gemeinschaftlich genutzt wurde. Diese Güterart, die bis zum 18. Jahrhundert z.B. in Deutschland verbreitet war, hatte u.a. eine soziale Funktion, da diese Flächen von ärmeren Bauern benutzt werden konnten.

Neben dem privaten Besitz von Flächen gab es öffentliche Flächen, die von allen Dorfbewohnern benutzt werden konnten. Drohte die Gefahr der Erschöpfung einer solchen öffentlichen Ressource, wurde im *Thing-Kreis* eine Kontingentierung beschlossen. Wenn beispielsweise eine Wiese im Allmendeeigentum überweidet wurde, konnte die Anzahl der Tiere pro Familie, die diese Fläche zum Weiden nutzten, begrenzt werden.

Die Allmendetragödie (aus heutiger Sicht)

Wenn man den modernen Menschen auf ein nutzenmaximierendes anonymes Wesen beschränkt, kommt die Allmendetragödie zum Tragen. 1968 veröffentlichte der Biologe Garrett Hardin in *Science* den noch heute vielzitierten Artikel „The Tragedy of the Commons", in dem es insbesondere um die Problematik der Überbevölkerung ging. Der Allmendebegriff (engl. commons) wurde so zum sozial- und wirtschaftswissenschaftlichen Schlagwort.

Aus dieser Sicht entsteht folgendes Problem: Wenn jeder einzelne Dorfbewohner seinen Nutzen maximieren will, wird er versuchen, die Anzahl seiner Tiere zu vergrößern und die Allmendefläche entsprechend stärker nutzen. Der gesteigerte Nutzen durch die zusätzlichen Tiere zahlt sich direkt an den Bewohner aus, während die höheren Kosten (der Überweidung) auf alle verteilt werden und auf diese Weise nur sehr gering für den einzelnen ausfallen. Die Allmendetragödie bezeichnet somit die Gefahr für die Allmende vor Übernutzung.

Formalisierung des Allmendebegriffs

Formalisiert man die Eigenschaften einer Allmende, treten zwei charakteristische Eigenschaften hervor: Knappheit (und somit Rivalität) und freie öffentliche Nutzung (kein Konsumausschluss innerhalb der Gemeinschaft). Mit dieser Formalisierung wird die Allmende mit der eigentlichen Ressource gleichgesetzt und lässt sich auf viele andere Bereiche übertragen. Zum Beispiel wäre dann auch die Luft zum Atmen ein Allmendegut: Alle können sie frei nutzen und trotzdem wäre saubere Luft *knapp*, wenn die Luft von einzelnen Akteuren überstark verschmutzt würde.

Klassifikation der Allmende anhand der Güterarten

Die Besonderheit der Allmende aus volkswirtschaftlicher Sicht möchte ich durch die Gegenüberstellung mit anderen Güterarten vertiefen. Güter, die hier zu Güterarten zusammengefasst werden, haben alle gemeinsam die Eigenschaft, dass sie privat angeeignet und folglich in irgendeiner Form genutzt werden können. Anhand der Faktoren Rivalität und Konsumausschluss lassen sich vier grundlegende Güterarten klassifizieren.

	Rivalität	keine Rivalität
Konsumausschluss	privat	Club
kein Konsumausschluss	Allmende	öffentlich

- **Private Güter** kennzeichnen sich demnach dadurch, dass sie begrenzt vorhanden sind, also Rivalität zwischen den Konsumenten besteht und dass die Nutzung durch andere ausgeschlossen wird.

- **Öffentliche Güter** stehen genau im Gegensatz zu den privaten Gütern, da sie allen zugänglich sind und keine Rivalität zwischen den Konsumenten herrscht. Klassisches Beispiel für die öffentlichen Güter ist der Leuchtturm, dessen Signal für alle bereitsteht. Beliebig viele können dieses Signal empfangen, ohne dass es dadurch schwächer werden würde. Im Umweltsektor gehören Luft und Wasser zu öffentlichen Gütern (zumindest in Regionen der Erde, in denen diese ausreichend vorhanden sind).

- **Klubgüter** zeichnen sich dadurch aus, dass es bei ihnen bis zu ihrer Kapazitätsgrenze keine Rivalität gibt, aber dennoch Mechanismen des Konsumausschlusses vorhanden sind. Ein typisches Klubgut wäre demnach ein Kino: Wer nicht bezahlt, wird vom Konsum des Filmes ausgeschlossen. Gleichzeitig herrscht keine Rivalität, solange noch Plätze im Kino frei sind.

- **Allmendegüter** entstehen, sobald Rivalität um öffentliche Güter herrscht. Wird ein See von vielen zum Fischfang genutzt, kann durch zu intensives Fischen der Fischbestand bedroht werden und es müssen Mechanismen zur Erhaltung der Fischbestände gefunden werden.

Anwendung auf Wikipedia

Diese Definition der Güterarten wird von den Autoren der Arbeiten, auf die in diesem Kapitel eingegangen wird, unterschiedlich ausgelegt. Wikipedia besteht aus ▷Freien Inhalten (▷Open Content), die unter der ▷GNU-Lizenz für freie Dokumentation (▷GNU FDL) stehen. Somit handelt es sich bei Wikipedia nicht um ein privates Gut. Es stehen deshalb drei Klassen der Güterarten für Wikipedia zur Diskussion:

- Wikipedia als öffentliches Gut: Da Wissen ein sehr typisches öffentliches Gut ist, könnte man die Enzyklopädie als Wissenssammlung ebenfalls hier einordnen. Sie ermöglicht den begrifflichen Zugang und Einstieg in diverse Themen. Dennoch interpretiert keiner der drei hier behandelten Autoren Wikipedia in erster Linie als ein öffentliches Gut, da sich offenbar die Fachbegriffe *Wissens-Allmende* bzw. *Information Commons* eingebürgert haben.

- Wikipedia als Klubgut: Ciffolillis (2003) Ausgangspunkt sind die virtuellen Gemeinschaften. Er klassifiziert Wikipedia als Klubgut, das von einer Gemeinschaft aufgebaut wurde. Diese Sichtweise wird im folgenden Kapitel 3.1.3 vorgestellt.

- Wikipedia als Allmendegut: Grassmuck (2000) überträgt die ursprüngliche Idee der Allmende auf den virtuellen Raum. Wikipedia könnte man im Sinne Grassmucks der Wissens-Allmende zuordnen. Hintergründe zu dieser Ansicht werden in Kapitel 3.1.4 thematisiert.

3.1.3 Wikipedia als Klubgut? - Andrea Ciffolilli (2003)

Ciffolillis Herangehensweise an die Thematik ist die wirtschaftliche Analyse virtueller Gemeinschaften. Dazu verwendet er die Teamtheorie. Ein Team ist dabei definiert als eine Gruppe mit identischen Präferenzen, die somit ein gemeinsames Ziel verfolgen, aber im Ausgangsstadium über unterschiedliche Informationen und unterschiedliches Wissen verfügen. Ciffolilli stellt eine ganze Reihe von Teamtheorien vor und klassifiziert sie anhand verschiedener Akteurtypen mithilfe zweier Dimensionen:

- Ausprägung der Eigeninteressen:

  - opportun: optimistisch geprägt,

  - ehrlich: realistisch handelnd,

  - utopisch: nicht der persönliche, sondern der gemeinschaftliche Nutzen wird maximiert,

- Grad der Rationalität:

  - vollständig: ohne Kosten lässt sich die Zukunft vorhersagen,

  - begrenzt: geringe Erwartungssicherheit, Abschätzung mit hohen Kosten verbunden,

  - verhaltensbasiert: Individuen folgen ausschließlich einem Verhaltensmuster.

Ökonomische Theorien lassen sich in diesen Raum einordnen. Die Teamtheorien nehmen dabei den Platz der utopischen Ausprägung der Eigeninteressen und den Grad der vollständigen und begrenzten Rationalität ein. Virtuelle Gemeinschaften, die wertvolle virtuelle Güter produzieren, haben gleichzeitig sowohl einen gesellschaftlichen als auch einen persönlichen Motivationsfaktor, so Ciffolilli.

Während ältere Teamtheorien sich auf die optimale Organisationsform von Gruppen konzentrieren, setzen neuere Theorien wie die *Club Theory* den Schwerpunkt auf die Verteilung externer Effekte auf die Mitglieder. Auf diese Weise können z.b. Kosten geteilt werden. Scotchmer (2002) nennt als typische Beispiele eine Bibliothek und eine Schule. Auf die Bibliothek gehe ich hier genauer ein:

Wenn in einem Ort noch keine Bibliothek vorhanden ist, müssten alle, die ein Buch lesen wollen, es selbst anschaffen. Stellen nun alle Buchbesitzer ihre Bücher in einem öffentlich zugänglichen Raum auch anderen zur Verfügung, erhöht sich der Nutzen für den Einzelnen in dem Maße je mehr Personen sich an der Bibliothek mit ihren Büchern beteiligen. Diese positiven externen Effekte können jedoch in manchen Fällen durch so genannte *Crowding effects* begrenzt werden, die auftreten, wenn zu viele Personen teilnehmen. Die Qualität von Gütern und Diensten wird dabei reduziert. Zum Beispiel würden sich sehr häufig ausgeliehene Bücher schnell abnutzen oder gar beschädigt werden.

Die Klubtheorie befasst sich somit mit der optimalen Größe eines Klubs[63]. Ciffolilli räumt jedoch ein, dass die Übertragung auf virtuelle Gemeinschaften, die virtuelle Güter produzieren, nicht einfach ist. Die Bestimmung des *Crowding effects* kann subjektiv sein. Bei der Ausstrahlung eines Fernsehsenders könnte man zum Beispiel behaupten, dass das intellektuelle Niveau des Programms fällt, je mehr Zuschauer ein Sender hat bzw. haben möchte, da alle Geschmäcker berücksichtigt werden müssten.

Bei Wikipedia führen die *Crowding effects* zu positiven externen Effekten, wenn Überfüllung als hoher Grad an Partizipation interpretiert wird. Auch hier kann er mithilfe von Scotchmer (2002) diesen Gedanken weiter spezifizieren, denn sie unterscheidet eine große Anzahl Klubmitglieder nach ihrer Menge oder nach ihrer Heterogenität. Während ein kleiner Klub bei wachsender Mitgliederzahl möglicherweise an seiner neuen Größe scheitert, könnte ein anderer Klub auch an der Heterogenität scheitern, wenn die Interessen der Klubmitglieder zu unterschiedlich werden. Wenn somit bei Wikipedia Heterogenität als Vielfalt von Kenntnissen und Begabungen interpretiert wird, hat dies äußerst positive Auswirkungen. Gleichzeitig gilt für den virtuellen Raum, dass es einfacher ist, Menschen mit ähnlichen Interessen zu finden. Dies ist ebenfalls eine elementare Voraussetzung für den Erfolg virtueller Gemeinschaften.

Während die Klubtheorie herausstellt, dass Klubs eine effektive wirtschaftliche Struktur sind, wenn sie nicht zu groß werden, könnten virtuelle Gemeinschaften wie Wikipedia im Widerspruch zu dieser Theorie stehen. Dabei gibt Andrea Ciffolilli jedoch zu bedenken, dass es sich bei Wikipedia um nichtexklusive Güter handelt, Klubgüter sind jedoch ihrer Definition nach exklusiv, also mit Konsumausschluss verbunden.

---

[63]Ein Club ist in diesem Zusammenhang eine gemeinsame Einrichtung.

Dennoch bleibt Ciffolilli auf einem ökonomischen Erklärungspfad und hebt zwei besondere Eigenschaften Wikipedias hervor:

- die niedrigen Transaktionskosten und

- das kreativ-konstruktive Umfeld Wikipedias.

Er zitiert dazu Teece's Behauptung, dass die Produktion von Wissen deshalb problematisch sei, da hohe Transaktionskosten bei der Arbeitsaufteilung entstünden. Aigrain (2003) vertieft diesen Gedanken und hebt neben den monetären Kosten noch weitere Transaktionskosten hervor:

- Kosten für die Entscheidung und Abwägung eventueller Konsequenzen (cognitive costs),

- Kosten zur Beschaffung von Informationen (information costs),

- Einschränkung der Privatsphäre, z.B. durch Daten in Benutzerkonten (privacy costs),

- Unklarheit der Rechtssituation (uncertainty costs),

- Bindung an Informationsquellen die von *einem* Provider bereitgestellt werden (locking-in).

Wikipedia gelingt es, die Transaktionskosten auf ein sehr niedriges Niveau zu senken. So wird der Erfolg im Gegensatz zu Nupedia (Vorgänger Wikipedias, s.o.) mit den niedrigeren Transaktionskosten begründet. Dadurch dass bei Wikipedia anonym und spontan Änderungen an (fast) allen Stellen durchgeführt werden können, geht dies z.B. nicht auf Kosten der Privatsphäre. Aigrain hebt auch hervor, dass die Übernahme von Aufgaben deshalb gut funktioniert, weil jeder seine Aufgaben selbst sucht und so Kosten entfallen, um die Person zu finden, die am besten für eine Aufgabe geeignet ist.

Auch die zweite wichtige Eigenschaft Wikipedias wird mit einem Kostenmodell erklärt: Es kommt nicht zu einer *Creative Destruction,* die sich in endlosen Diskussionen und unpassenden Beiträgen zeigen würde. Wichtig dabei ist die Möglichkeit jede Aktion rückgängig zu machen. Durch die Diskussionsseite werden in erster Linie Bearbeitungskonflikte gelöst. Die Beseitigung von Graffiti ist auf diese Weise mit relativ geringen Kosten verbunden, während gleichzeitig die Anreize zu Graffitiattacken klein sind.

3.1.4 Wikipedia als Allmendegut? - Die Wissens-Allmende - Volker Grassmuck (2000)

Die ursprüngliche Idee der Allmende, nämlich die Bereitstellung eines öffentlichen Raums, der von allen genutzt werden kann, wird bei der Wissens-Allmende auf den virtuellen Raum übertragen. Eine Eigenschaft traditioneller Allmendegüter besteht darin, dass sie eine Gewinnmöglichkeit von Unterhalts- oder Erwerbsgütern bereitstellt und gleichzeitig abgegrenzt und unvermehrbar ist [Weber (1995)]. Auf dem *digitalen Acker* treten jedoch ganz andere Eigenschaften hervor.

Volker Grassmuck definiert den digitalen Acker als einen *Zauberhut*, aus dem unendlich viele Kaninchen gezaubert werden können. Denn nach dem *Gesetz der Netzwerke* erhöht sich der Nutzen an Netzwerken (und somit auch dem Internet als einem Netz von Computern und Usern), mit dem linearen Zuwachs an Computern bzw. Nutzern quadratisch. Gleichzeitig sinken jedoch die Chancen, aus einer solchen Wissens-Allmende direkt Erwerbsgüter zu gewinnen, da die Aneignung von Wissen nicht unmittelbar einen finanziell messbaren Vorteil erbringt.

Aus diesen Überlegungen heraus ergibt sich der normative Ansatz, mit dem Volker Grassmuck ein politisches Ziel verfolgt. Die Argumentation ist dabei recht ähnlich wie die von Richard Stallman für ▷Freie Software: *Wenn digitale Inhalte auf dem digitalen Acker für die Gemeinschaft so nützlich sind, müssen sie entschieden gefördert werden.* Wenn jedoch Inhalte kommerziell angeboten werden, ist der Nutzen für alle wesentlich geringer, da viele ausgeschlossen werden. Kommerziell angebotene Informationsinhalte sind dann sozusagen privatisiert und künstlich verknappt[64]. Grassmucks digitaler Acker hingegen ermöglicht, dass die Kultur vom Dasein als Produkt wieder zum Dialog wird. Dazu führt er als Beispiele die *Newsgroups* an, die zu diversen Themen öffentlichen Austausch und Diskussion ermöglichen. Der digitale Acker ist jedoch nicht auf solche Textinhalte beschränkt: Er kann auch Software in Form von ▷Open Source und ▷Open Content-Projekten, wie beispielsweise Bildarchive, aufnehmen und so allen zugänglich machen. Diese Umgangsart mit Inhalten (Immatrialgütern) ist nicht neu: In der Wissenschaft ist es gängige Praxis, Forschungsergebnisse zu veröffentlichen und durch öffentliche Bibliotheken und Zeitschriften allen Interessierten zugänglich zu machen. Auf diese Weise ergeben sich hier ebenfalls enorme Synergieeffekte, da Wissenschaftler nach und nach auf Forschungsergebnissen anderer aufbauen können (siehe zu diesem Aspekt auch Kap. 4.3.1).

Weiter wird durch die Wissens-Allmende die Lesen-Schreiben-Symmetrie wiederhergestellt: Bevor die Drucktechnik verbreitet war, waren Leser meistens auch Schreiber, da Bücher per Hand abgeschrieben und ggf. aktualisiert, erweitert oder zusammengefasst wurden. Die Einschränkung durch die (kommerziellen) Interessen der Verlage fällt weg, da keine hohen Investitionskosten zur Verbreitung von Informationen anfallen.

3.1.5 Bewertung der Ansätze

In den drei betrachteten Arbeiten werden Begriffe wie *Öffentliche Güter, Allmende* oder *Klubgüter* verwendet. Die Autoren halten sich dabei jedoch nicht an die übliche volkswirtschaftliche Definition der Güterarten, sondern entwerfen eigene Herangehensweisen. Der Begriff *Wissens-Allmende* wird nur als Metapher eingesetzt. Die strengen Definitionen der Güterarten erweisen sich bei digitalen Gütern, die in vir-

---

[64]Umfangreich werden moralische Aspekte des „Geistigen Eigentums" mit Anknüpfung an philosophische Standpunkte bei Zappe (2004) diskutiert.

tuellen Gemeinschaften wie Wikipedia produziert werden, meiner Meinung nach als problematisch. Sie können völlig unterschiedlich ausgelegt können, denn die virtuellen Güter haben andere Eigenschaften als materielle Produkte oder Ressourcen. Offenbar finden zwei Übertragungsschritte statt, anhand derer ich die Bedeutungsverschiebung hier zeigen möchte.

Übertragungsschritte von materiellen Gütern auf kollektiv produzierte digitale Güter im virtuellen Raum

- **(Natürliche) Ressource -> Produziertes Gut**
  Die Güterarten bezeichnen im materiellen Raum natürliche oder künstliche Ressourcen. Die Problematik kann dann beim direkten oder indirekten Konsum dieser Ressourcen auftreten. Im virtuellen Raum kann durch virtuelle Gemeinschaften ein Gut produziert werden. Jeder weitere Teilnehmer kann diese Produktion unterstützen. Somit ändert und erweitert sich das Gut ständig und es herrscht im günstigsten Fall eine positive Rückkopplung zwischen Produktion und Konsum der Ressource.

- **Materielle Sphäre -> Immaterielle Sphäre**
  Immaterielle Güter waren immer gleichzeitig materielle Güter, da sie fest an den materiellen Träger der Information gekoppelt waren. Dieses Prinzip hat sich bis heute nicht geändert. Der Aufwand zur Herstellung und die damit verbundenen Kosten sind jedoch heute bei virtuellen Gütern marginal und fallen praktisch nicht ins Gewicht. Auf diese Weise verlieren virtuelle Güter mehr und mehr ihren materiellen Bezug und somit den Ausgangspunkt grundsätzlicher ökonomischer Theorien, der an der *Knappheit der Güter* ansetzt.

In der Literatur wird die Aufteilung der Güterarten ebenfalls kritisiert. Die Reduktion der Allmende auf ihre Ressource muss kritisch diskutiert werden, da die Allmendenutzung eng an das soziale System gebunden ist. Auch bei Wikipedia ist die enge Kopplung der Ressource an die Gemeinschaft charakteristisch.

Grassmucks Wissens-Allmende stellt für mich eine idealisierte Sichtweise dar. Zwar ist es theoretisch möglich, dass jeder am Medium Internet produktiv teilnimmt, doch in der Praxis haben viele Menschen keinen Zugang zum Internet, bzw. nicht die Option, dort Informationen abzulegen. Auch fehlen oft die notwendigen Kenntnisse um aktiv Beiträge einzubringen, sodass die meisten Internetnutzer rein passive Konsumenten bleiben, wie bei den Printmedien auch. So gesehen verkörpert Wikipedia deshalb einen neuen Meilenstein, da durch die verwendete ▷Wiki-Software verhältnismäßig einfach und unkompliziert Inhalte veröffentlicht werden können. Insofern passt das von Grassmuck skizzierte Bild der wiederhergestellten Lesen-Schreiben-Symmetrie auf Wikipedia sehr gut, da es in diesem Fall erfolgreich umgesetzt wurde.

Grundsätzlich betrachtet erscheint ein wirtschaftswissenschaftlicher Ansatz vielversprechend, da Wikipedia ein Gut produziert und anderen anbietet und somit einen wirtschaftlichen Akteur darstellt. Ciffolilli weist jedoch von sich aus auf einen möglichen Widerspruch mit den verwendeten ökonomischen Modellen hin. Möglicherweise fehlt noch eine Theorie für nichtexklusive Güter, die auf den Fall Wikipedia angewendet werden kann. Rein intuitiv scheint es mir nicht einfach, anhand des Ausgangsmodelles vom *Homo Oeconomicus* Wikipedia zu erklären, da es schwer ist, den Vorteil aus der Mitarbeit bei Wikipedia rational-gewinnmaximierend zu begründen (vgl. Kap. 3.4.3 zur Motivation).

Aigrains wichtigster Beitrag zu dieser Diskussion ist meiner Meinung nach der Gedanke der geringen Transaktionskosten bei der Aufgabenverteilung. Er untermauert diesen Gedanken durch die Beobachtung, dass in anderen virtuellen Medien bestimmte informelle Positionen eingenommen werden[65] und so informelle Organisationsstrukturen zu Stande kommen. Diese Beobachtung scheint bei virtuellen Gemeinschaften, die mit flachen Hierarchien frei zugängliche virtuelle Güter erstellen, von hoher Bedeutung zu sein. So würden manche Aspekte dieses Gedankens an den historischen Kontext der Allmende anschließen: In kleinen gut funktionierenden Gemeinschaften, in denen viel kommuniziert wird, konnten viele Probleme rund um die Allmende auch ohne feste Organisationsstrukturen gelöst und so der Fortbestand der Allmende gesichert werden.

3.2 Übertragung des Open Source-Entwicklermodells auf Freie Inhalte wie Wikipedia

Eine weitere Möglichkeit, die Besonderheiten von Wikipedia zu erklären, ist die Anknüpfung an und die Übertragung von Ideen aus der ▷Open Source-Bewegung[66]. Letztere ist eine bedeutende partizipative Bewegung, bei der viele Programmierer verteilt über die Welt zusammen Software entwickeln, die sich mit kommerziell produzierter Software der größten und mächtigsten Softwarekonzerne messen lassen kann. Handelt es sich bei Wikipedia um eine Weiterentwicklung des Open Source-Prinzips im Bereich ▷Open Content?

Im Zusammenhang mit dieser Arbeit ist dieser Teil besonders wichtig, da auch die Aspekte der Freiwilligkeit untersucht werden, die die Grundlage für bürgerschaftliches Engagement sind. Aus diesem Engagement heraus wird auch der in dieser Arbeit vorgestellte Ansatz (siehe Kapitel 4) begründet.

3.2.1 Vorstellung der Autoren

In diesem Kapitel greife ich zwei Arbeiten zur Analyse heraus, die sich mit der ▷Open Source-Bewegung bzw. mit dem ▷Open Source-Entwicklermodell auseinandersetzen und stelle sie vor.

1. Guido Hertel, Sven Niedner, Stefanie Hermann: Motivation of Software Developers in Open Source Projects: An Internet-based Survey of Contributors to the Linux Kernel (2003) - [Hertel u. a. (2003)]

---

[65]Er nennt beispielsweise eine *Moderatorrolle*, die jemand unaufgefordert einnimmt, wenn es zwischen Teilnehmern einer Mailingliste zu einem Konflikt kommt.

[66]vgl. dazu das Open Source-Entwicklermodell, das in Kapitel 2.1.3 vorgestellt wurde

2. Juan Mateos Garcia and W. Edward Steinmueller: Applying the Open Source Development Model to Knowledge Work (2003) - [Garcia u. Steinmueller (2003)]

Die erste Arbeit befasst sich ausschließlich mit der Open Source-Bewegung, und untersucht empirisch die Motivation der Entwicklergruppen ▷Freier Software durch eine sozialpsychologische Studie. Teile der Studie sind später auf die ▷Open Content-Bewegung übertragen worden und lassen sich ihr gut gegenüberstellen (vgl. auch Kapitel 3.4).

Hervorzuheben ist die Interdisziplinarität der erstgenannten Arbeit: Professor Hertel ist Psychologe mit Schwerpunkt Arbeitspsychologie, Sven Nieder ist Physiker und selbst an der Entwicklung des Linux-Kernels[67] beteiligt, Stefanie Hermann befasst sich mit Organisationspsychologie und deren Bezug zu Medien.

Die zweite Arbeit lässt sich nicht anhand der beteiligten Wissenschaftler fachlich einordnen. Sie entstand am „Information, Networks & Knowledge"-Forschungszentrum an der Universität von Sussex. Sie zeigt mögliche Organisationsstrukturen, die zum Beispiel beim Entstehungsprozess von Büchern zu beobachten sind. Diese traditionellen Organisationsstrukturen beziehen sich auf die Rollenverteilung u.a. zwischen Autor und Lektor. Garcia und Steinmueller zeigen diese Rollenverteilung auch im Open Source-Bereich sowie im Open Content-Bereich (u.a. am Beispiel Wikipedia). Dort sind die Organisationsstrukturen und somit auch die Rollenaufteilung jedoch wesentlich informeller und flexibler.

3.2.2 Motivation von Softwareentwicklern in Open Source-Projekten - Guido Hertel et al. (2003)

Neben Gründen zur Motivation, die aus der Selbsteinschätzung der ▷Open Source-Entwickler hervorgehen, werden sozialpsychologische Modelle hinzugezogen, die bestimmte Motive annehmen, die dann empirisch getestet werden.

Verwendete soziologische Modelle

Um Open Source-Projekte einzuordnen, benutzen Hertel u.a. als Ausgangsmodell die *soziale Bewegung*. Sie wird nach Toch (1965) als „Anstrengung einer großen Anzahl Menschen ein gemeinsames Problem gemeinsam zu lösen."[68] definiert. Im ersten Moment mag es paradox klingen, Open Source-Softwareentwickler als Teilnehmer einer sozialen Bewegung zu klassifizieren. Hertel u.a. sehen die Entwickler nicht als eine typische soziale Bewegung an, sondern begründen den Einsatz des Modells mit den politischen und sozialen Zielen der Open Source-Bewegung und der dafür charakteristischen freiwilligen Mitarbeit. Dieses Modell wird dann Schritt für Schritt erweitert und konkretisiert. Klandermans (1997) unterscheidet in seinem Modell drei Grundtypen der erwarteten Kosten und Nutzen für Teilnehmer einer sozialen Bewegung:

---

[67]Der *Kernel* ist der Kern eines jeden Betriebssystem und somit ein zentraler Software-Baustein.

[68]Aus dem Englischen übersetzt: „effort[s] by a large number of people to solve collectively a problem that they have in common", Hertel u.a. (2003).

1. **Kollektive Motive** beziehen sich auf das Abwägen zwischen den Zielen der Bewegung und der wahrgenommenen Wahrscheinlichkeit, dass diese Ziele tatsächlich erreicht werden.

2. **Soziale bzw. normative Motive** bezeichnen die erwartete Reaktion auf die Tätigkeit in der Bewegung von signifikanten Anderen (z.b. Familie und Freunde).

3. **Belohnungsmotive** beziffern eine Kosten-/ Nutzenrechnung im Zusammenhang mit der Tätigkeit in der Bewegung (z.b. Zeitaufwand oder finanzieller Aufwand vs. *neue Freunde durch die Bewegung finden*).

Simon et al. (1998) erweiterten diese drei Motive um ein viertes:

- **Identifikationsprozess** als Motiv: Teilnehmer der Bewegung fühlen und identifizieren sich als Mitglieder einer besonderen Teil- oder Untergruppe der Bewegung im Bezug auf die Bewegung. Die Mitarbeit in Teil- oder Untergruppen spielt für die Mitglieder oft eine wichtigere Rolle als die Bewegung im Ganzen.

Diese vier Faktoren bilden die Grundlage für das erste verwendete soziologische Modell *Erweitertes Klandermans Modell* kurz EKM. Hier wird beispielsweise das Belohnungsmotiv auf die Open Source-Bewegung angewandt: Die Mitarbeit erweist sich als vorteilhaft für die eigene Karriere. Dieses Modell wird eingesetzt um zu zeigen, dass die Motive zur Beteiligung an einer sozialen Bewegung auch auf die Teilnahme an einem Open Source-Projekt zutreffen.

Als zweites Modell führte Hertel selbst im Jahr 2002 das *VIST-Modell of Individuals' Motivation in Teams* ein. Mithilfe dieses Modells können Motivationsprozesse kleiner Arbeitsgruppen (=Teams) auch im virtuellen Raum untersucht werden. In erster Linie klassifiziert man die Open Source-Bewegung als *Community* oder *Collaborative Network* und fokussiert normalerweise nicht auf die Arbeitsgruppen, die ein Teilprojekt ausmachen. Folgende Definitionen werden dabei benutzt:

- *Community*: eine Gemeinschaft vieler Teilnehmer mit niedriger Eintrittsschwelle und offen für alle,

- *Collaborative Network*: eine Zusammenarbeit in einem Netzwerk. Eine Mitgliedschaft erfolgt nur mit Referenzen, ein Regelwerk kommt für den Fall des Regelverstoßes zur Anwendung,

- *Team*: eine Arbeitsgruppe aus 2-20 Personen mit relativ stabilen Grenzen, Rollenverteilung und Normen.

Die Studie untersucht eine Open Source-Entwicklergruppe und deren Organisationsform: Existieren Teams oder ist die wichtigste Organisationsform das *Collaborative Network*? Die Annahme der Existenz von virtuellen Teams führt zur Untersuchung der vier Faktoren des VIST-Modells **V**alence, **I**nstrumentality, **S**elf-efficacy und **T**rust.

- *Valence* steht für die subjektive Auswertung der Teamziele und ähnelt so den kollektiven Motiven des anderen Modells.
  Leitfrage: ‚Für wie wichtig und realistisch halte ich die Ziele des Teams?'

- *Instrumentality* beschreibt die selbst geschätzte Einflussnahme auf den Erfolg der Gruppe.
  Leitfrage: ‚Für wie wichtig halte ich meinen Beitrag für den Erfolg des Teams?'

- *Self-efficacy* beschreibt die wahrgenommene Effizienz dieser Einflussnahme.
  Leitfrage: ‚Kann ich meine Fähigkeiten effizient im Team einbringen?'

- *Trust*: Vertrauen innerhalb des Teams (Anerkennung vs. Ausnutzung)
  Leitfrage: ‚Kann ich darauf vertrauen, dass mein Beitrag auch mir zugeschrieben und anerkannt wird?'

Nach diesem Modell deuten hohe Werte in den vier Faktoren auf eine hohe Motivation im Team hin. Da offensichtlich mit hoher Motivation in dem untersuchten Open Source-Projekt freiwillig gearbeitet wird, müsste die empirische Untersuchung die Theorie bestätigen und eine hohe Ausprägung aller vier Faktoren zeigen.

Die Studie und ihre Ergebnisse

Das EKM-Modell wird zur Messung allgemeiner Eigenschaften des ausgewählten Linux-Kernel-Projektes verwendet und schließt alle drei Gruppen Beteiligter der Community ein: (1) Linuxbenutzer, die zum Beispiel durch ihr Feedback zur Verbesserung an der Kernel-Softwarekomponente beitragen, (2) Softwareentwickler innerhalb der Community und (3) aktive Entwickler innerhalb eines Teilprojektes. Mithilfe des VIST-Modells wird dann spezifischer die dritte Gruppe untersucht.

Die Studie wurde in Form eines internetbasierten Fragebogens durchgeführt. Auf folgende Weise wurden Faktoren aus den Modellen getestet und Thesen der Korrelation aufgestellt:

Das EKM-Modell überprüft die vier Motive durch die Bewertung auf einer 5-Punkteskala bei den ersten drei Motiven, bei dem letzten durch eine 3-Punkteskala. Die Motive werden dabei folgendermaßen ausgelegt:

- Kollektive Motive: Bewertung von typischen Zielen der Linux-Kernel-Community,

  - Qualitätsverbesserung des Linux-Kernels,
  - Qualitätsverbesserung am beteiligten Untermodul,
  - Generelle Ziele, wie die der freien Softwarebewegung (z.B.: „Information should be free!"),

- Soziale bzw. normative Motive: Auswertung des Einflusses von Freunden und Familie auf das Engagement in der Community,

- Belohnungsmotive: Bewertung in Form einer Gewinn- und Verlustrechnung,

  - Tägliche Arbeit durch Software vereinfachen,

63

- Persönlicher Austausch mit anderen Softwareentwicklern,
- Ansehen als erfahrener Programmierer in der Linux-Community erlangen,
- Spaß beim Programmieren,
- Eigene Programmierfähigkeiten ausbauen,
- Karrierevorteil,
- Zeitverlust,

- Identifikationsprozess: Unterschiedliche Ausprägung des Identifikationsprozesses zwischen Community, Entwickler und Team.

Die Ergebnisse legen nahe, die Motivation im untersuchten Softwareprojekt in sieben Komponenten aufzuteilen, die sich mit den Motiven aus dem EKM-Modell weitestgehend überlappen. Der vierte EKM-Faktor zerfällt dabei in einen spezifischen (Entwickler im Teilprojekt) und einen generellen (Linuxnutzer) Identifikationsprozess. Kollektive Motive und Belohnungsmotiv scheinen jedoch nicht unterscheidbar zu sein, deshalb werden diese beiden Motive in vier Komponenten augeteilt:

- *Pragmatische Komponente*: Linux-Kernel aus Gründen eigener Vorteile verbessern,

- *Soziale/politische Komponente*: ▷Freie Software und Linux-Community fördern,

- *Hedonistische Komponente*: Intrinsische Motivation („Spaß beim Programmieren"),

- *Komponente Zeitverlust* (als umgekehrtes Belohnungsmotiv).

Somit zeigen Hertel u. a., dass folgende sieben hoch bewertete Komponenten der Motivation im Open Source-Projekt Linux-Kernel differenzierbar sind: (1) Genereller und (2) spezifischer Identifikationsprozess, sowie (3) normative, (4) pragmatische, (5) soziale/politische, (6) hedonistische und (7) Belohnungsmotive. Eine Korrelation besteht u.a. zwischen Belohnungsmotiv und der Bereitschaft, sich zukünftig im Linuxbereich zu engagieren: Je stärker die persönliche Belohnung wahrgenommen wird, desto stärker wird auch die zukünftige Bereitschaft zur Mitarbeit. Die Intensität des Engagements lässt sich an mindestens einem der folgenden drei Faktoren ablesen: Identifikation als Linux Benutzer/Entwickler, angemessene Anerkennung für die geopferte Zeit durch das Engagement, sowie pragmatisches Interesse (Engagement mit dem Ziel persönliche Vorteile zu erlangen).

Das theoretische VIST-Modell wurde durch die empirische Studie bestätigt: Die vier Faktoren sind unabhängig und bei den Entwicklern innerhalb der Teilprojekte wie erwartet stark ausgeprägt. An den drei Faktoren Valence, Instrumentality und Self-efficacy ließen sich auch weitere Variablen rund um das Engagement ablesen. Der Trust-Faktor schien in diesem Zusammenhang eher unwichtig. Die Regressionsanalyse zeigte, dass Entwickler sich länger mit der Entwicklung von Linux befassen, wenn sie den Eindruck haben, dass ihr Beitrag wichtig für den Fortschritt des Teilprojektes ist. Auch eine hohe Bewertung der Ziele wirkt sich positiv auf diesen zeitlichen Aspekt aus.

3.2.3 Übertragung des Open Source-Entwicklungsmodells auf „Knowledge Work" - Garcia und Steinmueller (2003)

Garcia und Steinmueller bauen Schritt für Schritt ein komplexes Organisationsmodell auf. Ausgangspunkte sind dabei Informationsgüter und die Rollenaufteilung für den inhaltlichen Entstehungsprozess.

Ein Informationsgut wird dabei definiert als die Teilmenge derjenigen möglichen Zeichenzusammenstellungen, die für ein oder mehrere Individuen von Wert sind. Diese mathematische Definition schließt also Informationen in Form von diversen Medien als auch Datensammlungen wie beispielsweise Telefonbücher ein. Weiter unterscheiden sie *vertikale und horizontale Zusammenstellungen* mehrerer Informationsgüter. Diese Zusammenstellungen sind durch Beziehungen zwischen den einzelnen Werken bzw. Teilen gekennzeichnet. Diese Beziehungen können zweierlei Art sein: vertikale zeichnen sich dadurch aus, dass sie sich auf vorherige Inhalte beziehen und auf sie aufbauen, während horizontale solche sind, die keine Abhängigkeiten mit vorherigen Teilen aufweisen.

Die Verwendung dieser inhaltlichen Beziehungen hat weitreichende Konsequenzen. Ein Leser kann z.b. bei einer horizontalen Zusammenstellung jeden Teil als inhaltlichen Einstieg verwenden, während bei einer vertikalen der Einstieg in eine höherer Ebene als die Basisebene schwierig ist.

Wissenschaftliche Veröffentlichungen haben einen stark vertikalen Charakter, da sie auf vorherige Arbeiten aufbauen und auch zukünftig neue Arbeiten auf die aktuellen Bezug nehmen werden. So setzt das Entwickeln einer neuen Arbeit die Kenntnis vorheriger Arbeiten unbedingt voraus. Eine Bibliothek hingegen ist eine typische horizontale Zusammenstellung von Informationsgütern: Zwar wird nach bestimmten Kriterien entschieden, welche Bücher aufgenommen werden sollen, die dann auch einen thematischen Bezug haben, aber die Auswahl der Neuanschaffungen setzt nicht die Kenntnis signifikanter vorhandener Bücher voraus.

Die Rollenaufteilung ist für den Organisationsprozess unerlässlich: Ausgangsmodell ist der *Autor*, der direkt publiziert. Erweitert man dieses Modell zu einer Organisationsform mit einem *Lektor*, sind verschiedene Konstellationen möglich. Leitfrage dabei ist: *Wer legt fest, wann das Werk bereit zur Publikation ist?* - Auf diese Weise wird Autorität dem Lektor oder dem Autor zugeteilt, es sei denn, diese Frage wird durch beide im Konsens geklärt. Sobald aber diese beiden Rollen vergeben sind und so Autorität hinsichtlich der Entscheidung des Veröffentlichungszeitpunkts eingeführt worden ist, entsteht eine komplexe Beziehung mit Schattenseiten wie Macht und Abhängigkeit. Wenn es sich um eine vertikale Informationszusammenstellung handelt, benötigt man eine weitere Rolle: die des *Systemintegrators*. Er kennt die gesamte Informationszusammenstellung und weiß, wie, wo und ob neue Teile eingeordnet werden müssen, um die Integrität gewährleisten zu können. Für beide Informationszusammenstellungen ist noch eine Art *Projektleiter* nützlich, der die Verantwortung dafür übernimmt, dass das Werk den Ansprüchen der Leser bzw. Nutzer gerecht wird.

Garcia u. Steinmueller (2003) konkretisieren nun den Begriff Informationsgut auf die Software eines ▷Open Source-Projektes. Dann ist die Lektor-Autor-Kopplung mit dem Konsensprinzip realisiert. Zusätzlich tritt der „Anwender-Autor" in diesem Modell auf: Durch die Veröffentlichung des Quellcodes der Software kann jeder Nutzer auch selbst Korrekturen am Programm durchführen und direkt einreichen. Der Anwender wird somit auch zum Autor. Die andere Möglichkeit ist der Rücklauf von konkretisierten Fehlerberichten und Verbesserungsvorschlägen durch den Nutzer. Garcia und Steinmueller stellen fest, dass die traditionellen Rollen zwar auch hier vorhanden und aufgrund der vertikalen Art der Software notwendig sind, sie aber wesentlich flexibler innerhalb der Community verteilt werden. Zum Beispiel übernimmt jeder Beteiligte, der gleichzeitig Nutzer der Software ist, die Rolle des Lektors ein, indem die Software gleichzeitig getestet wird und Fehler anderen mitgeteilt werden. Im Gegenzug muss die Autoritätsstruktur aus dem traditionellen Modell nun anders gewährleistet werden: Jemand muss die Verantwortung übernehmen und gleichzeitig von den anderen in dieser Rolle anerkannt werden. Hier greifen Garcia und Steinmueller auf das früher vorgestellte Modell der „distributed authority", der verteilten Autorität, zurück. Autorität wird nicht mehr durch eine bestimmte Rolle einer Person formal übertragen, sondern wird verhandelt und ergibt sich aus der Erfahrung einzelner Benutzer in jenen Bereichen, in denen sie Spezialisten sind. In ihrem Spezialbereich werden sie von der Community als Autorität angenommen.

Weiter vermuten die beiden Autoren, dass horizontale Informationssammlungen besser funktionieren würden, wenn mehr komplementäre Abhängigkeiten zwischen den einzelnen Teilen eingeführt würden. Dann sind die Bedingungen besser, gemeinsam eine Sammlung von Informationsgütern aufzubauen, bzw. die Teilnehmer an die Community zu binden.

Zentrale These ihrer Arbeit, die hinter diesen Annahmen steht, ist folgende: Eine Community kann Hilfestellung leisten, neue Autoren bei der Arbeit unterstützen und deren Arbeit mit anderen Fähigkeiten ergänzen. Somit nützt eine Community sowohl den Einzelnen als auch der Sache, nämlich dem Aufbau eines Informationsguts.

Wikipedia und Nupedia
Eine Enzyklopädie ist nach diesem Ansatz eine typische horizontale Informationszusammenstellung, die in vielen Bereichen zeitgleich mit neuen Artikeln erweitert werden kann. Gleichzeitig ist der Effekt auf das Gesamtwerk eher gering, wenn einzelne Artikel gelöscht werden.

Bei Wikipedia kommt jedoch eine Besonderheit dazu: Die Artikel sind anders als bei klassischen Enzyklopädien stärker untereinander verknüpft und bauen manchmal sogar aufeinander auf. Diese komplementären Abhängigkeiten könnten somit ein Grund für den Erfolg Wikipedias sein. Die Rollen für Autor und Lektor sind so offen, dass alle Internetnutzer sie einnehmen können, indem sie Artikel verändern. Garcia und Steinmueller heben jedoch hervor, dass eine Art Grundregel für die Arbeit der Lektoren und Autoren vorliegt, die an vielen Stellen der Projektwebseite erwähnt wird. Gemeint ist der ▷Neutrale Standpunkt. Beispielsweise könnte ein Nutzer einen neuen Artikel verfassen, würde also die Autorenrolle einnehmen. Daraufhin stellt ein anderer Nutzer fest, dass der Artikel nicht neutral ist und setzt einen ▷Textbaustein („Die Neutralität dieses Artikels ist umstritten") ein und übernimmt so die Lektorenrolle. Gängige Praxis bei Wikipedia ist, dass größere Änderungen vorher auf der Diskussionsseite vorgeschlagen werden, so dass schon vor der inhaltlichen Arbeit eines Autors die Meinung von Lektoren eingeholt werden kann. Viele Nutzer haben so automatisch eine Doppelfunktion als Autor und Lektor wie der Autor-Anwender im Open Source-Modell.

Bei der Betrachtung von Nupedia fällt auf, dass hier versucht wurde, die von Steinmueller und Garcia vorgestellten traditionellen Organisationsstrukturen und Rollenverteilungen auf ein Internetprojekt horizontaler Art zu übertragen. Der Eindruck des Ausübens von Autorität wirkt sich hier möglicherweise schädlich[69] auf die horizontale Informationssammlung einer *Community* aus. Formell verteilte Autorität durch bestimmte Rollen scheint nicht notwendig zu sein. An ihre Stelle tritt nach und nach eine selbstorganisierte verteilte Autorität.

3.2.4 Einordnung und Bewertung

Beide Arbeiten analysieren Organisationsprozesse in ▷Open Source-Projekten und kommen dabei zu nachvollziehbaren Annahmen und Ergebnissen. Dennoch überschneiden sich die Arbeiten inhaltlich fast gar nicht, da verschiedene soziale Konstellationen als Ausgangsmodell dienen: Die soziale Bewegung, das (virtuelle) Team und das (traditionelle) Organisationsmodell zur Entstehung von Informationsgütern. Die Arbeiten haben jedoch eine Gemeinsamkeit: Beide Arbeiten legen schrittweise die Funktionsweise der Wikipedia-Gemeinschaft offen. Dabei stellt sich heraus, dass es sich bei Wikipedia um eine differenzierte Organisationsform handelt, bei der Individuen spezielle Kenntnisse einbringen und bestimmte Rollen übernehmen. Auf diese Weise entsteht eine Art Infrastruktur, die ermöglicht, dass sich einzelne Personen in ein Projekt konstruktiv einbringen können, ähnlich wie der Lektor *eine Hilfestellung* für einen Autor ist. Durch die große Anzahl der an Wikipedia Beteiligten sind diese Strukturen nicht nur aus Sicht des Individuums und einzelner Rollen zu interpretieren, sondern man kann in diesem Zusammenhang von einer *kollektiven Lektorenschaft im virtuellen Raum* sprechen, die die große Aufgabe des Qualitätsmanagements *gemeinsam* übernimmt.

In wieweit ▷Open Source- oder ▷Open Content-Projekte als eine *soziale Bewegung* eingeordnet werden können, sei hier offen gelassen. Es steht lediglich fest, dass sich die Motive zur Partizipation überschneiden. Leider werden im Fragebogen die politischen Motive nur durch eine einzelne Frage untersucht und decken so nicht alle Facetten der politischen Partizipation ab. Im vierten Kapitel dieser Arbeit werden andere Organisationsformen (z.B. Vereine) vorgestellt, die mit ähnlichen Konstellationen aus Motiven erklärt werden können und so im Einklang mit dieser Studie und gleichzeitig übertragbar auf Wikipedia sind.

Während der Entstehung dieser Arbeit wurde von Joachim Schroer empirisch geprüft, ob sich auch in der deutschsprachigen Wikipedia virtuelle Teams bilden,

---

[69]In der Arbeit wird Nupedia Wikipedia gegenübergestellt und das Problem bei Nupedia beschrieben: Offenbar fühlten sich dort einige Benutzer durch zu strenge Lektoren abgewiesen.

die in Open Source-Projekten eine Schlüsselrolle einnehmen. Erste Ergebnisse zeigen, dass die Arbeit in Teams bei Wikipedia eher unbedeutend ist, also das VIST-Modell nicht auf Wikipedia anwendbar ist.

3.3 Wikipedia als *partizipativer Journalismus*

Im ersten Moment wirkt Andrew Lihs journalistische Perspektive auf die Enzyklopädie Wikipedia sehr ungewöhnlich. Seine sehr umfangreiche Qualitätsanalyse öffnet jedoch eine neue interessante Sichtweise. Lih ist überzeugt, dass die ▷Open Source-Bewegung Wikipedia entscheidend beeinflusst und inspiriert hat und überträgt Gesetze aus dem Open Source-Entwicklermodell auf Wikipedia wie es die von mir in in Kapitel 3.2 vorgestellten Autoren und Arbeiten getan haben.

3.3.1 Vorstellung des Autors

Andrew Lih ist *Associate Professor* und Direktor im Technologiebereich des „Journalism and Media Studies Centre" an der Universität Hong Kong. Lih arbeitete ursprünglich in den „AT&T Bell Laboratories" im Bereich Benutzeroberflächen und Softwaresysteme. Später hat er ein Medienprogramm an der „Columbia University Graduate School of Journalism" aufgebaut und gründete das „Interactive Design Lab" in Columbia.

Er war Mitorganisator der Wikimania-Konferenz in Frankfurt 2005 und ist wissenschaftlich neben der englischsprachigen auch an der chinesischen Wikipedia interessiert. Insbesondere befasst er sich mit der Berichterstattung der Massenmedien über Wikipedia und die daraus resultierende Rückwirkung auf Wikipedia.

Dieses Unterkapitel befasst sich mit folgender Arbeit:

- Andrew Lih: Wikipedia as Participatory Journalism: Reliable Sources? Metrics for evaluating collaborative media as a news resource (2004) - [Lih (2004)].

3.3.2 Wikipedia interpretiert als partizipativer Journalismus - Andrew Lih (2004)

Seine Arbeit stammt vom 5. internationalen Symposium für Online-Journalismus, das am 16. und 17. April 2004 an der Universität Texas in Austin stattfand. Lih hat dazu Beiträge aus verschiedenen Medien zwischen Januar 2003 und März 2004 und ihre Rückwirkung auf Wikipedia analysiert.

Partizipativer Journalismus
Lih greift auf die Definition für partizipativen Journalismus von Shayne Bowman und Chris Willis zurück, die festhalten, partizipativer Journalismus sei die Tätigkeit eines Bürgers oder einer Gruppe von Bürgern, die eine aktive Rolle im Prozess der Recherche, des Berichtens, des Analysierens, sowie des Verbreitens von Nachrichten und Informationen übernähmen. Ziel dieser Partizipation sei die Bereitstellung von

unabhängigen, verlässlichen, genauen, ausführlichen, thematisch umfassenden und relevanten Informationen, die eine Demokratie benötige.[70]

Mithilfe der offenen Architektur durch die ▷Wiki-Software werden die klassischen Massenmedien mit dem Gegenentwurf des partizipativen Journalismus um ein journalistisches Modell ergänzt.

„Knowledge Gap"

Sowohl klassische Enzyklopädien als auch Geschichtsbücher sind normalerweise aus journalistischer Sicht eher von geringer Bedeutung, da infolge von langen Veröffentlichungszyklen aktuelle Ereignisse nur sehr verzögert verarbeitet werden können. Diesen Effekt beschreibt Andrew Lih als „knowledge gap". Diese besondere *Wissenslücke*, die durch die Druck- und Verbreitungsverfahren bedingt ist, kann der partizipative Journalismus durch das Internet und die aktive Teilnahme vieler einzelner Bürger füllen. Enzyklopädisch werden aktuelle Ereignisse dokumentiert und stehen sofort bereit.

Lih hebt in seiner Arbeit deutlich hervor, dass die normalerweise passiven Konsumenten von Informationen durch Wikipedia zur gemeinsamen Produktion von Informationsangeboten aktiviert werden. Leider belegt Lih diese sehr wichtige Feststellung nicht mit Quellen. So gehört sie beispielsweise zu den Grundideen des Zentrums für „LifeLong Learning and Design (L3D)" in Colorado an der University of Colorado. Das L3D hat sich unter anderem auf die Entwicklung von Computersystemen und Softwaresystemen spezialisiert, die Zusammenarbeit und gemeinschaftliche Kreativität („social creativity") ermöglichen und fördern sollen [Fischer (2000)]. Durch Wikipedia wird dieses Prinzip erstmalig dazu genutzt, die gemeinsame Erstellung einer Enzyklopädie zu ermöglichen.

„Rigor & Diversity"-Metrik

Dieses Maßsystem analysiert die Qualität eines Wikipedia-Artikels anhand von Metadaten aus der ▷Versionsgeschichte. Pro Artikel steht in Wikipedia eine Liste der bisherigen Veränderungen jeweils mit Angabe des Autors bereit. *Rigor* bedeutet in diesem Zusammenhang *Anzahl der Veränderungen* und somit Anzahl der bisherigen Versionen des Artikels. *Diversity* bezieht sich auf die *Anzahl der Autoren*, die bisher an dem Artikel Änderungen durchgeführt haben.

Im Laufe der Zeit wachsen bei jedem Artikel beide Werte an. Der Effekt sei mit einer evolutionären Entwicklung der Qualität des Artikels gleichzusetzen. Ich benenne diesen Effekt Wikipedia-Qualitätshypothese: „Mit steigenden Rigor & Diversity-Werten eines Artikels steigt auch seine Qualität."

Beide Werte sind jedoch ungenau, da viele kleine Änderungen sich nicht auf die inhaltliche Qualität des Artikels auswirken (z.B. Korrektur von Rechtschreib- oder Layoutfehlern) und Änderungen oft anonym durchgeführt werden. Zudem können manche Benutzer mehrfach bei Wikipedia angemeldet sein. Im Extremfall könnten

---

[70]„The act of a citizen, or group of citizens, playing an active role in the process of collecting, reporting, analyzing and disseminating news and information. The intent of this participation is to provide independent, reliable, accurate, wide-ranging and relevant information that a democracy requires", Lih (2004).

somit verschiedene Benutzernamen und anonyme Benutzer in Wirklichkeit einem einzigen Autor zuzuordnen sein.

Lih räumt aber selbst ein, dass diese Metrik stark vereinfacht ist, macht aber auch Vorschläge, wie sie verbessert werden kann. Zum Beispiel könnte die Software die Art der Änderungen genauer analysieren, und nur solche in die Statistik aufnehmen, die zu den inhaltlichen Veränderungen zählen.

Qualitätsanalyse

Das von Lih entwickelte Verfahren ist recht aufwändig. Eine eigene Software wertet dazu Metadaten aus Wikipedia aus. Zur Analyse der Qualität einzelner Artikel benötigt man andere Artikel zum Vergleich und eine Metrik. Dazu verwendet Lih eine Liste mit repräsentativen Artikeln aus Wikipedia. Die Auswahl dieser Artikel ist nicht einfach, da sich Wikipedia von den Themenschwerpunkten und der Art des Einsatzes von gedruckten Enzyklopädien sehr unterscheidet. Lih greift deshalb auf eine andere internetbasierte Enzyklopädie[71] zurück, die in gedruckter Form im traditionellen Peer-Review-Verfahren veröffentlicht wird. Gleichzeitig ist sie in einem Internetportal präsent und Wikipedia strukturell ähnlich. Zu den 333 Themen bzw. Oberbegriffen dieses Lexikons wurden korrespondierende Artikel aus Wikipedia ermittelt, um pro Artikel Rigor- und Diversity-Wert zu berechnen. Aus diesen Werten wurde bei Lih der Median ermittelt, der dann als Vergleichswert benutzt wird.

Insgesamt wurden 113 Beiträge aus 72 verschiedenen Nachrichtenquellen, im Internet, Fernsehen und aus der gedruckten Presse verwendet. In diesen Beiträgen wurden 125 verschiedene Artikel aus Wikipedia erwähnt. Diese Artikel wurden dann intensiv vor und nach der Erwähnung in den Beiträgen an Hand ihrer Metadaten analysiert und verglichen. Pro Artikel kommt so ein Paar aus Rigor- und Diversity-Werten von vor und nach der Erwähnung zu Stande.

Von allen 125 Artikeln übertrafen 15% vor Erwähnung in den Medien den Vergleichswert und waren somit qualitativ (im Sinne der Metrik) überdurchschnittlich. Nach der Erwähnung in den Medien wuchs die Zahl auf 31% an.

Offenbar fördert also die Erwähnung von Wikipedia-Artikeln in anderen Medien die Aktivität zur Änderung dieser Artikel bei Wikipedia. Wenn man nun wie Lih annimmt, dass durch mehr Veränderungen und mehr Autoren die Wikipedia-Artikel qualitativ besser werden, wirkten die traditionellen Medien stimulierend auf Wikipedia ein.

Lih benutzt zur Begründung ein Gesetz des Open Source-Entwicklermodells, das schon im Zusammenhang des Vandalismus („Given enough eyeballs, all bugs are shallow", siehe Kapitel 2.1.6) aufgegriffen wurde und hier auch auf die Entwicklung von Qualität im partizipativen Journalismus übertragen wird. Diese Besonderheit ermöglicht nach Lih eine Rückkopplung zwischen lesen und ändern und somit eine schnelle Evolution von enzyklopädischem Wissen, die in den traditionellen Medien fehlt.

---

[71]Dorling Kindersley e.encyclopedia print edition `http://www.dke-encyc.com`

3.3.3 Einordnung und Bewertung

Andrew Lihs Arbeit über Wikipedia ist eine der ersten umfangreichen Arbeiten über Wikipedia. Als Besonderheit gilt die journalistische Perspektive, die von späteren Arbeiten über Wikipedia bisher jedoch kaum aufgegriffen wurde. Der Begriff des partizipativen Journalismus erlangt mehr und mehr Bedeutung, zwar nicht primär durch Wikipedia sondern durch die Ausbreitung von ▷Weblogs. In Weblog-Programmen ist die Idee des partizipativen Journalismus auf eine andere Weise implementiert. Zwar können zu einzelnen Artikeln im Blog Kommentare geschrieben werden, sodass Leser viel enger einbezogen werden, jedoch stammen die Artikel selbst vom Betreiber des Weblogs und werden nicht wie bei Wikipedia *gemeinsam* geschrieben. Weblog-Autoren sind häufig Privatpersonen, die sich bestimmten Themen in ihrem ▷Blog widmen und dabei die Vielfalt digitaler Quellen im Internet nutzen.

Aus journalistischer Sicht ist die Enzyklopädie nicht primär von Bedeutung, da sie in erster Linie Wissen dokumentiert. Jedoch ist die Dokumentation aktueller Ereignisse ein kleiner aber wichtiger Aspekt von Wikipedia, der im Dezember 2004 zur Gründung eines eigenen Projektes *Wikinews* führte. Das Wiki-Prinzip und die Idee des ▷Neutralen Standpunkts wurden hier in den journalistischen Bereich übertragen. Wikinews, als Projekt der Wikimedia-Stiftung, wurde auf englisch und deutsch gestartet und ist eine freie partizipative Nachrichtenquelle. Wikinews hat sich zum Ziel gesetzt, eine vielseitige Umgebung zu schaffen, in der *Bürgerjournalisten* unabhängig über eine breite Palette von aktuellen Ereignissen berichten könnten, wie es bei Wikinews heißt[72] und setzt somit die Idee des partizipativen Journalismus konsequent als Wikimedia-Projekt um.

Kritik an der Metrik

Die vorgestellte Metrik zur Qualitätsanalyse ist sehr pragmatisch und lässt sich gut algorithmisch fassen. So ergibt sich die Möglichkeit der Übertragung der Analyse auf andere Sprachen. Die Methode selbst wurde auf der Wikimania-Konferenz jedoch heftig diskutiert: Die Metrik ist sehr simpel, da sie nicht den Inhalt des Artikels mit einbezieht. Ein Artikel könnte nach dieser Skala sehr gut abschneiden, obwohl er inhaltlich eher schwach ist. Viele Änderungen vieler Autoren kann auch bedeuten, dass man sich nicht auf Ergänzungen und Verbesserungen einigen kann. So würde der evolutionäre Entwicklungspfad blockiert. Nach meiner persönlichen Einschätzung geschieht dies selten. Inhaltliche Ergänzungen mit Quellenangaben aus ▷Neutralem Standpunkt werden in der Regel durch die Gemeinschaft nicht blockiert. Wenn man davon ausgeht, dass inhaltliche Konflikte normalerweise auf den Diskussionsseiten ausgetragen werden, stellt man schnell fest, dass in der deutschen Wikipedia nur ca. 1/5 aller Artikel eine Diskussionsseite besitzt. Konflikte, die nicht konstruktiv gelöst werden können und so zur inhaltlichen Verbesserung beitragen, sind somit äußerst selten. Ein solcher Fall ist z.B. der Artikel WP_DE: Direkte Demokratie, bei dem sich die Gemeinschaft nicht in der Lage sah, sich auf einen Absatz „Kritik an der direkten Demokratie" zu einigen.

---

[72]„create a diverse environment where citizen journalists can independently report the news on a wide variety of current events", Quelle: WP_EN:Wikinews (zuletzt abgerufen am 3.1.2006).

Inzwischen wurde in anderen Arbeiten eine inhaltliche Qualitätsanalyse speziell für Wikipedia entwickelt. So kommt z.b. Brändle (2005) mit seinem „topic-attention-quality model" zum Schluss, dass wenn ein ▷Wiki genug Teilnehmer hat und deren Aufmerksamkeit sich gut über die Artikel verteilt, Qualität sichergestellt werden kann.

Die Wikipedia-Qualitätshypothese könnte sich auch aus einem anderen Grund als falsch erweisen:

Es ist zu befürchten, dass einige Artikel in einigen Ausgaben Wikipedias nicht sachlich, sondern national gefärbt dargestellt werden[73]. In der englischsprachigen Wikipedia scheint dies nur vereinzelt der Fall zu sein, da das englischsprachige Wikipedia-Publikum über die ganze Welt verteilt ist und verschiedenen Nationen angehört. Wikipedia-Versionen in anderen Sprachen, deren Verwendung sich auf die Bürger eines Nationalstaates begrenzt, könnten stärker von diesem Problem betroffen sein.

3.4 Erklärungsansätze durch empirische Studien

Grundlage zur wissenschaftlichen Erklärung von Wikipedia ist die wissenschaftliche Beobachtung von Wikipedia. Neben statistischen Beobachtungen grundsätzlicher Art, die eingangs vorgestellt worden sind, können Umfragen innerhalb der Wikipedia-Gemeinschaft viele Aufschlüsse darüber liefern, wer sich aus welchen Gründen an Wikipedia beteiligt. Auch die Wikipedianer selbst führen interne Umfragen zu verschiedenen Themen durch, von denen eine in diesem Kapitel hinzugezogen wird.

Da in Wikipedia jede Änderung - und somit fast jede Aktion - automatisch protokolliert wird und diese Daten per Download zur Verfügung stehen, bieten sich zusätzlich viele Möglichkeiten der Datenauswertung an, die sich insbesondere auf die Struktur und Entwicklung Wikipedias konzentrieren.

3.4.1 Interne Umfragen im Wikipedia-Portal

Innerhalb des Wikipedia-Portals wurden verschiedene Umfragen begonnen. Diese internen Umfragen sind vom wissenschaftlichen Standpunkt her problematisch und wahrscheinlich nicht repräsentativ. Dennoch werden sie hier hinzugezogen, da umfangreiche Ergebnisse wissenschaftlicher Erhebungen innerhalb der deutschen Wikipedia-Gemeinschaft noch nicht vorliegen.

Im Rahmen des Projektes *Selbstreflexion* wurde die Altersstruktur der angemeldeten Benutzer mit folgende Methode untersucht: Auf einer Wiki-Seite innerhalb des Wikipedia-Portals (WP_DE: WIKIPEDIA: ALTERSUMFRAGE) werden Nutzer aufgefordert an der Altersumfrage teilzunehmen. Die möglichen Geburtsjahrgänge sind wie Unterkapitel auf der Seite eingetragen, Teilnehmer unterschreiben mit ihrem Wikipedia-Benutzernamen im Unterkapitel ihres Geburtsjahres. Es haben also nur

---

[73]Die nationale bis nationalistische Färbung ist nur ein Beispiel einer ideologischen Sichtweise, mit dem auch der Vandalismus in Kapitel 2.1.6 begründet wurde. Andere ideologische Sichtweisen könnten zu ähnlichen Effekten führen, falls sie nicht als solche von der Gemeinschaft erkannt werden.

angemeldete Wikipedianer teilgenommen, die auf diese Seite gestoßen sind und sich freiwillig eingetragen haben. Die Angaben sind somit weder anonym noch überprüfbar. Am 19. März 2005 hatten 474 Benutzer teilgenommen. Das Durchschnittsalter lag bei 31,673 Jahren, die hohe Standardabweichung von 12,69 Jahren weist auf eine hohe Streuung hin.

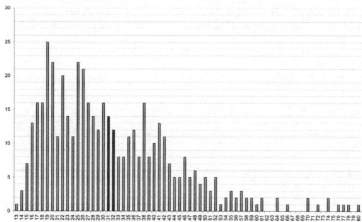

Altersstruktur bei Wikipedia,
Quelle: WP_DE: WIKIPEDIA: ALTERSUMFRAGE/AUSWERTUNG[74]

3.4.2 Vorstellung der Autoren

Die erste umfangreiche empirische Untersuchung der deutschen Wikipedia wurde im April 2005 durchgeführt und wurde verfeinert auf die englischsprachige Wikipedia übertragen. Es wurde der Link zur Online-Befragung per E-Mail an die aktiven Wikipedianer verschickt, der in erster Linie die Motivation der Beteiligten sowie demographische Daten abfragt. Er wurde von einer Gruppe Wissenschaftler an der Universität Würzburg entwickelt und konzentriert sich auf Fragestellungen aus der Arbeits- und Organisationspsychologie:

- Joachim Schroer, Guido Hertel, Wikipedia: Motivation for the voluntary engagement in an open, web-based encyclopedia - [Schroer u. Hertel (2006)][75].

In einer zweiten Arbeit wird Wikipedia untersucht, indem bereits vorhandene Daten ausgewertet werden. Jakob Voß studiert Informatik und Bibliothekswissenschaft an der Humboldt-Universität zu Berlin. Neben der deutschsprachigen Wikipedia-Ausgabe untersucht und vergleicht er Ausgaben anderer Sprachen und Größen:

---

[74]siehe http://de.wikipedia.org/wiki/Bild:Altersschnitt-19-05-2005.png, zuletzt abgerufen am 18.11.2005

[75]Leider lag bis Dezember 2005 keine vollständige Auswertung der Untersuchung vor, deshalb konnte dieses Kapitel nicht so ausführlich werden wie ursprünglich vorgesehen. Dennoch sollte auf diese sehr wichtige Studie und ersten veröffentlichten Ergebnisse nicht verzichtet werden.

- Jakob Voß: Measuring Wikipedia (2005) - [Voß (2005b)].

3.4.3 Motivation für die freiwillige Mitarbeit an einer offenen webbasierten Enzyklopädie - Schroer und Hertel (2006)

Folgender Fragebogen wurde an die Mailingliste der deutschsprachigen Wikipedia verschickt. Diese Mailingliste wird insbesondere von aktiven Wikipedianern abonniert und bietet eine Möglichkeit außerhalb der WWW-Plattform Wikipedias zu kommunizieren.

Der Fragebogen enthält u.a. Fragen zu folgenden Gebieten:

- Deskriptive Angaben: Angabe des persönlich eingebrachten Zeitaufwands für Wikipedia,

- Deskriptive Daten: Form der Mitarbeit bei Wikipedia,

- Identifikation (mit der Wikipedia-Gemeinschaft, sowie mit bestimmten Untergruppen),

- Verantwortungsgefühl und Motive (pers. Beiträge, wahrgenommene Effizienz, Spaß, Eigeninteresse, sozial/politisch),

- Erwartungen (Vorteile: für privates Umfeld, für berufliche Qualifikation),

- Erwartungen (Nachteile: zeitlicher Aufwand, fehlender finanzieller Anreiz),

- Job Description Survey (Tätigkeitsmerkmale, Entfaltungsmöglichkeiten etc.),

- Konsequenzen (Einstellung zum Engagement),

- Gruppenarbeit (mit anderen Wikipedianern),

- Messung der Persönlichkeitsdimension „Big Five",

- Demografische Daten zur Person.

Der Fragebogen ist somit thematisch sehr umfangreich und wurde später für die englischsprachige Wikipedia u.a. um den Faktor Generativität (nach Erikson (1950), hier: „etwas Bleibendes hinterlassen", siehe auch Kap. 4.1.2) erweitert. Leider können in dieser Arbeit noch keine endgültigen Ergebnisse präsentiert werden, da diese noch nicht vorliegen. Bisher wurden vorläufige Ergebnisse über zwei Wege veröffentlicht: Über die Webseite der Universität Würzburg (deutschsprachige Wikipedia) [Schroer (2005)] und durch ein Poster (englischsprachige Wikipedia) [Jäger u.a. (2005)].

Folgende Vorläufige Ergebnisse liegen bisher vor:

Demographische Analyse aus Daten der Online-Befragung der deutschsprachigen Wikipedia

- Anzahl der Befragten: N=106,

- Geschlecht: 88% der Befragten waren männlich, 10% weiblich, 2% keine Angabe,

- Beruf: 42,5% Vollzeit, 25,5% Student, 10,4% Teilzeit, 6,6% Schüler, 4,7% kein Arbeitsverhältnis, 9,4% Sonstiges (Ruhestand etc.), 0,9% keine Angabe,

- Familienstand: 50,9% Single, 27,4% in fester Partnerschaft, 15,1% verheiratet, 1,9% geschieden, 4,7% keine Angabe,

- Altersstruktur: durchschnittliches Alter von 33,24 Jahren, Standardabweichung von 13,191 Jahren.

Somit sind die Ergebnisse der Online-Befragung, was die Altersstruktur anbelangt, der internen Umfrage recht ähnlich: die Standardabweichung unterscheidet sich um weniger als ein halbes Jahr, der Durchschnitt nur um ca 1,5 Jahre (vgl. Daten aus Kap. 3.4.1).

Zeitaufwand für Wikipedia während der Freizeit in der deutschsprachigen Wikipedia

- Anzahl der Befragten: N=90,

- Durchschnitt: ca. 2 Stunden täglich,

- Standardabweichung: 1,65,

- 1/6 der Befragten bringen mehr als 4 Stunden täglich für Wikipedia auf.

Analyse des Motivs „Lernen" der deutschsprachigen Wikipedia
„Ich arbeite bei Wikipedia mit, um mein eigenes Wissen zu erweitern" (1: völlig unwichtig, 7: sehr wichtig)

- Über 65% bewerteten diese Aussage für wichtig bzw. sehr wichtig. Weniger als 5% gaben an, dass Lernen in Zusammenhang mit Wikipedia für sie unwichtig ist. Somit wurde dieses Motiv recht deutlich bewertet und ist als signifikant anzusehen.

Weitere Ergebnisse der englischsprachigen Wikipedia
Es ließen sich drei Hauptmotive zur Motivation feststellen:

- Lernen,

- Spaß (wurde im Rahmen der ▷Open Source-Untersuchung in Kapitel 3.2.2 als hedonistische Komponente benannt),

- Zeitverlust (umgekehrtes Belohnungsmotiv).

Als weniger wichtig wurden folgende Motive bewertet:

- Anerkennung durch das Umfeld,

- Berufliche Qualifikation,

- Nichtbezahlung.

Zusammenfassung nach Jäger u. a. (2005)
Charakteristisch für Wikipedia ist das hohe Ausmaß an Engagement von Menschen, die sich gegenseitig nicht kennen. Dabei handelt es sich hauptsächlich um Männer, die eher jung sind jedoch einen hohen Bildungsstand haben. Dies trifft auf die Freiwilligen der deutschsprachigen als auch auf die der englischsprachigen Wikipedia zu. Bezüglich der Motivation liegen die intrinsischen Motivationsfaktoren (Lernen, Spaß, Flow-Erleben[76], etc.) weit vor den externen Anreizen (soziale Anerkennung, Geld u.ä.). Für viele ist es wichtig, die Qualität der selbst verfassten Artikel zu verbessern und so etwas „Bleibendes zu hinterlassen" (Generativität). Weiter zeigten die Befragten eine hohe Identifikation mit dem Wikipedia-Projekt und somit das Anliegen insgesamt die Qualität von Wikipedia zu verbessern.

3.4.4 Wikipedia messen - Jakob Voß (2005)

Neben den in Kapitel 2.1.1 geschilderten Ergebnissen, die auf die Arbeit von Voß zurückgehen und die zeigen, dass die sechs Faktoren Datenbankgröße (1), Anzahl der Wörter (2), interne Links (3), Anzahl der Artikel (4), Anzahl der aktiven Wikipedianer (5) und Anzahl der sehr aktiven Wikipedianer (6) sich in der deutschen Wikipedia parallel entwickeln und in gleiche Phasen eingeteilt werden können, führt Jakob Voß eine Untersuchung der ▷Namensräume durch. Er wählt vier verschiedene Wikipedias unterschiedlicher Größe aus und vergleicht so die Ausprägungen der Namensräume. Durch die Namensräume werden die wichtigsten Arten der Artikel innerhalb eines ▷Wikis klassifiziert. Neben den Artikeln, deren Diskussionsseiten, den Benutzerseiten und deren Diskussionsseiten, wird auch der Namensraum *Wikipedia,* in dem sich die Artikel des Wikipedia-Portals befinden, anteilig ausgewertet. Während der verhältnismäßige Anteil der Artikel im Wikipedia-Portal der vier untersuchten Wikipedias sehr ähnlich ist, tun sich große Unterschiede zwischen den Diskussionsseiten hervor. In der japanischen Wikipedia werden offenbar sehr intensiv Kommentare an andere Benutzer auf die Diskussionsseite des Benutzers geschrieben, wahrscheinlich in einer Art privaten und persönlichen Feedbacks. Möglicherweise spiegelt sich hier eine Besonderheit im Umgang der Japaner untereinander im Vergleich zu deutschsprachigen, dänischen oder kroatischen Wikipedianern wieder.

---

[76]Das Flow-Erlebnis bezeichnet ein intensives, positives Gefühl, dass dazu führt, dass man zeitweilig die Anstengung für eine Tätigkeit nicht mehr wahrnimmt. („Das lustbetonte Gefühl des völligen Aufgehens in einer Tätigkeit" nach Mihaly Csikszentmihalyi, vgl. auch WP_DE: FLOW (PSYCHOLOGIE))

Bei allen vier verglichenen Ausgaben ist ca. jeder 100. Artikel ein Artikel im Wikipedia-Portal[77]. Somit scheint die Komplexität der Aktivitäten innerhalb der Gemeinschaft, gemessen an der Größe der ▷Namensräume, linear mit der Anzahl der Artikel zu wachsen. Der Anteil der eigentlichen Lexikonartikel schwankt zwischen 60% und 80%: Jüngere Wikipedia-Ausgaben haben wahrscheinlich mehr Artikel ohne Diskussionsseite und somit verhältnismäßig viele Artikel.

Voß beobachtet die aus vielen Bereichen bekannte logarithmische Normalverteilung auch bei Wikipedia: Mit Zuwachs der Artikelanzahl innerhalb einer Wikipedia-Ausgabe, wird die logarithmische Normalverteilung, bezogen auf die Anzahl der enthaltenen Zeichen der Artikel, immer deutlicher, während der Median erwartungsgemäß linear wächst. Allerdings weist Voß auch darauf hin, dass die perfekte Artikelgröße abhängig vom Thema ist.

Die Anzahl der unterschiedlichen angemeldeten Autoren, die einen Artikel geschrieben haben (bei Lih: diversity), werden für die deutschsprachige Wikipedia untersucht: ca. 50% der Artikel haben weniger als 5 Autoren, 25% haben nur einen einzigen Autor. Bei diesem Viertel der Artikel liegt die Vermutung nahe, dass diese Artikel relativ neu, qualitativ noch nicht hochwertig und so speziell sind, dass sie von nur wenigen Benutzern ergänzt werden können. Bei manchen Artikeln kommt das Problem hinzu, dass sie nur wenig von thematisch ähnlichen Artikeln verlinkt werden und so nur wenige der Nutzer den Artikel durch Browsen finden. Ähnlich verhält es sich mit „roten Links" auf noch nicht geschriebene Artikel: Wenn nur wenige vorhanden sind, ist die Wahrscheinlichkeit gering, dass jemand, der bereit ist diesen Artikel zu schreiben, der Aufforderung durch den „roten Link" nachkommt.

Voß untersucht an wie vielen Artikeln sich einzelne Autoren durchschnittlich beteiligen: Ca. 20% der angemeldeten Autoren haben zu mehr als 16 Artikeln beigetragen, während 30% nur an einem Artikel Änderungen durchgeführt haben. Dies lässt ein sehr unterschiedlich stark ausgeprägtes Engagement innerhalb der Wikipedia vermuten.

Abschließend kommt Voß zu einer interessanten Vermutung: Wikipedia könnte möglicherweise gar keine Enzyklopädie sein. Vielleicht handelt es sich um eine neue Form einer Wissensbasis. Diese Betrachtung Wikipedias würde viele Arbeiten und Maßstäbe, die zur Zeit rund um Wikipedia entstehen, infrage stellen, da sie sich am Vergleich mit klassischen Enzyklopädien orientieren.

3.4.5 Einordnung und Bewertung

Schroer beginnt durch seine Studie folgende wichtige Frage zu beantworten:

- Wer ist eigentlich diese Gemeinschaft genau, die das größte Lexikon schreibt?

Bisher liegen zwar interne Beobachtungen wie die vorgestellte Altersstudie vor, die aber nicht repräsentativ sind. Selbst Schroers Studie untersucht in erster Linie die aktiven Wikipedianer (nämlich diejenigen, die auch die Mailingliste abonniert haben). Somit sind Aussagen, die die ganze Wikipedia-Gemeinschaft betreffen nur schwer aus diesen Studien abzuleiten.

---

[77]bestätigt auch durch eigene Daten, die in Kap. 2.1.1 vorgestellt wurden

Die beiden signifikantesten Merkmale der Motivation lassen sich als *Spaß* und *Lernen* zusammenfassen. *Spaß* wurde als hedonistische Komponente bereits als wichtigstes Motiv zur Mitarbeit bei ▷Open Source-Projekten bewertet. Der Faktor Lernen wird im Verlauf der Arbeit im Zusammenhang mit der Analyse der wissenschaftlichen Öffentlichkeit vertieft. Auch wurde durch die Studie die Freiwilligkeit der Tätigkeit bestätigt, die mangelnde Bezahlung für die Tätigkeit wurde nicht als problematisch bewertet.

Aus soziologischer Sicht kann angemerkt werden, dass zwar einzelne individuelle Motive abgefragt, dabei jedoch Normen als gegeben und starr vorausgesetzt werden. Wikipedia schafft möglicherweise jedoch erst ein Bewusstsein für ▷Freie Inhalte. Dieses Bewusstsein würde dann erst dazu beitragen, dass eine Norm zum Engagement für ▷Freie Inhalte erst entsteht. Dieses Bewusstsein könnte durch eine Art Gemeinschaftserlebnis zustandekommen, wenn viele Einzelne frei zusammenarbeiten.

Die bei der Altersstruktur der aktiven Wikipedianer festgestellte hohe Standardabweichung weist auf ein generationsübergreifendes Engagement innerhalb Wikipedias hin. Die Daten der internen Umfrage ergeben: Ca. 80% sind zwischen 16 und 42 Jahre alt, ca. 15% zwischen 43 und 61 Jahre alt, der Rest ist ungefähr gleich verteilt entweder jünger (unter 16 Jahre), bzw. älter (über 61 Jahre).

Das in Kapitel 2.2.3 vorgestellte Wikipedia-Portal, mit dem sich die Gemeinschaft organisiert und durch das das Projekt weiterentwickelt wird, spielt in allen vier untersuchten Wikipedias offenbar eine ausgeprägte Rolle, obwohl ihm wissenschaftlich bisher keine Aufmerksamkeit geschenkt wurde. Strukturen, in denen sich Gemeinschaften selbst organisieren können (hier das Wikipedia-Portal, sonst z.B. die Versammlungsfreiheit), sind ebenfalls elementare Voraussetzung für eine aktive Zivilgesellschaft (dieser Gedanke wird in Kapitel 4 vertieft).

Meines Wissens handelt es sich hier ebenfalls um die erste Arbeit, die darauf hinweist, dass kulturelle Besonderheiten (hier am Beispiel der japanischen Wikipedia im Vergleich zur deutschen) im Umgang untereinander sich auch auf die Organisationsstruktur innerhalb Wikipedias auswirken. Neben den in 2.1.3 vorgeschlagenen Entwicklungssträngen, die meiner Meinung nach zum Erfolg Wikipedias führten, ist auch die Entdeckung weiterer kultureller Unterschiede ein Indiz dafür, dass gesellschaftlich etablierte Umgangs- und Organisationsformen im virtuellen Raum Verwendung finden. Dazu werden verschiedene Ideen im nächsten Kapitel vorgestellt.

4 Ein eigener Erklärungsansatz: Virtuelles zivilgesellschaftliches Engagement

Nachdem Wikipedia und wichtige Arbeiten über Wikipedia in den letzten beiden Kapitel vorgestellt wurden, folgen nun eigene Ansätze aus der Perspektive der Zivilgesellschaft und der Freiwilligenarbeit. Zentrales Element Wikipedias ist seine Gemeinschaft aus freiwilligen Mitarbeitern. Sozialpsychologisch wurden normative, soziale und politische Motive zur Teilnahme an virtuellen Gemeinschaften nachgewiesen (vgl. Kap. 3.2.2, 3.4.3), jedoch als konstant und gegeben vorausgesetzt.

Die Gemeinschaft Wikipedias entfaltet ein hohes Maß an Selbstorganisation und macht so die Funktionsweise der ▷Wiki-Software erst möglich. Daran schließt folgende These an und führt als roter Faden durch dieses Kapitel:

- *Die Eigenschaften der virtuellen Gemeinschaft Wikipedias weisen viele Parallelen zu soziologisch untersuchten gesellschaftlichen Strukturen aus der physisch geprägten Welt auf.*

- *Aus den Ergebnissen dieser Studien können Rückschlüsse auf Wikipedia gezogen werden.*

Da Wikipedia ausschließlich durch ehrenamtliche Mitarbeit organisiert wird, liegt eine zivilgesellschaftliche Sichtweise und ein Fokus auf Freiwilligen-Organisationen nahe. Sie sind als Teil der Bürgergesellschaft auch Teil des politischen Systems mit dem Anspruch gemeinsam gemeinsame Probleme zu lösen. Dazu wird im folgenden Kapitel ein einfaches Modell entwickelt.

Die verwendete Untersuchungsmethode setzt sich somit aus zwei Ansätzen zusammen: Ein abstraktes Strukturmodell wird entwickelt, um die Organisationsstrukturen im Vergleich zwischen Wikipedia, eingetragenen Vereinen und Beteiligungsprojekten auf kommunaler Ebene (Partizipation) offenzulegen und zu vergleichen. Gleichzeitig werden Beobachtungen rund um diesen Vergleich soziologisch und politikwissenschaftlich verankert und um den Aspekt der Wissensgesellschaft bzw. der wissenschaftlichen Öffentlichkeit ergänzt. Auf diese Verankerung wird im folgenden Kapitel 4.1 eingegangen, danach wird das Modell (Kap. 4.2) vorgestellt und ein Vergleich (Kap. 4.4) durchgeführt und schließlich werden die Ansätze bewertet und gegenübergestellt (Kap. 4.4).

4.1 Begriffe und Definitionen: Zivilgesellschaftliches Engagement aus drei Perspektiven

Auf die Frage, was zivilgesellschaftliches Engagement genau umfasst und wie weit es ausgeprägt ist, gibt es in der wissenschaftlichen Literatur viele verschiedene Antworten. Schon begrifflich sind die Unterschiede zu bürgerschaftlichem Engagement, ehrenamtlichem Engagement oder Freiwilligenarbeit sehr unterschiedlich definiert worden. Fein u. Matzke (1997) haben dies in ihrer Arbeit zur Begriffsgeschichte der Zivilgesellschaft gezeigt. Im ersten Freiwilligensurvey [von Rosenbladt (2000)] wurde eine spezielle Frage zu den Terminologien gestellt: Engagierte wurden gefragt, wie sie selbst ihre Tätigkeit benennen. Je nach Engagementfeld bevorzugen sie „Freiwilligenarbeit" oder „Ehrenamt". Unumstritten ist jedoch, dass diese Art des Engagements in der Sphäre der Zivilgesellschaft[78] angesiedelt werden kann. Zivilgesellschaft wird häufig als *Dritter Sektor*[79] neben den Sektoren Staat und Wirtschaft (bzw. Markt) bezeichnet. Bernhard (1996) verwendet jedoch folgende Definition:

> **Zivilgesellschaft** ist „... ein öffentlicher Raum, der 1. zwischen der staatlichen und der privaten Sphäre angesiedelt ist, von einer Vielzahl 2. autonomer und 3. vom Staat rechtlich getrennter Organisationen ausgefüllt wird und der 4. den Akteuren innerhalb dieses öffentlichen Raums individuelle und kollektive Freiheiten garantiert, die es ihnen ermöglichen, ihre Interessen zu verfolgen."

Ergänzend zu Bernhard (1996) wird in dieser Arbeit die Wirtschaft von der Zivilgesellschaft abgegrenzt. Dazu wird die Definition von Jütting u. a. (2003, S. 17) verwendet: Sie grenzen den Dritten Sektor im Zusammenhang der gesellschaftlichen Leistungssysteme zusätzlichen deutlich von privaten Haushalten bzw. familiären Strukturen ab, die somit zum Vierten Sektor werden. **Freiwilligenorganisationen** sind somit eine Organisationsform für *freiwilliges Engagement*, dass innerhalb der Zivilgesellschaft anzusiedeln ist. In Deutschland ist der eingetragene Verein als wichtigste Organisationsform zu nennen, der in dieser Arbeit mit der Organisationsform Wikipedias verglichen wird. Sowohl Jütting u. a. (2003, S. 18) als auch von Rosenbladt (2000) weisen darauf hin, dass vielfältige andere Formen freiwilligen Engagements wie z.B. Bürgerinitiativen, Selbsthilfegruppen, Freizeitgruppen oder Freiwilligendienste vorhanden sind, die ebenfalls zu den Aktivitäten im Dritten Sektor gezählt werden.

In der soziologischen Diskussion kommen die Begriffe der *Partizipation*[80] und des *sozialen Kapitals*[81] hinzu. Einzelne Ansätze heben unterschiedliche Wirkungen sozialer Partizipation hervor. Gesamtgesellschaftliche Folgen des Sozialkapitals werden von Ansätzen auf der Makro- oder Systemebene betont, während Ansätze auf der Mikroebene, z.B. in der Tradition Bourdieus (1983) und Colemans (1988), die Wechselwirkung zwischen Sozialkapital und Beziehungen zwischen Individuen analysieren.

Ich habe im Rahmen dieser Arbeit drei Erklärungsansätze ausgewählt, die sich mit zivilgesellschaftlichem Engagement befassen. Nach Vorstellung des klassischen

---

[78]Ich vermeide hier absichtlich den Begriff *Bürgergesellschaft*, da der Begriff *Bürger* missverständlicherweise auf den *Staatsbürger* reduziert werden könnte.

[79]Auch für diesen Ansatz werden in der Lieteratur weitere Bezeichnungen verwendet: „intermediärer Sektor" (zwischen Staat und Wirtschaft), „Non-Profit-Sektor" oder „Non-Profit-Organisationen".

[80]Siehe dazu z.B. Leggewie (1996, S.9), der ausführlich „die vier Grundpfeiler demokratischer Gesellschaften (Partizipation, Deliberation, Öffentlichkeit und politische Gemeinschaftsbildung)" in seiner Arbeit diskutiert.

[81]Beide Begriff „soziales Kapital" und „Sozialkapital" werden hier synonym benutzt, da sich bisher keine der beiden Schreibweise in der wissenschaftlichen Literatur durchgesetzt hat [siehe dazu: Jütting u. a. (2003, S. 19)].

sozialen Kapital nach Bourdieu (1983) und Coleman (1988) (Kap. 4.2.1), greife ich
den in Vergessenheit geratenen Ansatz der Generativität nach Erikson (1950) und
die Ergänzungen von McAdams u. De St. Aubin (1992) auf (Kap. 4.2.2), dessen
Thesen im Zusammenhang mit Wikipedia von Jäger u. a. (2005) empirisch getestet
wurden. Als dritten Ansatz möchte ich auf die politisch-demokratische Dimension
der Zivilgesellschaft und der Freiwilligenarbeit eingehen und beziehe mich dabei
insbesondere auf Putnam (1993a) sowie auf Jütting u. a. (2003) (Kap. 4.2.3). Im
Anschluss werden die Ansätze jeweils mit dem Phänomen Wikipedia konfrontiert
und diskutiert.

4.1.1 Sozialkapital

Bourdieu (1983) unterscheidet in seinen Arbeiten zur Sozialstruktur drei Kapitalsor-
ten. Neben dem ökonomischen und dem kulturellen Kapital entwirft er das Bild des
Sozialkapitals. Sein Ausgangspunkt sind dabei jedoch nicht Organisationen als soziale Akteure, sondern die Beziehungen zwischen einzelnen individuellen Akteuren
[vgl. u.a. Jütting u. a. (2003, S.23-24)]. Somit setzt dieser Ansatz auf der Mikroebene an und beschreibt in erster Linie die Wertschöpfung durch Beziehungen und
Beziehungsnetzwerke. Individuelle Akteure nutzen nach diesem Ansatz Organisationsstrukturen im zivilgesellschaftlichen Sektor, um ihr Kapital durch Beziehungen
zu maximieren.

Der US-amerikanische Soziologe Coleman (1988) ergänzt diesen Ansatz um drei
Konzepte und bezieht so die Makroebene gesellschaftlicher Strukturen ein:

1. „Credit slips" (Schuldscheine): Leistungen werden unentgeltlich und ohne unmittelbar folgende Gegenleistung vollbracht, schaffen jedoch eine moralische
   Verpflichtung (Schuldschein) beim Empfänger der Leistung. Ein Grundver-
   trauen führt zur Erwartung von Gegenleistungen, die möglicherweise sehr ver-
   spätet oder durch andere vollbracht werden können.

2. Informationskanäle: Eine bedeutende Art des Sozialkapitals ist die erhöhte
   Verfügbarkeit von wertvollen Informationen durch ein soziales Netzwerk.

3. Soziale Normen: Das Kollektivproblem (in Kapitel 4.1.3 als *soziales Vertrauen*
   vertieft) wird nach Coleman durch Normen und Sanktionen bei Verstoß gegen
   Normen überwunden.

Aus Sicht des Sozialkapitalansatzes gilt: Freiwilligenarbeit ist insbesondere durch
die Schaffung von Kontakten motiviert. So ist sie in keinem Fall altruistisch, sondern egoistisch und basiert auf dem Konzept der Nutzenmaximierung. Dass diese
Motive vorhanden sind, zeigen verschiedene empirische Untersuchungen [z.B. von
Rosenbladt (2000, S.112-116)]. Diese bestätigen jedoch nicht die maßgebliche Bedeutung dieser Motive, die die Theorie des Sozialkapitals vermutet.

Freiwilliges Engagement findet oft innerhalb von Freiwilligenorganisationen statt,
durch die Engagierte tatsächlich zusammenkommen und soziale Kontakte geschaffen
werden. Dass diese auch zu anderen Zwecken genutzt werden können und werden,
liegt sehr nahe. Virtuelle Gemeinschaften [vgl. Rheingold (1994)] heben jedoch das

Prinzip des persönlichen und somit physischen Zusammentreffens auf und können wesentlich anonymer sein. Somit scheitert eine Übertragung von diesem Sozialkapitalansatz auf virtuelle Gemeinschaften.

4.1.2 Generativität

Der Begriff „Generativität" wurde von dem dänischen Professor für Entwicklungspsychologie Erik H. Erikson 1950 durch sein Stufenmodell der psychosozialen Entwicklung geprägt. Es handelt sich um eine Weiterentwicklung des Freudschen Modells der psychosexuellen Entwicklung und teilt das Leben von Geburt bis zum Tod in acht Phasen ein. Nach der fünften Phase (identity vs. role confusion) und sechsten Phase (intimacy vs. isolation) hat nach Erikson ein Erwachsener seine Vorstellung über sich selbst gefestigt (identity) und ist langfristig durch Heirat oder Freundschaften intim gebunden (intimacy). Somit sei sie oder er psychosozial bereit, sich in einer breiteren sozialen Sphäre mit einem gefestigten Ich einzubringen.

Für Erikson ist Generativität „in erster Linie das Interesse dafür, die nächste Generation zu gründen und anzuleiten"[82]. In dieser Phase geht es u.a. darum, Lebensgüter und Ergebnisse zu produzieren, die dem sozialen System zugute kommen und seine Kontinuität von Generation zu Generation ermöglichen. Dies ist jedoch nicht auf die Elternschaft beschränkt, sondern kann sich vielfältig durch Freiwilligenarbeit, Engagement in Religion/Politik, Nachbarschaft, Gemeinschaft oder Freundschaft zeigen.

McAdams u. De St. Aubin (1992) erweitern den Begriff der Generativität um ein Modell und befassen sich mit der Messbarkeit von Generativität. Sie ist nicht an einzelnen Faktoren messbar, sondern muss individuell in Bezug zur Umgebung untersucht werden. Dazu führen sie den Begriff „attachment" (Anhang/ Anhänglichkeit/ Verbundenheit) ein: Generativität schafft individuelle Verbindungen zur sozialen Welt. Sieben Faktoren werden dabei unterschieden und in einem eigenen Modell in Bezug zueinander gesetzt. Sie zeigen einzelne Aspekte der Generativität. Vier dieser Faktoren können deutlich in Bezug zu Wikipedia gesetzt werden:

- „action": Die Aktivität, etwas zu kreieren, aufrecht zu erhalten oder anzubieten - dies sind zentrale Arbeitsbereiche innerhalb Wikipedias: Neue Artikel werden angefertigt, Ergänzungen von anderen beobachtet. Artikel werden besser und können dadurch von allgemeiner Bedeutung sein: das Angebot einer freien Online-Enzyklopädie wird ermöglicht.

- „inner desire": Bezieht sich auf Unsterblichkeit („Ich bin, was mich überlebt.") und das Bedürfnis, gebraucht zu werden. Die roten Links in Wikipedia zeigen an, zu welchen Themen Artikel gebraucht werden. Ein wichtiger Faktor ist für viele die Teilnahme an einem historischen Projekt, bzw. etwas „Bleibendes zu hinterlassen" (wurde empirisch in der englischsprachigen Wikipedia gezeigt: Jäger u. a. (2005), vgl. Kap. 3.4.3).

---

[82]Aus dem Englischen übersetzt: „[generativity] is primarily the concern in establishing and guiding the next generation", Erikson (1950).

- „belief in goodness of species": Glauben an das Gute im Menschen (wörtl. *der Gattung Mensch*). Wenn innerhalb Wikipedias jeder etwas verändern darf, herrscht insgesamt ein sehr positives Menschenbild (siehe dazu auch *soziales Vertrauen* in Kapitel 4.1.3).

- „commitment": Verpflichtung und Engagement, möglicherweise auch bezogen auf Reproduktion bestimmter Ideale. Im Falle Wikipedias: „Freien Zugang zu Informationen ermöglichen" (wurde empirisch in der englischsprachigen und deutschsprachigen Wikipedia gezeigt: Jäger u. a. (2005)).

Die verbleibenden drei Faktoren lauten „cultural demand", „concern for the next generation" und „narration (personal life story)" und passen ebenfalls zu den Ideen Wikipedias, wie auch Brownings (1975) Auslegung der Generativität: Nach Browning emergiert Generativität daraus, dass Erwachsene *Verantwortung* für die nächste Generation übernehmen. Dies zeige sich insbesondere durch die Einnahme einer Lehrer-, Mentor- oder Elternrolle. Im Kontext von Wikipedia könnte der *Lektor* (vorgestellt bei Garcia u. Steinmueller (2003), siehe Kapitel 3.2.3) eine solche Rolle sein, die darin besteht Beiträge anderer Korrektur zu lesen und Verbesserungsvorschläge zu machen.

Bewertung

Eriksons Theorie des Zusammenhangs zwischen siebenter Lebensphase und dem Engagement muss mit den Untersuchungen des Freiwilligensurveys konfrontiert werden: Demnach sind Jugendliche (Alter 14-24 Jahre) eine besonders aktive Gruppe in der Gesellschaft und auf vielfältige Weise engagiert [vgl. von Rosenbladt (2000, S. 146)]. Dies wird damit begründet, dass neben Schule und Ausbildung genug Zeit für Engagement bleibt. Diese Tatsache widerspricht jedoch nicht unbedingt Erikson, da man ihn so auslegen könnte, dass er entweder in erster Linie an dem Modell der Lebensphasen zeigt, dass Motive für Engagement in der siebenten Phase mit Generativität zusammenhängen, oder dass Generativität ein Motiv (neben anderen) für Engagement in verschiedenen Altersgruppen ist. Im Freiwilligensurvey wird weiter gezeigt, dass Jugendliche in ihr Engagement hineinwachsen: Über die Hälfte der Engagierten waren vor ihrem 20. Lebensjahr schon einmal engagiert. Möglicherweise könnte Engagement im Jugendalter die Ausgestaltung der generativen Tätigkeit im Erwachsenenalter beeinflussen. Bei Jugendlichen sind insbesondere der Spaßfaktor sowie das Zusammenkommen mit anderen sympathischen Menschen die wichtigsten Motive für ehrenamtliches Engagement.

Generell ist Eriksons Begriff der Generativität einleuchtend: Offenbar nehmen viele Einzelpersonen größere Probleme wahr und spüren eine Art *Verantwortung* gegenüber der nächsten Generation. Oft führt dies dazu, dass diese Probleme tatsächlich angegangen werden, obwohl sie die Aktiven nicht unmittelbar betreffen. Die Abgrenzung zu Altruismus und prosozialem Verhalten könnte eventuell mit evolutionären Argumenten erfolgen: Generativität ermöglicht den Fortbestand der Spezies und zeigt sich in der modernen westlichen Gesellschaft gekoppelt mit der Individualisierung: Individuelles Engagement zugunsten der nächsten Generation könnte sich u.a. durch die Mitarbeit an historischen Projekten wie Wikipedia zeigen.

83

Auf der anderen Seite lässt sich Generativität sehr kritisch hinterfragen, denn Verantwortung für etwas zu übernehmen, das einen selbst nicht betrifft, ist etwas Alltägliches in jeder Gesellschaft. Dies zeigt sich auch an der Arbeit vieler Vereine und muss sich nicht auf die nächste Generation beziehen. So sind beispielsweise zahlreiche Vereine in der Entwicklungshilfe in fernen Ländern aktiv. In diesem Fall bezieht sich das Engagement nicht auf die nächste Generation im eigenen Umkreis, wohl aber auf die nächste Generation außerhalb des persönlichen Umfelds.

4.1.3 Politische Dimensionen der aktiven Zivilgesellschaft

Die Auswertungen des Freiwilligensurveys zeigen die enorme gesellschaftliche und demokratische Bedeutung des Dritten Sektors, die auch als das *Demokratietheorem* bei Jütting u. a. (2003, S.13-14) benannt wird.

Gohl (2001) unterscheidet in seinem Aufsatz „Bürgergesellschaft als politische Zielperspektive" verschiedene Ebenen des Engagements bzw. der Partizipation:

1. Bürgerengagement (z.b. die Mitarbeit in Vereinen, die in Bezug auf Wikipedia in Kapitel 4.4.1 untersucht wird),

2. Bürgerbeteiligung (z.b. kommunale Partizipationsprojekte, die in Kapitel 4.4.2 vertieft werden) und

3. Direkte Demokratie.

Die Mitarbeit in Freiwilligenorganisationen ist so auf der ersten Ebene, dem Bürgerengagement angesiedelt. Putnam (1993b) greift in seiner Studie „What makes democracy work" auf Alexis de Tocqueville, den französischen Beobachter der Demokratie in US-Amerika im 19. Jh. zurück, der das ausgeprägte Assoziationswesen als charakteristisch für die junge Demokratie Staaten interpretiert. Putnam verwendet in seiner Argumentation folgende Prämisse: Es besteht eine engen Verbindung zwischen einer aktiven Zivilgesellschaft und der westlichen Demokratie. Er zeigt dies u.a. durch eine empirische Untersuchung zum Sozialkapital in Nord- und Süditalien.

1970 wurde in Italien eine Verwaltungsreform durchgeführt. In den einzelnen Regionen wurden strukturell gleiche Regierungen aufgebaut und mit den gleichen Mitteln ausgestattet. Jedoch unterschieden sich die einzelnen Regionen Italiens stark in wirtschaftlicher, religiöser oder politischer Hinsicht. Auch der Erfolg dieser regionalen Regierungen war sehr unterschiedlich: Manche scheiterten an Korruption und Misswirtschaft, andere gingen erfolgreich die wirtschaftlichen, gesellschaftlichen und umweltpolitischen Probleme an. Die Effektivität der Regierungen wurde getestet und korrelierte auch mit den Einschätzungen der Bürger über ihre Regierung.

Putnam untersuchte viele mögliche Faktoren, mit denen Erfolg, bzw. Misserfolg der Regierungen zusammenhängen konnte. Überraschenderweise fand er nur eine Korrelation: *Die Dichte der freiwilligen Vereinigungen.* Dort, wo zivile Assoziationen[83] ausgeprägt vorhanden waren, funktionierte auch die regionale Regierung

---

[83]Putnam greift hier einen Ausdruck von de Tocqueville auf. Zivile Assoziationen sind z.B. Chorgemeinschaften, Fußballvereine oder Gewerkschaften.

besser. Putnam formalisiert in seiner Arbeit die Dichte der zivilen Assoziationen als Sozialkapital, das er u.a. durch die Dichte von Vereinigungen misst. Doch wie begründet Putnam diesen Zusammenhang?

> „In Regionen mit einer hohen Dichte ziviler Vereinigungen sind die Bürger bei öffentlichen Angelegenheiten engagiert und nehmen eine aktive Rolle in der Politik ein. Sie vertrauen dem fairen Umgang untereinander und achten die Gesetze. Soziale und politische Netzwerke zeichnen sich dadurch aus, dass sie eine horizontale und somit keine hierarchische Machtstruktur haben." [Putnam (1993b)].

Putnams Konzept des sozialen Vertrauens untermauert diese Argumentation. In seinem später erschienen Buch „Bowling alone" definiert Putnam (2000, S. 134) **soziales Vertrauen**, in dem er sagt, er tue etwas für mich ohne eine sofortige Gegenleistung zu erwarten, möglicherweise sogar ohne mich zu kennen, indem er darauf vertraue, dass an der nächsten Ecke ich oder jemand anderes ihm einen Gefallen tun werde.[84]

In der Diskussion um den dritten Sektor und Sozialkapital stellt Jütting u. a. (2003, S. 19ff) die theoretischen Konzepte des Sozialkapitals nebeneinander und entwickelt mit Bezugnahme auf Putnam u. Goss (2001) sowie Offe u. Fuchs (2001) Dimensionen zur Klassifikationen mannigfaltige Arten der Assoziationsformen, von denen zwei im Verlauf dieser Arbeit auf Wikipedia übertragen werden:

- Die **Organisationsdimension** unterscheidet zwischen *formeller* und *informeller* Organisationsform. Stark formalisiert wäre z.B. ein eingetragener Verein mit entsprechenden formellen Mitgliedschaftsreglungen, offizielle Funktionäre usw. während Nachbarschaftshilfe eine sehr informale Organisationsform wäre.

- Die **Kontaktdimension** spezifiziert die Kontakte in Bezug auf Quantität und Qualität zwischen Individuen. Eine *hohe* Kontaktdichte zeichnet sich durch häufiges und regelmäßiges Zusammentreffen mit einem geschlossenem Personenkreis aus, während eine *geringe* Kontaktdichte eher für offene Gruppen und vergleichsweise seltenem Zusammentreffen charakteristisch ist. Formale Strukturen weisen meist auch auf eine hohe Kontaktdimension hin.

- Die **Zweckdimension** bezeichnet die Orientierung nach *innen* oder *außen* und wird auch Adressatendimension genannt. Steht bei einer Vereinigung ein Kollektivgut für die Mitglieder im Mittelpunkt (z.B. eine Kleingartenkolonie) oder handelt es sich um ein öffentliches Gut für andere (z.B. Sportangebot des Sportvereins)?

- Die **Sozialdimension** bezieht sich auf die Mitglieder. Gelingt es einem Verein Menschen völlig unterschiedlicher Art (z.B. Ethnie, Religion, Alter, Geschlecht

---

[84]„I'll do this for you now, without expecting anything immediately in return and perhaps without even knowing you, confident that down the road you or someone else will return the favor.", Putnam (2000, S. 134)

etc.) zusammenzubringen ist die Ausprägung *brückenbildend*. Eine *bindende* Sozialstruktur bezieht sich auf homogene Mitglieder.

Dabei weist Jütting mit der Dimension formell/informell auf unterschiedliche Sichtweisen von Sozialkapital hin. Während Putnam u. Goss (2001) auch sehr informelle bis hin zu familiären Assoziationen zum Sozialkapital zählen, entwickeln Offe u. Fuchs (2001) eine Perspektive aus Sicht der deutschen Organisationssoziologie, die in dieser Arbeit Verwendung findet. Die wichtigste Organisationsstruktur im Dritten Sektor ist in Deutschland der eingetragene (meist auch gemeinnützige) Verein und somit eine formelle Organisation. Die Besonderheit dieser Organisationsform besteht im Zusammenhang zwischen Demokratie und Zivilgesellschaft, da diese Form ein demokratisches Verfahren vorschreibt. Eingetragene Vereine können deshalb als demokratisch angesehen werden, da die juristische Form

- den Mitgliedsstatus festlegt (Austritt aus dem Verein ist z.B. jederzeit möglich),

- die Mitgliederversammlung (normalerweise jährlich) institutionalisiert,

- eine Satzung (die nur durch die Mitgliederversammlung verändert werden kann) verlangt und

- die Wahl des Vorstands (durch die Mitglieder) vorschreibt.

Die Mitarbeit in Vereinen kann somit als Demokratie im Kleinen verstanden werden und erhält sie so *Einzug in den Alltag*.

Jütting u. a. (2003) führten eine umfangreiche Untersuchung von Engagement in Form von Vereinen in zwei Orten im Westmünsterland durch. Um das soziale Kapital zu spezifizieren wurden die Vereine durch einen Satz von den hier erläuterten Dimensionen klassifiziert. Diese Dimensionen werden im Kapitel 4.2.4, innerhalb der Perspektive „Wikipedia als Verein" für Wikipedia bestimmt.

Die Idee des sozialen Kapitals wird von Putnam weiterentwickelt und mit dem Konzept des *sozialen Vertrauens* ergänzt. Durch Putnams Herangehensweise, Demokratie und Zivilgesellschaft konzeptionell zusammenzudenken, fließen zwei Stränge dieses Kapitels (aus 4.1.1 und 4.1.2) zusammen. Auch Eriksons Ansatz der Generativität, als eine spezielle Erklärung mancher Bereiche des zivilgesellschaftlichen Engagements, könnte in eine solche Sichtweise integriert werden.

4.2 Das Modell gemeinsamer Entscheidungsprozesse

Das Verständnis von zivilgesellschaftlichem Engagement hängt eng mit einem Paradigmenwechsel in Betrachtungsweise der gelebten Demokratie zusammen: Während sich in einem repräsentativen System die Beteiligung insbesondere durch die Teilnahme an Wahlen zeigt, ermöglicht das Engagement z.B. in Freiwilligenorganisationen den Bürgen sich selbst aktiv für wichtige Ziele einzubringen.

Diese beiden Paradigmen werden in diesem Kapitel strukturell analysiert und durch ein eigenes Modell formalisiert (Kap. 4.2.2). Dieses abstrakte Strukturmodell wird dann mit Wikipedia in Bezug gesetzt und so konkretisiert (Kap. 4.2.3).

4.2.1 Demokratie oder gemeinsam gemeinsame Probleme lösen

Leggewie (1996, S. 4) schreibt über unser System der repräsentativen Demokratie: „Vor allem eine Grundbedingung demokratischer Selbstherrschaft ist aus dem Lot geraten: die Identität von Herrschaftssubjekten und -objekten". Er beschreibt so die Repräsentationskrise und öffnet damit den Raum für alternative Demokratiekonzeptionen. Ein Staat, dessen Politik demokratisch durch Wahlen legitimiert wurde, kann nach Beck (1997, S. 216) auf zwei Arten seine Macht durchsetzen:

- .. als *Handlungsstaat*, in Form eines hierarchischen Koordinators: Entscheidungen werden meist ohne Einbeziehung der Bürger getroffen (wird nach Beck u.a. durch *Herrschaftswissen* aufrecht erhalten: nur die Behörde hat die Informationsgrundlage um sinnvoll entscheiden zu können), oder

- .. als *Verhandlungsstaat*, der Bühne und Gespräche arrangiert und Regie führt, während die Bürger (bzw. Stakeholder[85]) unter demokratischen Rahmenbedingungen entscheiden.

Ausgehend von diesen beiden Extremen entfacht sich eine intensive wissenschaftliche und politische Diskussion. Ausgangspunkte sind dabei häufig normative Demokratietheorien bzw. -ansätze [z.B.: Etzioni (1975); Habermas (1985); Putnam (1993a)], die beschreiben, wie Demokratie, z.B. im Sinne des Verhandlungsstaates, gestaltet werden sollte und die Beteiligung der Bürger verbessert werden kann. Auch Effizienzüberlegungen spielen dabei eine Rolle: Feindt u. Newig (2005) argumentieren, dass Entscheidungen mit Beteiligung der Bürger meist nachhaltiger und kostengünstiger seien. Neben diesen beiden staatlichen Handlungsoptionen steht der Dritte Sektor, der sich selbst organisiert vieler Aufgaben annimmt. Somit ergänze ich in dieser Arbeit Demokratie um folgenden Aspekt:

Während konventionell Demokratie als Kombination von Bottom-Up und Top-Down Entscheidungsprozessen interpretiert wird und durch Top-Down-Prozesse aufgrund der hierarchischen Machtverteilung (legitimiert durch demokratische Wahlen) für alle verbindliche Reglungen (z.B. Steuersätze) durchgesetzt werden können, ergänze ich das Bottom-Up-Prozess (z.B. Bürgerbegehren etc.) um freiwillige Zusammenschlüsse einzelner Bürger und somit Handlungseinheiten, die durch Kooperation breitere und langfristige Handlungsoptionen eröffnen und in vielen Bereichen[86] eine Selbstverwaltung ermöglichen.

---

[85]Definition z.B. bei Rasche (2005, S. 16): „jede Person, Gruppe oder Organisation mit einem Interesse („Stake") an einem Thema, entweder, weil sie unmittelbar betroffen sind oder weil sie Einfluss auf das Ergebnis haben könnten".

[86]Vgl. dazu: von Rosenbladt (2000, S. 41), insbesondere Bereiche wie Sport & Bewegung, Freizeit & Geselligkeit, Kultur & Musik, aber auch durch Präsenz von global agierenden NGOs in Feldern wie Entwicklungshilfe, Umweltschutz oder Menschenrechte

Freiwilligenarbeit ist somit nach von Rosenbladt (2000, S. 16) eine „unverzichtbare Voraussetzung für gelebte Demokratie und humanes Miteinander"[87]. Beck (1997, 217) beobachtet die Tendenz, dass immer mehr Bereiche, die durch die Bürger selbst organisiert werden können auch tatsächlich durch sie organisiert werden. Der Zusammenhang wird u.a. bei Jütting u.a. (2003, S.13-14) durch das Demokratietheorem benannt. Dieses Theorem behandelt die von *Putnam (1993a)* in Italien nachgewiesenen positiven Auswirkungen von Assoziationen in einer demokratisch aktiven Zivilgesellschaft.

Im Rahmen dieser Diskussion treten insbesondere zwei Problemklassen hervor, die in den Vergleichen mit Vereinen und Partizipationsformen dieser Arbeit verschieden stark hervortreten:

- **Kooperation** umfasst alle Probleme, die mit der Zusammenarbeit vieler einzelner Akteure auftreten, während

- **Legitimation** den Problemkomplex behandelt, wie und durch wen Reglungen, die für alle gelten sollen, legitimiert werden.

Im Zusammenhang mit Wikipedia konzentriere ich mich hier insbesondere auf das Problem der Kooperation. In wie weit Entscheidungen, z.B. im Kontext einer Bürgerbeteiligung, legitimiert sind, wird hier nicht behandelt[88].

4.2.2 Das Modell: Einfluss auf Problemerkennung, Lösungsansatz und Durchführung durch Behörde und Bürger

Im vorangehenden Kapitel wurde eine Sichtweise der Demokratie durch ein Ineinandergreifen von Bottom-Up- und Top-Down-Entscheidungsprozessen vorgestellt. Im weiteren Verlauf der Arbeit sind im Kontext von Wikipedia und im Kontext des Vergleichs mit Vereinen Bottom-Up-Prozesse und somit auch Kooperation und Selbstorganisation von entscheidender Bedeutung. Beim Vergleich zu Partizipationsprojekten sind jedoch auch Top-Down-Prozesse beteiligt. Diese beiden Unterschiede zeigen sich auch in der Anwendung des Modells, denn es arbeitet die *strukturellen Aspekte gemeinsamer Entscheidungsprozesse* heraus. Das abstrakt gehaltene Modell wird dann in den drei Fällen *Wikipedia (Kapitel 4.2.3), Verein (Kapitel 4.2.4) und Partizipation (Kapitel 4.2.5)* konkretisiert. Insbesondere die Beziehungen zwischen den Komponenten werden dabei herausgearbeitet und jeweils spezifiziert. Dazu wird für die Interpretation „Wikipedia als Verein" das soziale Kapital mit Hilfe der vier Dimensionen (vorgestellt in Kap. 4.1.3) bestimmt. Karina Rasches (2005) Methode zur Messung von Partizipationsintensität wird im Rahmen der Interpretation

---

[87]Ganz im Gegensatz zu sozialisitischen Staaten, bei denen Top-Down-Prozesse dominieren und Bottom-Up-Prozesse einer autonomen Zivilgesellschaft systematisch unterdrückt werden, da sie die Stabilität des Systems gefährden [Fein u. Matzke (1997, S. 28)]

[88]Zur Diskussion über Legitimität siehe z.B.: H. Matthöfer: Bürgerbeteiligung und Bürgerinitiativen (1977), C. Schmitt: Legalität und Legitimität (1980), N. Luhmann: Legitimität durch Verfahren (1983), M. Weber: Wirtschaft und Gesellschaft (Neuausgabe 19.-23. Tsd. 1985), J. Habermas: Legitimitätsprobleme im Spätkapitalismus (1989), Legitimität gegen Legalität, hg. v. H. Hofmann (1995)

„Wikipedia als Beteiligungsprojekt" hinzugezogen. Ihr Modell enthält sechs Intensitätsdimensionen, die je mit einer zentralen Fragestellung definiert werden:

Intensitätsdimension	Zentrale Fragestellung
Aktivität	Können die Stakeholder aktiv am Planungsprozess teilnehmen, ihre Meinungen und Ideen äußern und gegebenenfalls sogar Planoptionen mitdiskutieren?
Egalität	Haben alle Stakeholder ähnliche Chancen zur Einflussnahme auf das Ergebnis?
Transparenz	Werden die Stakeholder umfassend über das Projekt sowie die Prozedur der Partizipation und Entscheidungsfindung informiert?
Machtabgabe	Gibt die Behörde Macht an die Stakeholder ab? Haben ihre Meinungen einen formellen Status bei der Entscheidungsfindung?
Flexibilität	Erfolgt die Einbeziehung zu einem Zeitpunkt, zu dem zentrale Fragen der Projektgestaltung noch offen zur Diskussion sind?
Reichweite	Beschränkt sich die Partizipation auf eine kleine Gruppe von Repräsentanten oder wird auch die Masse der Stakeholder einbezogen?

Intensitätsdimensionen, entnommen aus Rasche (2005, S. 10)

Diese sechs Dimensionen beziehen sich auf verschiedene Aspekte innerhalb des Partizipationsprozesses. Sie werden nun in dem Modell dieser Arbeit verortet.

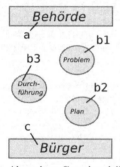

Abstraktes Grundmodell gemeinsamer Entscheidungsprozesse (eigene Abb.)

Folgende Komponenten sind im abstrakten Grundmodell enthalten. In eckigen Klammern sind die zugehörigen Intensitätsdimensionen nach Rasche (2005) angegeben, die zur Messung der Partizipationsintensität in Kapitel 4.2.5 auf Wikipedia bezogen werden.

- a) **Behörde** steht für eine rahmengebende Institution oder Organisation bzw. Autorität[89]. Grundsätzlich lassen sich zwei Extremfälle von Strategien im Umgang mit den Bürgern verfolgen: Entweder stellt die Behörde eine Bühne für die

---

[89]In Bottom-Up-Prozessen fehlt die Behörde als Akteur meist völlig. Durch den demokratischen Rechtsstaat wird bereits ein Raum zur freien Selbstorganisation geschaffen. Infrastruktur und Grundsätze können durch andere regierungsunabhängige Akteure bereit- und aufgestellt werden. Diese Akteure sind z.B. in Form von Vereinen und Stiftungen organisiert.

Bürger (bzw. Stakeholder) bereit und hält sich mit dem Einfluss auf Entscheidungen zurück [MACHTABGABE], oder entscheidet ohne die Bürger einzubeziehen. Hier stellt sich auch die Frage in wie weit Informationen zum Entscheidungsprozess und Ablauf rechtzeitig offen gelegt werden [TRANSPARENZ].

- **b1) Problem**: Ausgangspunkt ist immer ein Problem, eine Idee oder eine bestimmte Sicht der Dinge, die so die Motivation für einen Veränderungsprozess schaffen. Hier entsteht die Schwierigkeit, dass verschiedene Akteure das Problem unterschiedlich wahrnehmen. Die erste große Herausforderung ist somit eine gemeinsame Sicht des Problems zu finden. Unterschiedliche Interessen müssen gegenseitig anerkannt und respektiert werden (vgl. dazu *Key ingredients for social learning in resource management*: Pahl-Wostl u. Hare (2004, S. 195)).

- **b2) Plan**: Aus der gemeinsamen Sicht eines Problems entstehen verschiedene Lösungspläne. Zentrale Frage dabei ist: Wer entwirft die Pläne, erfolgt zu diesem Zeitpunkt bereits eine Beteiligung [FLEXIBILITÄT]? Wie intensiv kann eine Beteiligung sein [AKTIVITÄT]? Auch dieser Schritt beinhaltet unmittelbare soziale Aspekte wie Machtabgabe, Beteiligung und Offenlegung von Informationen.

- **b3) Durchführung**: Nach der Wahl eines Plans zur Lösung des Problems muss dieser umgesetzt werden. Wer ist daran beteiligt? Wie wird geregelt, wer den Plan umsetzt? Wann wird der Plan umgesetzt? Wie wird mit Problemen bei der Durchführung in Bezug auf die vorangegangenen Schritte umgegangen?[90]

Die drei Schritte vom Problem zum Plan und zur Durchführung können auf verschiedene Weise verbunden sein. Bei der Durchführung eines einzelnen Projektes, das also auf ein zentrales Problem und eine bestimmte Zeitspanne begrenzt ist, werden diese Schritte sequentiell durchgeführt. Wenn jedoch immer wieder Projekte durchgeführt werden, könnte eine Rückkopplung zwischen den einzelnen Schritten zum Vorschein kommen (z.B. durch Lernen aus Fehlern in der Durchführung etc.).

- **c) Bürger**: Kann im Sinne von Stakeholder verstanden werden. In der Praxis handelt sich aber oft nur um eine Teilgruppe der betroffenen Bürger, die aktiv ihre Interessen anmelden. Wichtig in diesem Zusammenhang ist: Wer beteiligt sich? Wer darf sich beteiligen [REICHWEITE]? Wie gleich sind die Chancen zur Beteiligung [EGALITÄT]?

---

[90]Die Durchführung, als unmittelbare Konsequenz der Entscheidung: Ursprünglich wurden Abstimmungen von den wehrtauglichen Männern durch ihren gehobenen oder gesenkten Speer für Krieg oder Frieden durchgeführt. Diese Entscheidung war mit unmittelbaren Konsequenzen verbunden, da die *Wahlberechtigten* direkt vom Ausgang der Wahl betroffen waren. Gleichzeitig trugen sie so auch einen Teil der Verantwortung selbst. Heute wird die physische Durchführung einer Entscheidung meist unabhängig von denjenigen geführt, die die Entscheidung treffen: Nach der Ausschreibung zur Durchführung des Projektes wirdnormalerweise zwischen verschiedenen kommerziellen Anbietern ausgewählt – das ist offenbar ein Grund warum Rasche diesen (für Wikipedia und Vereine wichtigen) Aspekt der Durchführung in ihrem Modell ausklammert.

Aus einem einfachen Modell entsteht eine komplexe soziale Dynamik. Sie beginnt mit der Wahrnehmung und unterschiedlichen Interpretationen des Problems, völlig unterschiedliche daraus resultierende Lösungsansätze bis hin zu verschieden hoher Bereitschaft, sich für die Durchführung der Lösung einzusetzen bzw. Mittel einzubringen. Die Voraussetzungen für diesen Prozess liegen in der Gemeinschaft und betreffen z.b. Bereiche wie soziales Vertrauen oder die Bereitschaft, Verantwortung für die Gemeinschaft zu übernehmen.

4.2.3 Anwendung des Modells auf Wikipedia

Um die Ideen des Modells deutlich zu machen, zeige ich zuerst, wie sich das Modell im Wikipedia-Kontext anwenden lässt. Auf der Makroebene könnte die Internetenzyklopädie auf folgende Weise analysiert werden:

- **Problem:** Z.B. in Form einer Feststellung: *Es existiert keine frei zugängliche digitale Enzyklopädie.* Möglicherweise wurde von vielen dieses Problem nicht wahrgenommen, da z.b. eine zeitlang die Encyclopædia Britannica ihr digitalisiertes Lexikon für alle Internetbenutzer frei schaltete. Erst als dieser Dienst gebührenpflichtig wurde, zeigte sich die Abhängigkeit der Nutzer vom Verlag[91] und somit das berechtigte Misstrauen gegenüber den wirtschaftlichen Akteuren, wenn es darum geht, Informationen frei im Internet zur Verfügung zu stellen.

- **Plan:** Verschiedene Pläne wurden zur Umsetzung einer Internetenzyklopädie entwickelt:

  - Interpedia: scheitert wegen Uneinigkeiten über die Details für den *Plan* (vgl. Kap. 2.1.2),

  - Nupedia: wurde gegründet, Details zur Umsetzung festgelegt, doch das Projekt scheitert an der *Durchführung* (vgl. Kap. 2.1.2),

  - Wikipedia: Eine Art Versuch („Spaßprojekt", siehe Kap.1.1) für eine andere Art der *Durchführung* gelingt.

Bezieht man dieses Modell nun auf der Mikroebene auf das Entstehen einzelner Artikel, wird die Problemdefinition eindeutiger. Die Erstellung des Plans fällt weg und es entsteht eine Rückkopplung zwischen Problem und Durchführung.

---

[91]siehe zu diesem Punkt auch „Instabilität" in Kap. 4.3.3

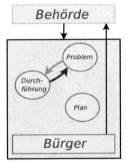

Organisationsprozesse bei Wikipedia (eigene Abb.)

- **Behörde**: Die Wikipedia Foundation ist hier die rahmengebende Organisation, die die Bühne (gepunktet gerahmt dargestellt) in Form von Internetservern für das Projekt bereitstellt jedoch Wikipedia inhaltlich nicht beeinflusst. Finanziert wird sie u.a. durch Spenden von Privatpersonen (Bürger). Der Staat wird in der Regel auf Veranlassung Dritter tätig, wenn diese ihre Rechte durch Wikipedia verletzt sehen (z.b. in Form einer zivilrechtlichen Klage bei Urheberrechtsverletzungen).

- **Bürger**: Wikipedia darf durch alle frei (im Sinne der Lizenz für ▷Freie Inhalte) verwendet werden. Wikipedia kann jedoch nur von Personen mit Internetzugang und Grundwissen über das Medium WorldWideWeb benutzt werden. Diejenigen, die zusätzlich das Wiki-Prinzip der Software beherrschen, können direkten Einfluss auf Artikel nehmen. Bei jedem ist die Möglichkeit der Einflussnahme fast gleich. Das Projekt wird jedoch hauptsächlich durch eine Gemeinschaft aus aktiven Benutzern getragen.

- **Problem**: wie oben, nur konkreter definiert. Z.B.: *Wikipedia sollte einen Artikel über Thema X haben* (dargestellt mit hellem Pfeil von Problem zur Durchführung).

- **Plan**: entfällt bei der Entwicklung von Artikeln, bzw. findet nur in anderen Bereichen innerhalb der Gemeinschaft statt, beispielsweise um gemeinsame Aktionen zur Qualitätsverbesserung von Artikeln vorzubereiten.

- **Durchführung**: Pragmatisch, indem eine erste Version des Artikels geschrieben wird. Dann stellt sich eventuell die Hürde des ▷Löschantrags, durch den die Community kontrolliert, ob der Artikel tatsächlich bei Wikipedia aufgenommen werden sollte (dargestellt durch den dunklen Pfeil von Durchführung zum Problem, da die Durchführung zu einem neuen Problem geworden ist).

Es lassen sich noch eine ganze Reihe anderer „Problem-Durchführung-Problem"-Zyklen bei der Entwicklung von Artikeln aufzeigen. Dabei ist noch hervorzuheben, dass eine Durchführung jederzeit ohne Aufwand rückgängig gemacht werden kann und wie ein abgelehnter Vorschlag wirkt. Die Rekursion führt in diesem Fall zum Freisetzen kreativer Energie (vgl. dazu „Niedrige Transaktionskosten" in Kap. 3.1.3). Im virtuellen Raum gibt es Fälle, bei denen langfristige Planung nicht notwendig ist. Das hat damit zu tun, dass Zustandsänderungen der Welt nicht wie im physikalisch geprägten Raum extrem aufwändig und fast unumkehrbar sind: Ein Artikel kann nach und nach erweitert und verändert werden und ist nie in einem definitiv abgeschlossenen Zustand. Diese Tatsache vereinfacht auf der einen Seite die sozialdynamischen Aspekte des Modells nachhaltig, da pragmatischer und konstruktiver an einem Artikel gearbeitet werden kann. Auf der anderen Seite treten dennoch bekannte soziologisch analysierte Probleme und Phänomene auf, von denen einige im Kapitel 4.3 als weitere Erklärungsansätze vorgestellt werden.

4.2.4 Wikipedia im Vergleich: Freiwilligenarbeit in gemeinnützigen Vereinen

In diesem Kapitel wird die Sichtweise aus Kapitel 4.1.3 vertieft: Der Verein als kleine selbstorganisierte Gemeinschaft, die Verantwortung übernimmt, demokratisch organisiert ist und soziales Vertrauen generiert. Zur Messung des sozialen Vertrauens werden Ausprägungen der Organisations-, Kontakt-, Zweck- und Sozialdimension in Bezug auf Wikipedia bestimmt.

Aus der unmittelbaren persönlichen Freiheit lässt sich juristisch das Versammlungsrecht ableiten, das u.a. durch das Vereinswesen ausgeübt wird und so zu einem Grundpfeiler der demokratischen Ordnung wird. Es bezeichnet das Recht der Staatsbürger zu gemeinsamen Zwecken, die bei Vereinen durch eine Satzung festgelegt werden, sich zu vereinigen und gemeinsame Ziele gemeinsam anzustreben (Vereinigungsfreiheit, Recht der Assoziation).

Gesellschaftlich übernehmen Vereine in Deutschland eine Vielzahl von Aufgaben im Freizeitbereich, im kulturellen und sozialen Bereich und neben Verbänden und karitativen Organisationen eine wichtige Form von Frewilligenorganisationen. Im Zusammenhang mit den Aktivitäten der Freiwilligen schreibt von Rosenblatt (2000, S. 71ff) „43% aller Tätigkeiten finden im Rahmen eines Vereins statt" .

Die Aufgabenfelder, die Vereine abdecken, sind thematisch sehr umfangreich und vielseitig. Es handelt sich um eine etablierte Organisationsform mit dem Ziel, gemeinsam gemeinsame Probleme zu lösen. Auch die Art wie Vereine sich zusammensetzen und sich organisieren (z.B. Modell *Teamarbeit* vs. Modell *Hierarchische Struktur* vgl. Jütting u. a. (2003, S. 77/78)), ist sehr unterschiedlich. Somit lässt sich statistisch z.B. die Motivation zur Mitarbeit in Vereinen zwar untersuchen, aber die Streuung bei den angegebenen Motiven ist sehr hoch, deshalb kann der Vergleich von Motiven zu Mitarbeit in Vereinen und bei Wikipedia nur ein Ansatzpunkt zur Untersuchung in dieser Arbeit sein.

Zuerst folgt ein Vergleich der Organisationsstrukturen mithilfe des vorgestellten Modells. Dann werden Ähnlichkeiten auf Struktur und Prozessebene aufgezeigt, ein Vergleich der Motive durchgeführt und das Konzept des sozialen Kapitals eingebunden.

Das Modell bezogen auf die Organisationsstruktur „eingetragener Verein"

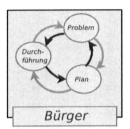

Organisationsprozesse bei Vereinen (eigene Abb.)

Im Kontext der Vereine ergibt sich folgende Ausprägung des Modells, bei der die einzelnen Komponenten konkretisiert werden:

- **Behörde**: Vereine sind ihre eigene Organisation. Abhängigkeit besteht nur sehr begrenzt, z.B. durch die Geldgeber. Wenn beispielsweise eine Stiftung einen Verein unterstützt, die auch eigene Zwecke verfolgt, kann es passieren, dass sie sich nicht vollständig mit denen des Vereins decken.

- **Bürger**: Vereine haben meist nicht den Anspruch alle Bürger einzubeziehen. Somit ist immer nur eine Teilgruppe der Bürger an einem Verein beteiligt und das Legitimationsproblem besteht nur innerhalb des Vereins. Allerdings hängt dieser Aspekt von der Zweckdimension ab, auf der stark außenorientierte aber auch sehr nach innen orientierte Vereine zu finden sind.

- Vereine sind meist durch ihre Arbeit bei Problem, Plan und Durchführung beteiligt (helle Pfeile). Gleichzeitig fließt die Erfahrung von vorherigen Zyklen in die Arbeit ein (dunkle Pfeile). So wird ein Lerneffekt ermöglicht.

  - **Problem**: Wird meist abstrakt durch den Vereinszweck festgelegt. In diesem Rahmen bilden sich verschiedene Aspekte des Problems heraus.

  - Der **Plan**: Ist entweder teilweise durch die langfristige Vereinsarbeit festgelegt oder wird, falls der Verein auf Projektbasis arbeitet, jeweils neu diskutiert und entworfen. Hier stoßen verschiedene Meinungen und Erfahrungen aufeinander und die Herausforderung besteht darin, sich für einen Plan zu entscheiden, der von möglichst vielen Mitgliedern getragen wird und der gleichzeitig im Rahmen des Vereins durchführbar ist.

  - **Durchführung**: Meist wird die Arbeit durch Mitglieder im Verein durchgeführt, wenn die Mitglieder entsprechende Kompetenzen einbringen. Dies hängt damit zusammen, dass Vereine meist versuchen, auf Freiwilligenbasis zu arbeiten, also die Ressourcen zu nutzen, die durch die Mitglieder und ihr Engagement bereitgestellt werden. Die Bedingung für Selbstorganisation ist somit das Vorhandensein diverser Erfahrungen und Kompetenzen, die durch die Mitglieder in den Verein getragen werden.

Auswertend lässt sich somit in Bezug auf Wikipedia feststellen, dass die Durchführung ebenfalls durch die Freiwilligen umgesetzt wird und ein hoher Grad an Selbstorganisation festzustellen ist. Dadurch, dass Problem, Plan und Durchführung meist durch die gleichen Personen getragen werden, können Lernprozesse entstehen und so die Fähigkeit zur Selbstorganisation gestärkt werden. Im Unterschied zu Wikipedia sind jedoch in Vereinen meist relativ aufwändige Planungsprozesse notwendig, die oft auf Konsens der Mitglieder angewiesen sind. Die Mitglieder engagieren sich meist freiwillig und könnten aus dem Verein austreten, wenn sie den Eindruck gewinnen, dass ihre Stimme, Meinung und Erfahrung im Verein keine Anerkennung findet.

Die Satzung als gemeinsame Grundlage und ihre Stabilität
Alle eingetragenen Vereine haben eine Satzung, in der u.a. der Zweck des Vereins festgeschrieben ist. Die Mitglieder arbeiten unter der Satzung meist freiwillig zusammen. Die Satzung ist somit die formalisierte Form einer gemeinsamen Grundlage. Durch sie wird auch eine demokratische Organisationsform vorgeschrieben: Die Satzung ähnelt einer Verfassung für eine Gruppe. Hier werden der Status der Mitgliedschaft, die Einflussnahme durch Mitgliederversammlungen und die Wahl des Vorstands festgeschrieben. Eine formale schriftliche Form der Satzung und des in ihr enthaltenen Vereinszwecks ist zwingende Voraussetzung, um den Status des eingetragenen Vereins (e.V.) [92] erhalten zu können und somit in das Vereinsregister aufgenommen zu werden.

Wikipedia hat keine Satzung oder Verfassung und somit keine formellen Reglungen zu deren Änderung. An Stelle der Satzung stehen gemeinsam anerkannte Grundsätze, die in Kapitel 2.2.1 dargestellt wurden: „*Wir schreiben eine öffentliche Enzyklopädie*". Während viele Reglungen innerhalb Wikipedias ständig diskutiert und ggf. angepasst werden, sind die gemeinsamen Grundsätze (siehe z.B. WP_DE: WIKIPEIDA: GRUNDSÄTZE) stabiler und langfristiger angelegt und wurden bisher nicht geändert, sondern nur genauer formuliert. Versuche sie zu ändern führten durch besonders hartnäckige Vertreter zu unabhängigen Ablegern von Wikipedia (in 2.1.3, Abschnitt „Entwicklung der Wikipedia" aufgeführt), die parallel neben Wikipedia existieren, aber bisher nicht die Wikipedia-Gemeinschaft spalten konnten, denn offenbar stehen die bisherigen Grundsätze auf breiter Basis und finden Anerkennung. Wichtigstes Element der gemeinsamen Grundlage ist der ▷Neutrale Standpunkt, durch den viele Entscheidungen und Ergänzungen bewertet und somit zugelassen oder abgelehnt werden können.

Auch in Vereinen ist diese Problematik präsent. Mit den grundsätzlichen Zielen, die in der Satzung festgeschrieben sind, stimmen die meisten Mitglieder überein,

---

[92] Jütting u. a. (2003, S. 29) weisen auf eine Vielzahl nicht eingetragener Vereine hin, die oft keine formalisierten Strukturen vorweisen. Es handelt sich dabei meist um kleinere Vereinigungen, die den Rechtsstatus des eingetragenen Vereins nicht benötigen.

da sie sich freiwillig für eine Mitgliedschaft entschieden haben. Über die Art der Umsetzung dieser Ziele herrscht jedoch schnell Uneinigkeit. Bei Vereinen kann es dann zu folgenden Szenarien kommen:
Einzelne Mitglieder können ihre Vorstellung über die Umsetzung der in der Satzung festgelegten Grundsätze..

- ..nicht durchsetzen: Ihr Engagement sinkt und sie treten eventuell aus dem Verein aus,

- ..teilweise umsetzen: Lange Diskussionen führen zu einer parallelen Vorgehensweise, indem verschiedene Ansätze zur Umsetzung gleichzeitig versucht werden. Alternativ kann jeder einen separaten Verein mit ähnlichen Zielen gründen, der in Konkurrenz zu dem ersten Verein steht. Es kann jedoch auch zur Auflösung des Vereins kommen, wenn keine gemeinsamen Vorstellung über die Vorgehensweise besteht.

- ..vollständig durchsetzen: Z.B. durch Aufstieg in der Vereinshierarchie oder indem andere Mitglieder überzeugt werden. Es kann durchaus zu einer Änderung bzw. Spezifizierung der Satzung durch die Mitgliederversammlung kommen.

Dilemma: Innovation und Produktivität

Die beschriebene Abspaltung kann in beiden Fällen positive und negative Effekte haben. Wie im ▷Open Source-Bereich kann eine Projektaufspaltung (▷Fork) dazu führen, dass mehrere kleine Softwareprojekte entstehen, die nicht in der Lage sind, schnell genug qualitativ hochwertige Software zu entwickeln, was insgesamt zu einer Schwächung dieses Sektors führt (hoch innovativ, jedoch nicht produktiv, siehe in diesem Zusammenhang auch Ortmann (1995)). Auf der anderen Seite konnte am Anfang Wikipedias niemand genau wissen, welche Strategie zum Erfolg führen würde. Nur die Praxis kann manchmal zeigen, ob ein neu geschaffenes komplexes System, durch eine Community getragen werden kann oder nicht. Wichtig dabei ist z.B. die Fähigkeit der Community, auf neue Probleme reagieren zu können (eine Bedingung dazu ist Selbstbeobachtung, vgl. Kap. 1.4). Auch ist denkbar, dass verschiedene Enzyklopädien nebeneinander bestehen, die unterschiedliche Schwerpunkte setzen und sich deutlich voneinander abgrenzen können.

Bei Vereinen finden ähnliche Prozesse statt. Beispielsweise existieren in vielen Bereichen meist mehrere Vereine nebeneinander (z.B. verschiedene Sportvereine innerhalb eines Ortes), die verschiedene Schwerpunkte setzen, aber gemeinsam ähnliche Ziele verfolgen und möglicherweise zusammenarbeiten (z.B. um den Sport in diesem Ort fördern). Auf diese Weise entsteht durch Parallelität der Vereine eine zusätzliche Stabilität und die Abhängigkeit von einer Organisation sinkt. Ein gewisses Maß an Konkurrenz ist somit hier wünschenswert und muss sich nicht unbedingt wie im wirtschaftlichen Bereich in Form eines Gegeneinander zeigen.

Motivation zur freiwilligen Mitarbeit

Vereine können nur durch eine Mindestanzahl freiwilliger und aktiver Mitglieder langfristig überleben. Insofern sind sie ständig dazu gezwungen, auf sich aufmerksam zu machen und neue Mitglieder zu werben. Gleichzeitig muss die Umgangsweise miteinander im Verein so sein, dass die freiwilligen Mitglieder engagiert bleiben und ihre Motivation nicht sinkt. Diese Aufgabenbereiche werden unter dem Begriff *Freiwilligenmanagement* zusammengefasst. Hier ergeben sich viele Parallelen zu dem in Kapitel 3.2.2 vorgestellten Untersuchungen bei denen auch die extrinsischen Motivationsfaktoren (z.B. Geld, Anerkennung, usw.) von Teams thematisiert wurden. So zeigt sich im wirtschaftlichen Bereich, dass bei gut funktionierenden Teams der monetäre Faktor für die Teammitglieder eher von zweitrangiger Bedeutung ist.

In dem 1999 durchgeführten Freiwilligensurvey [von Rosenblatt (2000, S.112-116)] wurden die freiwillig Engagierten nach den Beweggründe für ihr Engagement gefragt:

(a) Wie wichtig ist dieser Punkt?
(Skala 1-5, 1: „unwichtig" bis 5: „außerordentlich wichtig", Mittelwerte)
(b) In welchem Umfang trifft das tatsächlich zu?
(Skala 1-5, 1: „trifft nicht zu" bis 5: „trifft in vollem Maße zu", Mittelwerte)

		(a)	(b)
1.	Dass die eigene Tätigkeit Spaß macht	4,5	4,4
2.	Mit sympathischen Menschen zusammenkommen	4,2	4,1
3.	Etwas für das Gemeinwohl tun	4,1	3,8
4.	Anderen Menschen helfen	4,1	3,9
5.	Eigene Erkenntnisse und Erfahrungen erweitern	3,9	3,6
6.	Eigene Verantwortung und Entscheidungsmöglichkeit haben	3,5	3,4
7.	Für die Tätigkeit auch Anerkennung finden	3,3	3,5
8.	Berechtigte eigene Interessen vertreten	2,8	2,7
9.	Eigene Probleme selbst in die Hand nehmen	2,6	2,5
10.	Dass die Tätigkeit auch für berufliche Möglichkeiten nutzt	2,2	2,0

Quelle: von Rosenblatt (2000, S.112-116)

Vergleicht man diese Ergebnisse mit den untersuchten Motiven (EKM-Modell) zur Motivation in ▷Open Source-Projekten (Kap. 3.2.2) und Wikipedia (Kap. 3.4.3) trifft man auf einige Schwierigkeiten, da es sich um völlig anders konzipierte Studien handelt.

Generell lässt sich jedoch eine Überlappung verschiedener Motivationskomponenten feststellen. In allen drei Bereichen ist die hedonistische Komponente hoch bewertet, was möglicherweise eng damit zu tun hat, dass die Tätigkeiten freiwillig durchgeführt werden: Würden sie kein Spaß machen, würde man sich nicht in dem Maße freiwillig engagieren. Soziale und politische Motive wurden ebenfalls in allen drei Studien angegeben. Diese treten zusammen mit egoistischen Motiven auf, wie beispielsweise die Möglichkeit, durch die Tätigkeit etwas zu lernen, und wurden in allen drei Studien als wichtig bewertet.

Unterschiede hängen mit der Art der Kooperation in Bezug auf Gruppenarbeit zusammen.

1. In Vereinen ist der Geselligkeitsaspekt (Zusammenkommen mit sympathischen Menschen) wichtig, er wird getragen durch das physische Zusammenkommen von der Größe her überschaubarer Gruppen.

2. Im Open Source-Bereich findet auch oft eine Gruppenarbeit statt, die relativ stabil ist, jedoch nur im virtuellen Raum stattfindet.

3. Bei Wikipedia scheint die Teamarbeit eine eher geringere Rolle zu spielen.

Somit ergeben sich in diesem Bereich Abstufungen und folglich unterschiedlich stark bewertete Motive. Die Freiwilligkeit und die damit zusammenhängenden Motive sind jedoch verbindendes Element zwischen allen drei Bereichen.

Klassifikation des sozialen Kapitals bei Wikipedia
Vertieft man die in Kapitel 4.1 vorgestellte Skala zur Messung des Sozialkapitals, kann man die vier Dimensionen in Bezug auf Wikipedia folgendermaßen spezifizieren:

- Die **Organisationsdimension** ist schwer zu bestimmen. Auf der einen Seite könnte man argumentieren, dass sie höchst informell ist, da keinerlei Organisationsform vorliegt. Auf der anderen Seite haben sich in kurzer Zeit viele Regeln und Rollen (vgl. vorgestellte Benutzertypen in Kapitel 2.2.3) etabliert, die sich relativ stabil reproduzieren. Am Rande der virtuellen Gemeinschaften entstehen formale Organisationen, wie beispielsweise die Wikimedia-Stiftung (vgl. Kap. 2.3.1) oder der Wikimedia Deutschland e.V. (vgl. Kap. 2.3.2). Somit bewerte ich die Organisationsdimension als *formell*.

- Die **Kontaktdimension** ist nicht einheitlich bestimmbar, da eine hohe Varianz vorliegt. Die Mitarbeit durch anonyme Benutzer kann als sehr sporadische und möglicherweise einmaliger Kontakt eingestuft werden. Auf der anderen Seite zeichnet sich die aktive Wikipedia-Gemeinschaft durch regelmäßige Mitarbeit aus. Durch die ▷Beobachtungsliste ist für die Mitarbeit charakteristisch, dass Benutzer die Änderungen sowie Diskussionsbeiträge anderer Benutzer in bestimmten Themenbereichen verfolgen und so Interaktion zu Stande kommt. Auf der anderen Seite muss hier die Anonymität des Internets hervorgehoben werden. Die Art der Interaktion schätze ich insgesamt anders als bei den typischen Formen der Freiwilligenarbeit ein, da man nicht persönlich am gleichen Ort zur gleichen Zeit zusammenkommt. Dass trotzdem ein Bedürfnis nach dieser Art der Interaktion besteht, kann man an den Treffen der Wikipedianer[93] ablesen. Durch sie werden die Kontakte aus der virtuellen Gemeinschaft in die physisch geprägte Welt getragen.

- Die **Zweckdimension** lässt sich recht klar bestimmen: Wikipedia ist stark *außenorientiert*, da ein für alle frei zugängliches Gut in Form einer Enzyklopädie aufgebaut und bereitgestellt wird.

---

[93]Siehe dazu: WP_DE: WIKIPEDIA: TREFFEN_DER_WIKIPEDIANER

- Die **Sozialdimension** kann man mithilfe der Ergebnisse von Jäger u. a. (2005) als *heterogen*, also brückenbildend einstufen. Indikatoren dazu sind z.b. die Altersstruktur (Median 30, und hohe Standardabweichung 11) oder verschiedene Bildungsabschlüsse der Wikipedianer. Hervorzuheben ist jedoch, dass das Geschlechterverhältnis der angemeldeten Benutzer sehr unausgeglichen ist (84% männlich) und dass die Aktivität gute Sprachkenntnisse voraussetzt. Gerade in der englischsprachigen Wikipedia zeigt sich jedoch eine Zusammenarbeit über Grenzen des Nationalstaates hinweg. Um eine Enzyklopädie mit einer solchen thematischen Vielfalt aufzubauen, ist eine sehr heterogene Gemeinschaft notwendige Voraussetzung.

Somit sind alle vier Dimensionen stark ausgeprägt. Die Kontaktdimension ist jedoch dabei ein Sonderfall, da der Kontakt in der virtuellen Gemeinschaft viel unverbindlicher und anonymer geprägt ist. Zwar finden viele Interaktionen zwischen den Wikipedianern statt, aber sie sind eher sachbezogen und unverbindlich.

4.2.5 Wikipedia im Vergleich: Partizipation, Zusammenarbeit bei öffentlichen Angelegenheiten

Dieses Kapitel basiert auf verschiedenen Arbeiten, die Projekte zur Bürgerbeteiligung wissenschaftlich begleiten. Insbesondere wird auf Beiträge von Bouwen u. Taillieu (2004), Pahl-Wostl u. Hare (2004) und Fischer u. a. (2004) zurückgegriffen, um eine Sichtweise zu entwickeln, die Wikipedia mit Bürgerbeteiligungsprojekten in Verbindung bringt. Zuerst wird jedoch das Modell auf diese Organisationsform angewandt und die vorgestellte Messung der Intensität von Partizipation bei Wikipedia durchgeführt.

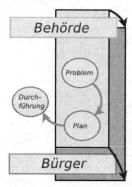

Organisationsprozesse bei Bürgerbeteiligung (eigene Abb.)

Das Modell bezogen auf die Organisationsstruktur „Bürgerbeteiligung"
Bürgerbeteiligung ist in dieser schematischen Darstellung durch die dunkelen Pfeile dargestellt: Problemerkennung und Planerstellung werden normalerweise durch

die Behörde ausgeführt. Nach dem Entschluss für einen Plan zur Umsetzung folgt normalerweise eine Ausschreibung und die Durchführung geschieht in Form eines kommerziellen Auftrags. Die Prozesse Problem und Plan werden nicht mehr ausschließlich durch die Behörde durchgeführt, sondern die Bürger werden als Stakeholder in diese Prozesse einbezogen.

Wenn man Wikipedia als ein Bürgerbeteiligungsprojekt interpretiert, kann man die Partizipationsintensität messen. Hier ergibt sich jedoch die Schwierigkeit, dass Wikipedia mit einem gewöhnlichen Partizipationsprojekt nur teilweise vergleichbar ist. Zur Bestimmung der Ausprägung der Intensität wird deshalb auf Wikipedia-ähnliche Projekte zurückgegriffen, die in Kapitel 2.1.2 vorgestellt wurden. Dabei ergeben sich folgende Ausprägungen der Intensitätsdimensionen:

- **Aktivität** (zur Teilnahme am Planungsprozess): Die Ausprägung dieser Dimension kann nicht bestimmt werden, da fast keine Planungsprozesse auftreten. Nur innerhalb der Community werden Pläne für Aktionen entwickelt, bei denen dann alle teilnehmen können. Bei den Veränderungen und Ergänzungen der Software können prinzipiell alle teilnehmen, hier findet eine Diskussion statt, bei der sich alle am Plan für Änderungen an der Software beteiligen können.

- **Transparenz** (von Wissen für den Entscheidungsprozess): Wikipedia weist eine sehr hohe Transparenz dadurch auf, dass alle Verfahren innerhalb des ▷Portals dokumentiert sind. Selbst auf Diskussionen zur Veränderung der Verfahren als auch auf die Diskussionen rund um die Prozesse und Artikel können alle zugreifen. Eine so hohe Transparenz ist mir bei keiner anderen virtuellen Gemeinschaft bekannt.

- **Egalität** (der Stakeholder): Bei Everything2 (vgl. Kap 2.1.2) verändern sich die Möglichkeiten der Einflussnahme durch die Vergabe von Erfahrungspunkten. Anfänger haben somit einen geringeren Einfluss als Fortgeschrittene. Bei Wikipedia ist das nicht der Fall, da schon die Rechte der anonymen Benutzer recht ausgeprägt sind. Administratoren haben mehr Einfluss, werden jedoch von der Gemeinschaft gewählt. Kandidaten für das Administratorenamt müssen eine bestimmte Anzahl an Änderungen innerhalb Wikipedias durchgeführt haben.

- **Machtabgabe** (der Behörde): Auch diese Ausprägung ist nicht bestimmbar, da durch die umfangreichen Benutzerrechte aller Benutzer in Wikipedia bereits die Macht verteilt ist. Zählte man die Wikipedia Foundation als Behörde, so ist festzustellen, dass diese inhaltlich nicht eingreift und so die Unabhängigkeit Wikipedias gewährleistet.

- **Flexibilität** (der Projektgestaltung): entfällt teilweise, aufgrund der geringen Kosten der Zustandsänderungen. Änderungen können einfach rückgängig gemacht werden. Generell gilt, dass alle Reglungen - bis auf den ▷Neutralen Standpunkt - innerhalb von Wikipedia prinzipiell jederzeit verhandelbar sind.

Jede Reglung ist in Artikelform niedergelegt und folglich auch mit einer Diskussionsseite ausgestattet, die jederzeit genutzt werden kann.

- **Reichweite** (der Einbeziehung): Das System ist offen für alle, dennoch ist die Ausprägung auf der Dimension Reichweite schwer bestimmbar. Zwar wächst die Anzahl der aktiven Benutzer exponentiell, doch den meisten Lesern von Wikipedia-Artikeln dürfte ihre Möglichkeit der Partizipation nicht bewusst sein. Wikipedia ermöglicht die simultane Teilnahme vieler, was im physisch geprägten Raum meist problematisch oder zumindest sehr aufwändig ist.

Parallelen zwischen Bürgerbeteiligung und Wikipedia

Bouwen u. Taillieu (2004, S. 138) definieren Partizipation als *interaktive Partizipation* und verstehen darunter eine Zusammenstellung von Arbeitsformen, durch die Menschen an der Entwicklung und Durchführung von Plänen teilnehmen können, indem sie diskutieren und Beiträge zur Lösung leisten. Dabei steht nicht nur der Planungsprozess im Vordergrund, sondern auch teilweise die Übernahme von Verantwortung.

Im ersten Moment scheint dies widersprüchlich zu der in dieser Arbeit getroffenen Annahme, Partizipationsprozesse seien durch die Schritte Problem und Plan geprägt. Bevor jedoch über Pläne diskutiert werden kann, muss eine ähnliche Perspektive und Einsicht bezüglich des Problems vorliegen. Bürger tatsächlich in die Durchführung einzubinden, ist ein Aspekt, der noch recht rudimentär entwickelt ist (möglicherweise hängt dies damit zusammen, dass die Behörde als Verwaltungseinheit normalerweise nicht unmittelbar selbst die Durchführung umsetzt, sondern durch ausgeschriebene Aufträge diese delegiert und kontrolliert).

Sinnvolle Einbindung der Bürger setzt nach Bouwen u. Taillieu (2004) folgende Aspekte voraus:

- Die Aufgaben sollten problembezogen und umsetzbar sein,

- Der Umfang und somit die Grenzen der Beteiligung sollten klar definiert und akzeptiert sein,

- Partizipation entwickelt sich nur bei offenem und vertrauensvollem Klima.

Demnach handelt es sich bei dieser Art der Partizipation nicht nur um ein Instrument, sondern um ein komplexes soziales System zwischen Struktur und Prozess, das legitimierte Autorität aufbaut und verteilt. Dabei treten nach Bouwen u. Taillieu (2004) drei dynamische Prozesse auf, durch die Verantwortung verteilt wird:

- Austausch zwischen Expertenwissen und experimentellem Wissen,

- Konstruktion eines gemeinsamen Bildes der Wirklichkeit (emergiert durch gemeinsame Erfahrungen),

- Ermächtigung wertvolle Fähigkeiten für wichtige Ziele einzusetzen (schafft Selbstvertrauen).

Alle bisher zitierten Aspekte von Bouwen und Taillieu treffen auch auf Wikipedia zu: Die Verbesserung jedes einzelnen Artikels ist problembezogen und umsetzbar, der Umfang der Beteiligung ist klar definiert, Offenheit und soziales Vertrauen sind ebenfalls für Wikipedia typisch. Expertenwissen und experimentelles Wissen wäre dann z.b. spezielles Wissen in einem Bereich und praktisches Wissen bestünde darin, dieses in Lexikonform zu überführen. Wenn verschiedene Perspektiven zu einem Thema vorhanden sind, muss versucht werden, eine Fassung des Artikels zu entwerfen, in der alle wichtigen Standpunkte neutral dargestellt werden. Wikipedia ermöglicht jedem, sein Wissen in speziellen Bereichen einzubringen und so dem wichtigen Ziel einer freien Wissensquelle nachzukommen.

Bedingung für den Erfolg von *Resource management*[94] ist nach Pahl-Wostl u. Hare (2004), dass soziales Lernen[95] stattfinden kann. Die Akteure müssen die Fähigkeiten entwickeln,

- die verschiedenen Ziele und Perspektiven wahrzunehmen,

- eine gemeinsame Definition des Problems zu finden,

- ein Verständnis dafür zu entwickeln, dass die Akteure unabhängig sind,

- ein Verständnis über Komplexität des Managementsystems zu erlangen,

- Zusammenarbeit zu lernen,

- Vertrauen aufzubauen und

- formelle und informelle Beziehungen im Rahmen des Projektes einzugehen.

Im Bezug auf Wikipedia spielen fast alle diese Fähigkeiten eine zentrale Rolle: Verschiedene Ansichten zu einem Thema müssen in einem Artikel zusammenfließen. Schwierigkeiten entstehen dann, wenn Ideologien aufgedeckt und als solche gekennzeichnet werden müssen (vgl. Kap. 2.1.6). Die gemeinsame Definition des Problems könnte mit dem Entstehungsprozess der Wikipedia-Artikel, die die grundsätzliche Arbeitsweise und Zielsetzung Wikipedias erklären (z.b. WP_DE: WIKIPEDIA: NEUTRALER_STANDPUNKT und WP_DE: WIKIPEDIA: RICHTLINIEN), verglichen werden. Hier führten lange Diskussionen zur Herausbildung dieser Regeln.

Interpretiert man Wikipedia als Wissensmanagementsystem, so fällt auf, dass es sich zwar bei der eingesetzten ▷Wiki-Software um eine simple Software mit nur wenig Funktionen handelt, dass aber dennoch komplexe Verfahrensweisen entstehen (z.b. das Löschverfahren für Artikel). Neue Benutzer müssen diese nach und nach lernen und akzeptieren oder ggf. in Frage stellen und neu diskutieren. Zusammenarbeit

---

[94]Mit diesem Begriff werden insbesondere physische Ressourcen umschrieben (benannt als „natural resources" bei Pahl-Wostl u. Hare (2004)). Übertragen auf den virtuellen Raum wäre Wissen in Form von Lexikonartikeln eine solche Ressource, die gemeinsam verwaltet werden kann.

[95]*Social learning* wird bei Pahl-Wostl u. Hare (2004) definiert: „[resource] management ist not a search for the optimal solution to one problem but an ongoing learning and negotiation process where a high priority is given to questions of communication, perspective sharing and development of adaptive group strategies for problem solving".

muss sich an bestimmten Leitlinien orientieren, die manche Benutzer erst mühevoll erlernen müssen. Sie sind in der WP_DE: WIKIPEDIA: WIKIQUETTE zusammengefasst. Vertrauen verstehe ich in diesem Kontext als soziales Vertrauen, dass bereits als wichtiger Faktor hervorgehoben wurde. Formelle Beziehungen enstehen durch die Benutzertypen bei Wikipedia, das Entstehen von informellen Beziehungen wird durch die Benutzerseiten und die (privaten) Mitteilungen an andere Benutzer unterstützt.

Diese von Pahl-Wostl u. Hare (2004) hervorgehobenen weichen Faktoren sind nicht nur für Beteiligungsprojekte zentral, sondern auch für das Verständnis dafür, warum Wikipedia funktioniert.

Einsatz von Technik bei Partizipation: Meta Design

Die Arbeit von Fischer u. a. (2004) wurde bereits im Zusammenhang mit sozialer Kreativität eingeführt und wird nun um das Konzept *Meta Design* ergänzt. In der Arbeit werden soziotechnische Entwicklungen vorgestellt, die u.a. auch für Planungsprozesse mit Bürgerbeteiligung eingesetzt werden. Dabei steht auch wie im hier diskutierten Ansatz der Zivilgesellschaft das Konzept des sozialen Kapitals im Mittelpunkt der Überlegungen und Entwicklungen. Dazu wird das von Nahapiet u. Ghoshal (1998) entwickelte Modell mit seinen drei Dimensionen[96] genutzt:

- die **strukturelle Dimension**: Beziehungsnetzwerk, das Menschen zur gegenseitigen Unterstützung oder Zusammenarbeit zusammenbringt,

- die **Beziehungsdimension**: das Maß an Vertrauen der Individuen untereinander in die Beziehungen,

- die **kognitive Dimension**: verbindende Kräfte, also gemeinsames Verständnis, Interesse oder Probleme, die die Gruppe zusammenhalten.

Der Begriff *Meta Design* bezieht sich auf technische Systeme (auch Software), die Stakeholder befähigt, von der Rolle des Konsumenten in die eines aktiven „contributers"[97] zu wechseln [Fischer u. a. (2004, S. 3)].

Fischer et al. nutzen ihren Ansatz zusammen mit dem Modell von Nahapiet und Ghoshal um ▷Open Source-Projekte als Systeme vorzustellen, die sensibel für soziales Kapital sind. Interessanterweise werden dabei Charakteristika von Open Source-Projekten hervorgehoben, die weitestgehend auch auf Wikipedia zutreffen. An dieser Stelle fließen somit völlig verschiedene Ideen, die auch in dieser Arbeit vorgestellt wurden, zusammen: Die Analyse von *virtuellen Gemeinschaften*, die hinter Open Source-Projekten stehen, kombiniert mit Putnams Konzeption des *sozialen Kapitals* aus einer Perspektive der *Bürgerbeteiligung*, die sich zum Ziel gesetzt hat, Techniken zu entwickeln, die bei Planungsprozessen, an denen völlig unterschiedliche Stakeholder teilnehmen, zum Einsatz kommen [z.B. „The Envisionment and Discovery Collaboratory (EDC)" Fischer u. a. (2004, S. 13)].

---

[96]Dimensionen aus dem Englischen übersetzt: *structural dimension, relational dimension* und *cognitive dimension*

[97]in der englischsprachigen Arbeit bezeichnet der Begriff *contributer* jemanden der einen Beitrag leistet und somit eine aktive Rolle übernimmt als ein „Mitarbeiter"

Während Open Source-Projekte sich selbst meist durch technische Begrifflichkeiten beschreiben, ist die Voraussetzung für den Erfolg solcher Projekte der Prozsess „collaborative design and construction". Das Endprodukt emergiert aus den Beiträgen der gesamten Community. Soziales Kapital lässt sich somit nach Fischer et al. doppelt auf Open Source-Projekte anwenden: Auf die bestehenden Ressourcen, die die Interaktion der Gruppe bilden, sowie auf den fortlaufenden Prozess der nachhaltigen Gruppenaktivitäten. Die einzelnen Dimensionen des sozialen Kapitals werden folgendermaßen bei Open Source-Projekten spezifiziert:

- Die **strukturelle Dimension** wird auf die Bereiche *Koordination verteilter Arbeit* und *Rollenverteilung* bezogen: Neben bestimmten Quellcodewerkzeugen werden asynchrone Kommunikationsmittel (z.B. E-Mail, oder ein Forum) eingesetzt. Die Rollenverteilung bezieht sich darauf, dass eine Open Source-Gemeinschaft am besten dann funktioniert, wenn ihre Mitglieder verschiedene Fähigkeiten einbringen und sich so optimal ergänzen. Dabei übernehmen sie Rollen, um die einzelnen Arbeitsschritte bewältigen zu können, die zu stabiler Software führen.

- Die **Beziehungsdimension** wird auf den *Unterstützungsprozess* bezogen: Hier wirken zwei Kräfte gegeneinander: Auf der einen Seite ist das Projekt auf durch aktive Benutzer eingereichte Patches (Verbesserungen im Quelltext) angewiesen, es muss also ein Klima herrschen, in dem solche Ergänzungen positiv angenommen werden. Gleichzeitig können aber nicht alle Patches tatsächlich in das Projekt einfließen, da eine gewisse Kontinuität und bestimmte Standards eingehalten werden müssen. Bei Konflikten kann der Projektleiter eingreifen (siehe auch: Kap. 3.2.3 in dem diese Rolle näher vorgestellt wird), normalerweise sind jedoch solche Prozesse durch ausführliche Diskussionen begleitet, die einen Konsens unter allen Beteiligten herbeiführen sollen, da immer die Gefahr einer Projektspaltung (▷Fork) besteht.

- Die **kognitive Dimension** wird durch den *Druck der anderen Programmierer* und durch die *Motivation zur Mitarbeit* konkretisiert. Der Druck besteht darin, guten Quellcode zu schreiben, um von den anderen anerkannt zu werden. Die Motivation zur Mitarbeit wird durch eine Mischung intrinsischer und extrinsischer Motive erklärt, die auch bei Beteiligung von Gemeinschaften außerhalb des virtuellen Raums auftreten. Auf der einen Seite wirken Schleifen positiver Rückkopplung durch die Gemeinschaft und die gemeinsame Arbeit im Projekt, auf der anderen Seite wirkt die Mitarbeit auf einzelne Programmierer intellektuell stimulierend und persönlich bereichernd.

Diese drei Dimensionen und ihre Ausprägungen bei ▷Open Source-Projekten lassen sich fast vollständig auf Wikipedia übertragen. Auch bei Wikipedia wird ähnliche Software eingesetzt (z.B. ▷Versionsgeschichte, asynchrone Kommunikationsmittel, Diskussionsbereiche) und eine flexible Rollenverteilung wurde im Laufe dieser Arbeit unter verschiedenen Gesichtspunkten vorgestellt. Die bei der Beziehungsdimension auftretende Problematik der Beiträge wurde zwar bei Wikipedia bisher nicht beschrieben, aber besteht dort dennoch: Nicht alle Ergänzungen können positiv angenommen werden, da bestimmte Erfahrungen und Richtlinien Vorgaben machen. Die kognitive Dimension zeigt ähnliche Motive wie die, die von Jäger u. a. (2005) bei der deutschsprachigen Wikipedia gefundenen wurden. Die Idee, dass die Gemeinschaft einen gewissen Druck aufbaut um qualitativ hochwertige Beiträge von ihren Mitgliedern zu erhalten, ist in diesem Zusammenhang ein interessanter und vielversprechender Ansatz, dem jedoch bei Wikipedia bisher nicht nachgegangen wurde.

4.3 Weitere Erklärungsansätze

Wikipedia ist das Produkt einer virtuellen Gemeinschaft. Die Fragen, wie eine Gemeinschaft entsteht und wie diese sich organisiert sind so zentrale soziologische Fragen, dass wohl alle großen soziologischen Theorien auch ein Stück weit Theorien über virtuelle Gemeinschaften wie Wikipedia sind. Eine umfangreiche Gegenüberstellung mit allen klassischen soziologischen Arbeiten kann jedoch diese Arbeit nicht leisten. Ich konzentriere mich deshalb auf Arbeiten, mit denen ich mich während meines Studiums auseinandergesetzt habe und die zur Erklärung einzelner Phänomene herangezogen werden können. Dazu lässt sich dieses Kapitel in drei Unterkapitel gliedern:

- Zuerst werden *Generelle Aspekte von Wikipedia soziologisch gedeutet*, dann wird

- *Wikipedia als Form der modernen wissenschaftlichen Öffentlichkeit* vorgestellt und abschließend werden

- *Wikipedia und Luhmans Massenmedienbegriff* diskutiert.

4.3.1 Generelle Aspekte Wikipedias soziologisch gedeutet

Während meiner Recherche zur virtuellen Gemeinschaft Wikipedias habe ich neben den ursprünglich geplanten Ansätzen weitere Ideen einer soziologischen Sichtweise gefunden, die in diesem Kapitel vorgestellt werden.

Das Wikipedia-Phänomen als Thomas-Theorem?

„If men define situations as real, they are real in their consequences."
W.I. Thomas, D.S. Thomas (1928). The Child in America, S. 571-572

Das Thomas-Theorem könnte zum Erfolg der Wikipedia herangezogen werden: Als Wikipedia sich noch in seiner Anfangszeit befand, also noch ein relativ kleines unbedeutendes Internetprojekt war, haben dennoch viele Personen an Wikipedia geglaubt und sich beteiligt. Wikipedia wurde somit wesentlich optimistischer interpretiert, als rational begründete Annahmen hätten vermuten lassen. Das Thomas-Theorem besagt, dass erst durch diese subjektive - also nicht rationale - Interpretation der Situation die Folgen einer zu optimistischen Projektinterpretation real werden. Daraus lässt sich folgende These aufstellen: Genügend Personen mit einer solchen Fehlinterpretation haben den Erfolg des Projektes Wikipedia ermöglicht. Auf der anderen Seite könnte Wikipedia aus dieser Überlegung scheitern: Das offene Prinzip Wikipedias funktioniert nur dann, wenn genug Teilnehmer ihm vertrauen.

Kommunikationsstruktur im Hinblick auf Giddens Theorie der Strukturierung?

Emigh u. Herring (2005) analysieren in ihrer Arbeit Wikipedia mit einer linguistischen Genreanalyse. So wird Wikipedia mit einer herkömmlichen Enzyklopädie *stilistisch* verglichen und dabei eine hohe Ähnlichkeit festgestellt. In diesem Zusammenhang erwähnen sie Giddens Theorie der Strukturierung und beziehen sie und Weiterentwicklungen von ihr auf Wikipedia. Der virtuelle Kommunikationsraum Wikipedias könnte als dynamischer, kontinuierlicher Prozess der Strukturierung aufgefasst werden. In wie weit Giddens Theorie in diesem Kontext angewandt werden kann, muss sich noch zeigen. Zur Zeit entstehen zu diesem Thema weitere Arbeiten[98].

Habermas

Eine Interpretation Wikipedias aus Sicht des Sozialphilosophen Jürgen Habermas konnte im Rahmen dieser Arbeit nicht durchgeführt werden. Generell ließe sich Wikipedia in den Strukturwandel der Öffentlichkeit [Habermas (1999)] einordnen. Im folgenden Kapitel wird Wikipedia bereits aus Sicht des Wandels der wissenschaftlichen Öffentlichkeit diskutiert. Zum Aspekt Öffentlichkeit und Wikipedia besteht mit Bezug auf Habermas weiterer Untersuchungsbedarf.

Erste Ideen, wie die Theorie des kommunikativen Handelns [Habermas (1985)] mit der Kommunikation über ein ▷Wiki innerhalb einer virtuellen Gemeinschaft verglichen werden kann, wurden bereits zusammengestellt[99]. In diesem Zusammenhang scheint die *ideale Sprechsituation* bei Wikipedia erreichbar. In der Diskussion um geistiges Eigentum, die auch die Inhalte Wikipedias betrifft, findet sich bei Zappe (2004) eine Analyse anhand der Diskursethik von Habermas.

4.3.2 Wikipedia als Form der modernen wissenschaftlichen Öffentlichkeit

> „... *damit die Arbeit der vergangenen Jahrhunderte nicht nutzlos für die kommenden Jahrhunderte gewesen sei; damit unsere Enkel nicht nur gebildeter, sondern gleichzeitig auch tugendhafter und glücklicher werden, und damit wir nicht sterben, ohne uns um die Menschheit verdient gemacht zu haben.*"
>
> Diderot (1969, S. 79)

---

[98]z.B. eine Dissertation von Marco Kalz an der Fernuniversität Hagen, siehe (zuletzt abgerufen am 29.11.2005):
`http://www.fernuni-hagen.de/ksw/ifbm/bt/forschung/dissertationen/dissertation_`
`kalz.shtml`

[99]siehe: ‚Deliberative Prozesse in der Wikipedia'
`http://wiki.lernrausch.ch/index.php/Delipedia`, zuletzt abgerufen am 18.11.2005

Die bisher vorgestellten Ansätze vernachlässigen die inhaltlichen Aspekte Wikipedias. Schließlich hat sich Wikipedia zum Ziel gesetzt, Wissen zugänglich zu machen und schließt so an den Entwicklungsstrang zur Entstehung des Lexikons und somit der Aufklärung an (vgl. Kap. 2.1.3). Nun stellt sich in Zeiten einer Informations- oder Wissensgesellschaft die Frage, in wie weit Wikipedia ein Kennzeichen unserer Zeit ist, in der der Zugang zu Wissen immer elementarer wird.

Dabei wird insbesondere auf Willke (1997) zurückgegriffen, der den Begriff Wissensgesellschaft entscheidend prägte sowie auf Bahrdt (1971), der in seinen Ausführungen den Begriff der wissenschaftlichen Öffentlichkeit thematisiert.

Bahrdt (1971, Kap.2) beschreibt die Entstehung und Entwicklung der wissenschaftlichen Öffentlichkeit in Deutschland. Er zeigt, wie die Norm, wissenschaftliche Ergebnisse der Öffentlichkeit zugänglich zu machen, immer weiter verloren gegangen ist. Ausgangspunkt ist nach Bahrdt (1971, S. 49) dabei folgende Formel: *Jeder Gewinn an Wahrheit von Aufklärung ist ein Fortschritt für die Menschheit.* Diesen Ausgangspunkt möchte ich um einen weiteren Aspekt ergänzen: Forschung wird größtenteils durch öffentliche Mittel finanziert und deshalb sollten die Ergebnisse der Öffentlichkeit auch zugänglich gemacht werden. Dies ist gleichzeitig zwingende Voraussetzung dafür, Forschung demokratisch legitimiert lenken zu können.

Er führt drei zentrale Gründe auf Seiten der Wissenschaften an, warum das gebildete Bürgertum den Anschluss an wissenschaftliche Erkenntnisse verpasst hat:

1. *Gruppen-Esoterik*: Eine abgeschlossene Gruppe von Wissenschaftlern gibt ihre Ergebnisse nicht an die Öffentlichkeit weiter. Dies zeigt sich heute u.a. bei der kommerzialisierten Forschung, wenn deren Ergebnisse verkauft und nicht veröffentlicht werden.

2. *Fachchinesisch*: Durch die Herausbildung immer spezifischerer Fachöffentlichkeiten, der sich stärker und stärker differenzierenden Wissenschaften, bildet sich ein Jargon, der den begrifflichen Zugang Außenstehenden unmöglich macht.

3. *Veröffentlichungsstil*: Arbeiten sind stilistisch auf die Veröffentlichungsmechanismen der Wissenschaft spezialisiert: Fakten und neue Erkenntnisse werden kompakt dargestellt, so dass sie später wieder zitiert werden können. Sie werden somit nach speziellen Kriterien für wissenschaftliches Fachpublikum dokumentiert.

Zur Zeit der Aufklärung hat die Einführung des Lexikons den begrifflichen Zugang zu Wissen wesentlich verbessert (vgl. Kap. 2.1.3). Somit ist das Lexikon eine Möglichkeit, das Problem des Zugangs zu wissenschaftlichem Wissen zu überbrücken.

Heute schreitet die Spezialisierung der Wissenschaften weiter fort. Es werden in immer kürzerer Zeit immer mehr wissenschaftliche Erkenntnisse produziert. Auch die gesellschaftliche Bedeutung von Wissen spielt heute eine zentrale Rolle. Willke (1997, S. 12ff) sieht einen deutlichen Trend zur Wissensgesellschaft, denn neben Landwirtschaft, industrieller Produktion und (einfachen) Dienstleistungen nehmen wissensbasierte Tätigkeiten stark zu. Der Bedarf an professioneller Expertise steigt in allen Bereichen, die mehr und mehr von wissensabhängigen Operationen durchdrungen sind. Somit entsteht ebenfalls die Notwendigkeit aktueller Zugangshilfen zu diesem Wissen, sowie zu einem gesellschaftlichen Diskurs zum Einsatz dieses Wissens (z.b. im Fall der Gentechnik). Heute findet die Diskussion in der Öffentlichkeit oft erst nach Einführung neuer Techniken (z.b. Atomkraft) statt, wenn sich die Gesellschaft mit den Folgen konfrontiert sieht.

Folgte man der wissenschaftlichen Norm, wären Wissenschaftler der Gesellschaft gegenüber verpflichtet, den begrifflichen Zugang zu ihrer Arbeit zu leisten. In der Praxis, so Bahrdt, entstehen jedoch wissenschaftliche Eliten, die sich von der Öffentlichkeit abgrenzen und beispielsweise Kollegen verachten, die ihre Ergebnisse auch in Form von (allgemein verständlichen) Zeitungsbeiträgen veröffentlichen. Ironischerweise bezahlen kommerzielle Verleger von Lexika Wissenschaftler für das Schreiben von Artikeln, die meist zu den Grundbegriffen ihrer Arbeit gehören. Der Zugang dieser kommerziellen Lexika ist zwar für viele durch das Vorhandensein öffentlicher Bibliotheken sowie einer Reihe populärwissenschaftlicher Arbeiten ermöglicht, jedoch dennoch begrenzt. Was das Internet, das nicht mehr den räumlichen Beschränkungen lokaler Bibliotheken unterliegt, anbelangt, wird dieser Zugang durch kostenpflichtige Onlineangebote kommerzieller Lexika für viele behindert. Eine kostenlose Bereitstellung für alle - wie bei den Bibliotheken - ist durch das Copyright der Verleger gedruckter Enzyklopädien und anderer Literatur verwehrt. Literatur, die das Ziel hat, den Zugang zu Wissen zu verbessern, ist somit nicht ohne weiteres für alle zugänglich.

Unter diesen Gesichtspunkten ist Wikipedia ein Lösungsansatz für dieses Dilemma. Da weder Verleger noch dafür bezahlte Wissenschaftler teilnehmen, ist die Verwendung einer offenen Lizenz (vgl. Nupedia in Kap. 2.1.2) möglich. Die Kopplung mit freiwilliger Mitarbeit macht diese umfassende allgemein verständliche Aufbereitung von Wissen realisierbar. Beträchtliche Synergieeffekte werden dadurch erreicht, dass jeder einzelne Teilnehmer sein Spezialwissen einbringen kann und gleichzeitig auf das akkumulierte Spezialwissen von vielen Tausend anderen Wikipedianern zurückgreifen kann. Die Wissenschaft ist auch im Internet immer stärker präsent, so können eine Vielzahl wissenschaftlicher Artikel direkt von Wikipedia verlinkt und so der Zugang vereinfacht werden. Bei Wikipedia wird der Informationsfluss von wissenschaftlicher Erkenntnis zu interessierten Bürgern durch eine bidirektionale Kommunikation abgelöst: Jeder Leser kann durch die Diskussionsseiten selbst in Aktion treten, nachfragen und ggf. eigene Ergebnisse aus Literaturrecherchen in Artikeln hinzufügen. Somit könnte Wikipedia als Teil einer neuen, im Diskurs vertieften und erweiterten wissenschaftlichen Öffentlichkeit aufgefasst werden.

Die wichtigste Voraussetzung für eine globale wissenschaftliche Öffentlichkeit war die Einführung des Buchdrucks. So wurde die Verbreitung von Inhalten weit über die Grenzen der lokalen Öffentlichkeit ermöglicht und wirkte so auf die bürgerliche Gesellschaft integrativ. Der Buchdruck kann als Bestandteil des Kommunikationswesens zur technischen Infrastruktur gezählt werden. Willke (1997, S. 167ff) sieht als Voraussetzung für eine Wissensgesellschaft das Vorhandensein von Infrastruktur erster und zweiter Ordnung. Infrastruktur erster Ordnung sind dabei insbesondere Straßen,- Schienen-, Energie- und Telefonnetz, während Infrastruktur zweiter Ordnung einen umfassenden, schnellen und preiswerten globalen Austausch von Informationen und Wissen erlauben (z.B. intelligente Datennetze). Virtuelle Plattformen zur

Akkumulation von Wissen, bzw. Dokumentation von Wissen könnten somit auch zur zweiten Ordnung der Infrastruktur gezählt werden, da sie den globalen Austausch von Wissen auf hohem Niveau fördern.

Durch die vielen Weblinks und Literaturangaben[100] innerhalb der Wikipedia-Artikel kann man Wikipedia als eine Struktur begreifen, die ordnenden Charakter hat. Bahrds drei geschilderte Gründe, warum der Anschluss des Bürgertums an wissenschaftliche Öffentlichkeit scheitert, könnten heute durch einen weiteren Punkt ergänzt werden: Zwar ist immer mehr Wissen (durch das Internet) für alle verfügbar, es wird jedoch gleichzeitig immer schwieriger, die *relevanten* Informationen zu finden. Ein großes umfangreiches Lexikon kann Wissen katalogisieren und andere Arten von Wissensspeichern indizieren[101]. Einige Probleme aktueller Suchmaschinen werden durch das in Wikipedia vorhandene strukturierte Wissen gelöst: Synonymie und Homographie durch Weiterleitungen und Begriffsklärungsseiten, Ober- und Unterbegriffe durch den Einsatz von Kategorisierung. Die Linkstruktur zwischen Artikeln bildet Aspekte der semantischen Ähnlichkeit ab [vgl. Voß (2005a)].

4.3.3   Wikipedia und Luhmans Massenmedienbegriff

Luhmanns Systemtheorie und deren Bezug zu Medien eröffnet eine weitere Sichtweise auf Wikipedia. Seine Definition für Massenmedien setzt voraus, dass „keine Interaktion unter Anwesenden zwischen Sender und Empfänger stattfinden kann" [Luhmann (1996, S. 10f)]. Der Kontakt zwischen Sender und Empfänger ist durch eine technische Barriere[102] unterbrochen. Dies trifft auch auf das Internet zu, wenn beispielsweise auf der Webseite einer Zeitung die aktuelle Ausgabe veröffentlicht wird und die Internetnutzer die Zeitung dort lesen. Die Situation ändert sich jedoch, wenn interaktive Wiki-Software eingesetzt wird: Dann ist jeder Konsument von Informationen gleichzeitig potenzieller Produzent und kann dadurch direkt in Interaktion treten. Die Technik ist dann keine Barriere, sondern Mittel zur bidirektionalen Kommunikation. Zwar besteht die Möglichkeit der Interaktion im Prinzip auch bei Massenmedien, z.B. indem ein Leserbrief verfasst wird, aber diese Art der Interaktion ist eher die Ausnahme und daher zu vernachlässigen. Somit fallen für Wikipedia viele Implikationen, die Luhmann den Massenmedien zuschreibt, weg. Dennoch kann man Luhmann hier hinzuziehen, da seine Systemtheorie auf der *Evolution der Gesellschaft* und auf der *Evolution der Kommunikation* basiert. Eventuell ließe sich jedoch Wikipedia auch als Bestandteil des Funktionssystems Wissenschaft[103] interpretieren, da die Dokumentation von Wissen auch als wichtiger Bereich der Wissenschaft gezählt werden kann. Diese Perspektive wird jedoch in dieser Arbeit nicht vertieft.

---

[100]z.B. ist über Angabe der ISBN-Nummern in Artikeln Zugriff auf Kataloge von Bibliotheken und Onlinebuchhandel möglich, siehe dazu: Voß u. Danowski (2004).

[101]Ein Indiz dafür, dass Wikipedia eine solche Funktion ausüben wird, besteht darin, dass gängige Suchmaschinen schon heute häufig bei Suchbegriffen unter den ersten Suchergebnissen auf Wikipediaartikel verweisen.

[102]z.B. durch Ausstrahlung des Fernsehprogramms im Gegensatz zu einem Theaterstück, das direkt das Publikum erreicht

[103]vgl. Luhmann: Die Wissenschaft der Gesellschaft (1990)

Für die Evolution der Kommunikation ist die Einführung des Buchdrucks eines der wichtigsten Ereignisse, denn das Verhältnis zwischen Autor und Publikum revolutioniert auch die autoritären Strukturen innerhalb der Gesellschaft. Zwar kann man Medien aus Sicht einer Autorität denken, die vorgibt, was die Gesellschaft lesen soll, aber Luhmann nimmt hier die entgegengesetzte Perspektive ein: Die Behauptung „Gelesen wird, was gedruckt wird" wird zu „Gedruckt wird, was gelesen wird". Durch den Buchdruck lassen sich nach Luhmann Autoritäten und ihr Herrschaftswissen infrage stellen und somit schwächen.

Das Druckverfahren ist jedoch eine recht teure und aufwändige Technik, die nur wenigen zugänglich ist, zumindest im Vergleich zum Internet: In Ländern wie Deutschland haben über 50% der Bürger Zugang zum Internet, Tendenz stark steigend (vgl. Kap. 2.1.3). Der Aufwand, selbst Informationen ins Netz zu stellen - z.B. über eine Wiki-Webseite - ist sehr gering. Somit wird das ursprünglich 'autor'-itäre Verhältnis zwischen Autor und Publikum weiter reduziert. Es wird schließlich zu zwei Rollen, zwischen denen relativ einfach gewechselt werden kann. Leggewie (1996, S. 12) hebt im Zusammenhang mit dem Internet 1996 die „bidirektionale Interaktion und [...] [die] Individual- wie Massenkommunikation (one-to-many und many-to-many)" hervor. Durch den Einsatz von ▷Wiki-Software wie im Fall Wikipedia wird dieses Ideal tatsächlich erreicht. Eine weitere Besonderheit des Mediums Internet auf die Leggewie hinweist, ist das bessere „Gedächtnis" des Mediums. Durch die Wiki-Software mit integrierter ▷Versionsgeschichte der Artikel (vgl. Kap. 2.2.2, Punkt 3) ist dieser Aspekt perfektioniert, denn es lassen sich z.B. bei Wikipedia alle Versionen eines Artikels von allen Benutzern durch wenige Mausklicks einsehen.

Luhmann (1997, S. 312) schreibt über die moderne Computertechnologie, dass die Autorität der Experten ebenfalls mehr und mehr infrage gestellt wird, wenn ihre Aussagen mithilfe des Computers überprüft werden können. Wer in der Lage ist, das Internet als Recherchemedium einzusetzen, der kann, ohne selbst Experte zu sein, Inhalte von Artikeln überprüfen, insbesondere dann wenn im Artikel Quellen als Weblinks angegeben sind. Wikipedia untergräbt in gewisser Weise auch die Autorität von Experten: Vor Wikipedia wurde nur ihnen zugetraut, Lexikonartikel verfassen zu können (vgl. dazu auch Kap. 2.1.3).

Obwohl Wikipedia somit nicht zu den Massenmedien gezählt werden kann, lässt sich eine systemtheoretische Sichtweise auf Wikipedia entwickeln, bei der weitere Charakteristika Wikipedias hervortreten:

- Die mangelnde Verlässlichkeit des kostenlosen Zugangs zu kommerziellen Informationsdiensten kann als **Instabilität** gewertet werden: Der freie Zugriff auf ein Lexikon im Internet war nicht gewährleistet, da frei zugängliche kommerzielle Lexika im Internet ihr Angebot jederzeit kostenpflichtig machen können. Somit wird die Voraussetzung zur Entstehung eines neuen Systems geschaffen[104].

---

[104]Selbst wenn die Betreiber der Wikipedia-Webseite sich entschließen sollten ihr Angebot kostenpflichtig zu machen, würde sich sicher jemand finden, der ein neues Projekt auf der Basis aller bisherigen Artikel (möglich durch die Lizenz für ▷Freie Inhalte) mit Unterstützung der Gemeinschaft initiiert (vgl. auch Kap. 2.1.2).

- Der **binäre Code** für das Wikipedia-System wurde in Kapitel 2.2.1 bereits vorgestellt. Durch ihn werden Reproduktionsmechanismen gesteuert, denn jeder Beitrag kann durch den Code bewertet werden.

- Die **System/Umwelt-Differenz** wird ebenfalls ständig reproduziert: Die Funktion des Artikels Löschkandidaten (vgl. Kap. 2.1.6) besteht darin, zu entscheiden, welche Artikel Wikipedia-Artikel bleiben bzw. welche gelöscht werden sollen. Dies könnte ein Mechanismus sein, durch den Wikipedia ihre Systemgrenze aufrecht erhält.
  Im Kapitel Vandalismus (2.1.6) wird auch gezeigt, wie andere Systeme versuchen, Einfluss auf Wikipedia zu nehmen. Insbesondere Versuche von Funktionssystemen wie Wirtschaft (z.B. durch die Platzierung von Werbung) und Politik (z.B. durch manipulierte Darstellung einzelner Politiker), die inhaltliche Regie bei manchen Artikeln zu übernehmen, sind dokumentiert und vorgestellt worden. Wikipedia selbst grenzt sich damit deutlich von anderen Funktionssystemen ab.

- Der Vorgang der **Autopoiesis** findet auch bei Wikipedia statt. Zwar wurde die Software von einzelnen Personen aufgesetzt, doch die Wikipedia-Gemeinschaft und ihre Regeln im Umgang haben sich selbst geschaffen: Sie wirkt als Differenz zur Umwelt autonom und geschlossen.

- **Reproduktion**: Wikipedia operiert durch Kommunikation und sichert so ihre Existenz. Jeder Ergänzung folgt eine Reaktion: Andere Wikipedianer werden von der Ergänzung z.B. durch die ▷*Beobachtungsliste* informiert und reagieren gegebenenfalls. Die Stufen der Kommunikation, Selektion der Information, Selektion der Mitteilung durch Ego und eine Anschlusskommunikation durch Alter sind deutlich zu erkennen.

- Ein weiterer zentraler Prozess sozialer Organisationen ist die **Selbstbeobachtung**. Wie Wikipedia beobachtet wird und ihrerseits diese Beobachtungen beobachtet, wurden in Kapitel 1.3 dargelegt.

Bei der Konfrontation Wikipedias mit Luhmanns Systemtheorie treten die wichtigen Aspekte Wikipedias hervor. Zwar wurden diese schon an anderer Stelle in dieser Arbeit beschrieben, dennoch ist es beeindruckend, dass viele Spezialseiten innerhalb der Wikipedia-Gemeinschaft mit Grundbegriffen aus Luhmanns Systemtheorie benannt werden können. Luhmanns Kriterium der technischen Barriere bei Massenmedien wird bei Wikipedia eindeutig überwunden. So könnte man diese Art der interaktiven Massenkommunikation (z.B. bei Wikipedia) als nächsten Evolutionsschritt der Kommunikation interpretieren.

4.4 Auswertung

Nachdem nun verschiedene Erklärungsansätze vorgestellt wurden, mit denen Wikipedia in Verbindung gebracht wurde, wird nun in diesem Kapitel eingeschätzt, was für die einzelnen Ansätze spricht. Dabei werden Erkenntnisse und Probleme, die bei der Anwendung des Modells auftraten, diskutiert und in den Unterkapiteln je für den Ansatz eingeschätzt.

4.4.1 Wikipedia als Verein?

Folgende Aspekte wurden in dieser Arbeit beim Vergleich Wikipedias mit dem eingetragenen Verein untersucht: Die Organisationsform, die Anwendung des Modells, die Satzung, die Motivation und die Einordnung mithilfe der Dimensionen des sozialen Kapitals.

Auf diese Weise zeigten sich viele Parallelen, die vermuten lassen, wie eng die freiwillige Mitarbeit bei Wikipedia und freiwilliges Engagement in Vereinen zusammenhängt: Putnams beobachtete Charakteristika der Zivilgesellschaft finden sich bei Wikipedia wieder: Auch hier zeigt sich eine flache Hierarchie, ein demokratischer Umgang, und ein hohes Maß an Vertrauen in die Gemeinschaft. Dieses Vertrauen in Beiträge einzelner Benutzer zeigt sich z.B. im Umgang der Gemeinschaft mit Vandalismus (vgl. Kap. 2.1.6).

Resultate aus der Anwendung des Modells

Die Anwendung des Modells zeigt zwischen Vereinen und Wikipedia als virtuelle Gemeinschaft insbesondere einen wichtigen Unterschied: Im virtuellen Raum der ▷Wiki-Software sind meist keine aufwändigen Planungsprozesse notwendig, da Ergänzungen recht pragmatisch durchgeführt werden und dabei - für den virtuellen Raum typische - sehr geringe Transaktionskosten auftreten. Gleichzeitig findet deshalb vergleichsweise wenig destruktive Kreativität [Ciffolilli (2003)] statt. Bei Wikipedia scheint die Kopplung zwischen der Wikimedia-Stiftung, die auch durch Wikipedianer durch Spenden unterstützt wird, und dem Wikipedia-Lexikon sehr vorteilhaft zu sein. Auch Vereine finanzieren sich häufig über private Spenden oder durch die Hilfestellung von Stiftungen. Wikipedia hat im Gegensatz zu vielen Vereinen das Ziel, möglichst viele Personen einzubinden und ein öffentliches Gut für alle zu produzieren. Viele Vereine agieren jedoch auf lokaler Ebene und für einen eher kleinen Personenkreis. Bei Vereinen wie auch bei Wikipedia führt die ständige Selbstbeobachtung einzelner Prozesse zu Lerneffekten, die bei Wikipedia dokumentiert und nachgewiesen wurden. Sowohl Wikipedia als auch Vereine benötigen für den Selbstorganisationsprozess Mitglieder mit speziellen Kompetenzen und Spezialwissen, das diese freiwillig einbringen. Bei Wikipedia beschränkt sich dies nicht nur auf das Spezialwissen zur Anfertigung von Lexikonartikeln, sondern zeigt sich auch darin, dass eigenständig eine internationale Konferenz (Wikimania siehe Kap. 2.3.3) organisiert wurde, obwohl die meisten Organisatorinnen und Organisatoren sich nur durch das Internet kannten. Sie haben durch das Internet kommuniziert und in diesem Fall auch geplant und so eine Konferenz für ca. 500 Teilnehmer ermöglicht.

Beim Vergleich der Strukturen wurden einige überraschende Sichtweisen offengelegt, die hier in Form von provokanten Thesen zusammengefasst werden:

These 1: Wäre die Evolution der Organisation im virtuellen Raum fortgeschritten, dann wäre Wikipedia ein *virtueller Verein*

Im Kontext der Zivilgesellschaft finden sich formale Organisationen in Form von eingetragenen Vereinen. Im Internet fehlt bisher ein solcher formeller Status für eine rein virtuelle (meist auch internationale) Gemeinschaft. Aus diesem Grund fiel die Bestimmung der Organisationsdimension im Fall Wikipedia schwer.

Aus dieser Problematik kann man eine evolutionäre These entwickeln: Möglicherweise sah freiwilliges Engagement vor der Einführung der Organisationsform eingetragener Verein anders aus. Es könnte sein, dass die Wikipedia-Gemeinschaft ein Vorgänger einer neuen Art von Organisationsform ist, die speziell im virtuellen Raum existiert. Der Verein und das Vereinsleben als demokratischer Umgang untereinander sind über lange Zeit gewachsen. Virtuelle Gemeinschaften sind oft experimenteller Art und basieren auf völlig unterschiedlichen Ansätzen sowie Zwecken. Somit sind sie ein noch junges Phänomen. Zur Zeit existieren im virtuellen Raum noch keine formalen Strukturen, also z.B. Organisationsformen ausschließlich für den virtuellen Raum, die eine virtuelle Gemeinschaft annehmen könnte.

These 2: Wikipedia hat eine *Satzung*

Die gemeinsame Arbeitsgrundlage bei eingetragenen Vereinen ist die Satzung. In Wikipedia finden wir ebenfalls eine solche gemeinsame Grundlage. Neben dem Vereinszweck, der bei Wikipedia durch eine klare Zielsetzung festgelegt ist, werden in der Satzung Mitgliedsstatus und Ämter definiert, bei Wikipedia die Benutzertypen. Die Satzung bestimmt das Verfahren wie Ämter vergeben werden; auch bei Wikipedia zeigt sich ein solches formales Verfahren. Es wurden auch Effekte beschrieben, wie stark abweichende Vorstellungen einzelner Mitglieder in Bezug auf die gemeinsamen Grundlagen wirken (z.B. durch Projektabspaltungen = ▷Forks). Hier konnten Parallelen aufgezeigt werden und gleichzeitig das Dilemma zwischen Innovation und Produktivität in beiden Fällen gezeigt werden.

These 3: Motive zur Mitarbeit in Vereinen überschneiden sich stark mit denen zur Teilnahme bei Wikipedia

Spaß an der Mitarbeit ist das zweitwichtigste Motiv zum Engagement bei Wikipedia. Bei der Freiwilligenarbeit ist dies das wichtigste Motiv. Bei Wikipedia wurde *Lernen* als wichtigstes Motiv angegeben. Auch dieses Motiv wurde im Freiwilligensurvey hoch bewertet (an Platz 5) [Jäger u. a. (2005); von Rosenblatt (2000)].

Dennoch sind diese Überschneidungen schwer bewertbar, da es sich um psychologische Studien handelt, deren Fragebögen aus verschiedenen Modellen heraus entwickelt wurden. Für den Bereich des ehrenamtlichen Engagements sind sehr unterschiedliche Strukturen und Motive typisch. Somit ist es problematisch über eine solche Breite Motive zu messen.

Wichtig bei ehrenamtlichem Engagement ist jedoch der Geselligkeitsaspekt: Hoch bewertet wurde das Motiv *sympathische Menschen zu treffen* [vgl. von Rosenblatt (2000, S. 113)]. Innerhalb der virtuellen und anonymen Plattform Wikipedias ist dieser Aspekt nur schwach ausgeprägt. Dennoch besteht offenbar das Bedürfnis, sich in kleineren Gruppen zu treffen oder gemeinsam Projekte außerhalb des virtuellen Raums durchzuführen (vgl. z.B.: Vereinsarbeit in Kap. 2.3.2 oder Wikimania-Konferenz in Kap. 2.3.3).

These 4: Wikipedia generiert in hohem Maße soziales Kapital
Die vier Dimensionen zur Messung des sozialen Kapitals zeigten bei Wikipedia hohe Ausprägungen. Wie bereits angedeutet ist die Bestimmung der Organisationsdimension nicht einfach. Die Kontaktdimension scheint aufgrund des virtuellen Raums nicht so stark ausgeprägt zu sein, zwar lassen sich eine Vielzahl regelmäßiger Interaktionen zwischen Wikipedianern beobachten, die in der Regel auf den virtuellen Raum beschränkt und meist sachbezogen sind, da sie sich inhaltlich an der Artikelentwicklung orientieren. Die Ausprägung dieser Dimension für den virtuellen Raum ist somit nicht genau definiert.

Die Messung des Sozialkapitals zeigt, dass im Fall Wikipedia Bourdieus Ausgangspunkt des Sozialkapitals (Aufbau eines Beziehungsnetzwerkes) im Fall Wikipedia eher unwahrscheinlich ist. Offenbar handelt es sich um eine Begleiterscheinung bei Freiwilligenarbeit, die jedoch nicht zwingend oder gar als begriffsbildend interpretiert werden kann.

4.4.2 Wikipedia als Partizipationsmodell?

Literatur rund um Partizipation und Bürgerbeteiligung spannt ein weites Spektrum auf. Zwei Dimensionen dieses Spektrums können als Legitimation und Kooperation bezeichnet werden. Wenn eine Behörde relativ autonom als Verwaltungseinheit agiert hat und nun u.a. aufgrund von EU-Richtlinien die Bürger beteiligen muss, tritt das Problem der Legitimation in den Vordergrund: In wie weit wird Macht abgegeben, an wen wird sie abgegeben, wird sie gleich verteilt, in welchen Bereichen wird sie abgegeben? Diese Aspekte werden u.a. durch die Intensitätsdimensionen Machtabgabe, Egalität und Flexibilität bei Rasche (2005) bezeichnet. Macht wird hier von einer höheren Ebene auf eine niedrigere abgegeben. Die Dimension der Kooperation könnte orthogonal dazu stehen: Durch den Zusammenschluss einzelner Akteure findet eine Machterweiterung statt. Akteure können gemeinsam agieren und auf der Basis einer Gemeinschaft Synergieeffekte freisetzen.

Während einige hier vorgestellte Arbeiten rund um Partizipation die Beteiligung an Planungsprozessen thematisieren und sich insbesondere (explizit) auf die Dimensionsausprägung der Legitimation konzentrieren, legen andere den Schwerpunkt auf das Kooperationsproblem und deren mediale Unterstützung. Insbesondere der Vergleich von Beteiligungsprozessen mit der Arbeitsweise von ▷Open Source-Projekten ließ sich weitestgehend auf Wikipedia übertragen.

Resultate aus der Anwendung des Modells
Im Rahmen dieser Arbeit wurde das Modell der gemeinsamen Entscheidungsprozesse mit Arbeiten kombiniert, die die Beteiligung an Planungsprozessen und die damit zusammenhängenden Legitimationsprobleme problematisieren, die Durchführung jedoch ausklammern. Im Bezug auf Wikipedia hat sich gezeigt, dass zwar die Voraussetzungen und soziale Prozesse ähnlich sind, sich jedoch viele Aspekte nicht

vergleichen lassen. Dabei hat sich herausgestellt, dass Planungsprozesse bei Wikipedia weniger relevant sind, da Zustandsänderungen spontan und kostengünstig im virtuellen Raum mit Hilfe der ▷Wiki-Software durchgeführt werden und somit die Durchführung zentraler Aspekt ist. Das offene System mit sehr flachen Hierarchien und kollektiver Sanktionierung auf der Basis von gemeinsam anerkannten Grundlagen hat einen sehr basisdemokratischen Charakter. Legitimationsprobleme sind bei (fast) gleichverteilten Kompetenzen ein anderer Problemkomplex, der insbesondere von der Gemeinschaft gesteuert wird.

Meinung und Wahrheit

Ein wichtiger Unterschied tritt im Operationsmodus auf: Bei Partizipation geht es um Meinungen, Verhandlungen, Mehrheiten und Minderheiten. Viele Interessen treffen aufeinander, die wiederum lange Diskussionen auslösen und bei denen ständig das Damoklesschwert der Behörde im Raum schwebt. Wenn kein Konsens gefunden werden kann, bleibt die Möglichkeit der Abstimmung. Bei Wikipedia geht es darum Wissen zu dokumentieren. Wenn nur eine einzelne Person einen umstrittenen Standpunkt (der keine Mehrheit hat) in einem Artikel durch eine allgemein anerkannte Quelle belegen kann, wird sich diese eine Person prinzipiell mit Berufung auf den ▷Neutralen Standpunkt durchsetzen. Soziologisch ausgedrückt: Ziel Wikipedias ist die Orientierung an der wissenschaftlich vorgegebenen Norm der objektiven Darstellung und der Darstellung konkurrierender Theorien, während gesellschaftliche Entscheidungsprozesse auch auf diversen anderen (z.B. religiösen) Normen basieren.

Diese Feststellung wird beim Vergleich von Wikipedia mit gesellschaftlichen Entscheidungsprozessen wichtig, da sie die Grenzen der gedanklichen Übertragbarkeit des Wikipedia-Phänomens setzen. Gleichzeitig zeigt sich hier eine potentielle Schwachstelle Wikipedas: Die neutrale wissenschaftliche Darstellung aktuell heftig umstrittener politischer Probleme wird in Wikipedia immer dann scheitern, wenn der Operationsmodus nicht mehr die wissenschaftliche Darstellung (wie durch den ▷Neutralen Standpunkt vorgesehen) ist, sondern zu viele Autoren auf ihren Änderung bestehen und sie auf andere Weise begründen. Dann geht *„Meinung"* über *„Wahrheit"* (im Sinne der wissenschaftlich etablierter Verfahren). Am Rande Wikipedias tritt dieser Effekt bereits auf und wurde in dieser Arbeit *ideologischer Vandalismus* genannt (vgl. 2.1.6).

4.4.3   Wikipedia als Wissensplattform?

Die hohe Bedeutung von Wissen ist zentrales Kennzeichen unserer Zeit. Dies zeigt sich nicht nur in materieller Sicht [105] und im Arbeitsalltag, sondern schlägt sich auch im gesellschaftlichen Alltag nieder. Das Internet als Recherchemedium nimmt dabei eine wichtige Stelle ein und leitet den nächsten Evolutionsschritt der Kommunikation (im Sinne Luhmanns) ein. Der Einsatz des Internets als Recherchemedium setzt eine Infrastruktur im virtuellen Raum voraus; Wikipedia könnte ein Baustein einer solchen virtuellen Infrastruktur sein. So würde Wikipedia als Enzyklopädiebaustein

---

[105]In die Produktion von Gütern fließt immer mehr Wissen ein: „embeded Intelligence".

andere Infrastrukturbausteine wie Suchmaschinen und Internetverzeichnisse ergänzen.

Somit ist der Aufbau Wikipedias ein Phänomen im Wandel zur Wissensgesellschaft und hebt sich von den beiden verglichenen Strukturen (Verein und Paritzipation) deutlich ab. Wenn Wikipedia jedem Bürger mit Internetanschluss Zugang zu Wissen bietet, stellt sich die Frage nach der Rolle der Wissenschaften und deren etablierten Institutionen, denn bisher verhalten sich Universitäten passiv gegenüber Wikipedia, obwohl sie durch die von Bahrdt geäußerte Norm, für den Zugang aller zu dem von ihnen produzierten Wissen, auch Verantwortung tragen. Das Verhältnis zwischen moderner Wissenschaft und Wikipedia ist somit noch weitgehend ungeklärt: Auch Universitäten haben bisher für sich keine einheitlichen Reglungen darüber getroffen, wie eigene Forschungsergebnisse sowie Lehrmaterialien im Internet veröffentlicht werden können[106]. Offenbar trägt die starke Institutionalisierung und Kommerzialisierung der Wissenschaft dazu bei, dass hier eine Entfremdung von grundsätzlichen Zielen und Normen der Wissenschaft stattfindet.

Demnach lassen sich folgende Kennzeichen und Tendenzen skizzieren, die gleichzeitig Nährboden für Wikipedia sind:

- Unumstritten ist, dass Individualisierung und das Aufkommen der Wissensgesellschaft elementare gesellschaftliche Kennzeichen unserer Zeit sind.

- Die Verbreitung von Wissen führt zu einem Wandel von hierarchischen zu nichthierarchischen Steuerungssystemen (Aufklärung): Experten in allen Bereichen als auch Machthaber herrschen nicht mehr unangefochten, da ihre Aussagen hinterfragt werden können (Macht durch Kontrolle von Informationen bzw. Wissen ist ein Mittel zur Aufrechterhaltung von Macht; somit entwickelt sich ein Wandel der Machtstrukturen).

- Das Problem des Zugangs zu Wissen besteht weiterhin:

  - Wissenseinrichtungen sind mehr und mehr institutionalisiert und Arbeiten selbstreferentiell (und somit für den interessierten Laien unverständlich),

  - gute Ausbildung korreliert in Deutschland heute immer noch stark mit dem Sozialstatus,

  - Informationen sind zwar umfangreich vorhanden, aber der Zugriff auf relevante Informationen ist häufig sehr schwierig,

  - virtuelle Güter wie Software und digitale Inhalte werden durch Kommerzialisierung (Copyright, Urheberrecht) künstlich verknappt.

---

[106]Wikipedia benötigt solide internetbasierte Quellen, doch die Universitäten veröffentlichen in ihren Kreisen oder in der urheberrechtlich geschützten Fachpresse. Eine der wenigen Ausnahme ist das Massachusetts Institute of Technology OpenCourseWare-Program, das Lehrmaterialen frei zur Verfügung stellt (letzter Abruf am 29.11.2005 - http://ocw.mit.edu/).

Wikipedia ermöglicht, dass aufgrund individueller Interessen (Individualisierung) vorhandenes Wissen (Wissensgesellschaft) eingebracht werden kann. Grundlage dafür ist das strukturell offene System Wikipedias. Somit wird der Zugang zu Wissen verbessert. Der Aufbau Wikipedias geschieht durch das umfangreiche Engagement von zahlreichen Angehörigen des *gebildeten Bürgertums*. Somit wird das Medium ideal genutzt, denn in diesem Fall werden hohe Synergieeffekte freigesetzt.

In wie weit dieser Erklärungsansatz realistisch ist, hängt davon ab, wie und ob gesellschaftlich das Zugangsproblem zu Wissen wahrgenommen wird, und ob die Problematik der wissenschaftlichen Öffentlichkeit den Bürgern (bzw. Wikipedianern) bewusst ist. Dabei stellt sich die Frage, wie die beiden Motivationsfaktoren („selbst lernen" vs. „Wissen zugänglich machen") zur Teilnahme an Wikipedia zu bewerten sind.

Interessanterweise bestätigen die Zusammenhänge zwischen Wissen und nicht-hierarchischen Systemen [107] das Scheitern des Wikipedia-Vorgängers Nupedia, denn die Nupediagemeinschaft war stark hierarchisch organisiert.

4.4.4 Fazit: Kombination der Ansätze

Keiner der drei vorgestellten Erklärungsansätze kann verworfen werden. Einzeln genommen reichen sie jedoch nicht aus, um Wikipedia zu erklären. Somit schlage ich eine Mischform aus den drei Ansätzen vor, um das Wikipedia-Phänomen soziologisch als „wissensbasiertes virtuelles Engagement" einzuordnen. Die drei Ansätze lassen sich gut kombinieren, denn sie schließen sich gegenseitig nicht aus. In den Arbeiten z.B. von Fischer u. a. (2004) wurde gezeigt, wie Open Source-Entwicklergemeinschaften und Sozialkapital zusammengebracht werden können und ineinander übergehen.

So schlage ich hiermit folgende Sichtweise Wikipedias vor:

> Wikipedia ist Vorläufer des virtuellen Vereins (untermauert mit vier Thesen),
> der den Partizipationsaspekt sehr betont (abgegrenzt durch Meinung/Wahrheit) und
> im Wissensspektrum (durch Aufbau von Infrastruktur, die Wissen zugänglich macht) aktiv ist.

Durch die Verwendung des hier vorgestellten Modells gemeinsamer Entscheidungsprozesse ließen sich einige strukturelle Unterschiede zwischen den Ansätzen verdeutlichen:

---

[107] Nach Willke (1997, S. 306ff) sind komplexe heterarchische Systeme in der Wissensgesellschaft hierarchischen überlegen, denn *Expertise konstituiert Autorität* und Expertise liegt verteilt in diversen Teilsystemen vor.

- **Pläne spielen keine zentrale Rolle** - Planungsprozesse sind relativ selten, da Zustandsänderungen im virtuellen Raum sehr kostengünstig sind (Komponente „Plan"). Dies unterscheidet Wikipedia von vorgestellten Partizpationsprozessen außerhalb des Internets, bei denen die Planungsphase von vorrangiger Bedeutung ist.

- **Inhalte werden eigenständig erarbeitet** - Aufgaben wie der Aufbau der Inhalte als auch die Verbesserung der Software werden selbständig von der Gemeinschaft gelöst (Komponente „Durchführung"). Sie werden nicht wie bei Beteiligungsprojekten üblich durch Aufträge an andere Akteure abgegeben.

- **Jeder kann sich bei Wikipedia beteiligen** - Wikipedia hat den Anspruch das Wissen der Welt zu dokumentieren. Alle, die dabei freiwillig helfen wollen, können sich sofort aktiv beteiligen und somit automatisch einen Mitgliedsstatus erlangen. Freiwilligenorganisationen wie Vereine haben im Gegensatz dazu meist bestimmte Kreise, innerhalb derer sie agieren und stellen somit bestimmte Bedingungen an eine Mitgliedschaft.

Die Ergebnisse dieser Arbeit setzen dabei die Konzepte der Zivilgesellschaft und der Freiwilligenarbeit voraus, neben denen andere soziologische Theorien und Auffassungen stehen. So ließe sich das Prinzip der *Freiwilligkeit* auch auf andere Bereiche übertragen: Wissenschaftler beispielsweise werden nicht bezahlt, sondern erhalten durch den Staat ein Stipendium, das ihnen ermöglicht, ihrer freiwilligen wissenschaftlichen Tätigkeit nachzugehen. Auch die Identifikation von Zivilgesellschaft als gesellschaftliches Leistungssystem ist nur ein theoretisches Konstrukt, neben dem viele andere stehen.

5 Ausblick

5.1 Schlussfolgerungen

In dieser Arbeit wurde eine Demokratiedefinition entwickelt, die zivilgesellschaftliches Engagement insbesondere durch Freiwilligenarbeit einbezieht. Auf dieser Ebene wurden verschiedene Organisationsformen vorgestellt und zu Wikipedia in Bezug gesetzt. Dabei hat sich gezeigt, dass Wikipedia auf der selben Ebene anzusiedeln ist. Es bestehen Parallelen sowohl zum Engagement in Freiwilligenorganisationen in Form von eingetragenen Vereinen, aber auch zu Beteiligungsprojekten. Diese zeigen sich in ähnlichen Strukturen, ähnlichen Motiven zur Partizipation und durch die Möglichkeit der Übertragung von sozialem Kapital und sozialem Vertrauen auf Wikipedia. Gleichzeitig wurden Unterschiede aufgezeigt, die bei dieser Art des Engagements in virtuellen Gemeinschaften hervortreten. So fehlt bei Wikipedia die Planungsphase. Die Gemeinschaft wacht durch eine verteilte Autorität über die Änderungen. Somit ergibt sich die Perspektive des Engagements im virtuellen Raum: Dabei geht es nicht darum, dass zivilgesellschaftliche Akteure das Internet für ihre Arbeit nutzen, sondern darum, dass neue Akteure in Form von virtuellen Gemeinschaften entstehen, die virtuelle Güter wie ▷Freie Inhalte oder ▷Freie Software am Computer mithilfe des Internets produzieren. Auf diese Weise entstehen neue öffentliche Güter und Dienstleistungen.

Der zweite wichtige Faktor besteht in der Verbreitung von Wissen, das heute immer bedeutsamerer Produktionsfaktor innerhalb der Wissensgesellschaft wird. Gleichzeitig setzt sich der Trend der Aufklärung fort: Oft wird Macht durch Wissen oder durch die Kontrolle von Wissen und Informationen aufrecht erhalten. Je einfacher Wissen zugänglich ist, desto stärker werden hierarchische Machtstrukturen infrage gestellt. Streng hierarchische Systeme lassen sich eher kontrollieren und beeinflussen als Systeme, bei denen die Macht aufgrund einer flachen Hierarchie auf viele tausend Einzelne verteilt ist. Das Internet als Medium mit partizipativen Optionen tritt gegenüber den Massenmedien somit zunehmend als Gegenmodell hervor.

Die Gefahr muss jedoch im Auge behalten werden, dass Halbwissen angesammelt und verbreitet wird, also Wissen, dass nicht durch das traditionelle Wissenschaftssystem und seine Kontrollmechanismen entstanden ist und abgesichert wird. Am Beispiel Wikipedia zeigt sich dieser Konflikt am Gegensatzpaar zwischen *ideologischem Vandalismus* und dem Anschluss an die *wissenschaftliche Öffentlichkeit*. In dem Moment, in dem die Wikipedia-Gemeinschaft den ▷Neutralen Standpunkt und somit den Anschluss an die Wissenschaft (durch korrekte Bezugnahme auf wissenschaftliche Arbeiten bzw. allgemein anerkannte Quellen) nicht aufrecht erhalten kann, besteht die Gefahr, dass sich aktive aber einseitig ausgerichtete Gruppen verstärkt Gehör verschaffen, z.B. indem Anhänger einer Ideologie diese organisiert verbreiten und so *ideologischen Vandalismus* praktizieren.

Die Kontrollmechanismen können durch die verteile Autorität nur dann aufrecht erhalten werden, wenn eine *gute Gemeinschaft* hinter dem Projekt steht. Eine gute Gemeinschaft basiert auf dem von Putnam zu Grunde gelegten Konzept des sozialen Vertrauens. Durch das starke Anwachsen der Wikipedia-Gemeinschaft besteht eine besondere Herausforderung darin, neue Benutzer in die Verfahren und Arbeitsweisen

Wikipedias einzuarbeiten und in die Gemeinschaft zu integrieren. Ein gedrucktes Handbuch zu Wikipedia, das vor kurzem erschienen ist [Fiebig (2005)], kann neuen Benutzern helfen sich selbständig einzuarbeiten.

Wikis und die Wissenschaft

Es hat Züge von Ironie, dass Wissenschaftler in internationalen Projekten komplexe Wissensmanagementsysteme entwickeln, sich aber parallel dazu eine minimalistische, von einer Privatperson erfundene Software durchsetzt. Diese ▷Wiki-Software ließ in den letzten Jahren das umfangreichste funktionierende Wissensmanagementsystem ohne nennenswerten Einfluss von Wissenschaftlern entstehen. Inzwischen wird sie auf professionellem Niveau als ▷Freie Software innerhalb diverser Projekte weiterentwickelt; nach wie vor steht sie für alle frei zur Verfügung. Nicht verwunderlich ist, dass inzwischen Wissenschaftler nun auf den *Wikizug* aufspringen und ▷Wikis für andere Zwecke einsetzen wollen[108]. Es muss sich jedoch erst zeigen, ob diese Projekte erfolgversprechend sein können, denn noch sind die Voraussetzungen für den Erfolg von Wikis noch kaum bekannt. Vieles deutet darauf hin, dass ein erfolgreiches Wiki-Projekt ganz besondere Herausforderungen an die Mitglieder der Nutzergemeinschaft stellt.

5.2 Weiterer Forschungsbedarf

Wenn man, wie in dieser Arbeit geschehen, von den gesellschaftlichen Leistungssystemen ausgeht und Wikipedia der Zivilgesellschaft zuordnet, stellt sich die Frage, ob im virtuellen Raum eine eigene virtuelle Zivilgesellschaft entsteht. Virtuelle Gemeinschaften waren bis vor einigen Jahren insbesondere im Bereich ▷Freie Software aktiv, doch sie weiten heute ihre Aktivitäten auf viele andere Bereiche aus (zur Übersicht siehe z.b. Ciffolilli (2003)).

Neben den weiteren in Kapitel 4.3 vorgestellten Erklärungsansätzen scheint es sinnvoll, noch andere soziologische Arbeiten wie z.B. Luhmanns Ansätze zur „Wissenschaft der Gesellschaft" mit Wikipedia zu konfrontieren. Auch die Perspektive Habermas (Strukturwandel der Öffentlichkeit) scheint im Zusammenhang mit Wikipedia vielversprechend zu sein. Offenbar übernehmen Bürger durch Wikipedia die Aufgabe Wissenschaft zu dokumentieren. Doch handelt es sich hier um eine *Vergesellschaftlichung* der Wissenschaft? Entsteht eine weitere Wissenschaft außerhalb der institutionalisierten Wissenschaftslandschaft oder wird nur der hier skizzierte Anschluss an Wissenschaft ermöglicht?

Auch die Frage nach der Rolle einer aktiven Zivilgesellschaft in Bezug auf Demokratie als Staatsform versus einer gelebten Demokratie, in der die Gesellschaft sich mehr und mehr selbst steuert, konnte in dieser Arbeit nur angerissen werden und verdient eine intensivere Betrachtung.

---

[108]siehe z.B. e-Science Forum der Max-Plank-Gesellschaft und des BMBF http://www.e-science-forum.de/, zuletzt abgerufen am 29.11.2005

5.2.1 Gender-Perspektive

Zumindest für die angemeldeten Benutzer innerhalb Wikipedias gilt, dass der Frauenanteil selbst im Verhältnis zur Internetnutzung zwischen Frauen und Männern sehr gering ist. Im Zusammenhang der in dieser Arbeit vorgestellten Perspektiven lässt sich folgende Vermutung aufstellen: Dunckelmann (1975, S. 101) stellte in seinen Untersuchungen zur Freiwilligenarbeit in der BRD 1975 fest, dass Frauen wesentlich weniger in Vereinen engagiert waren als Männer. Dieser Unterschied ist heute geringer geworden. Bei den Frauen stellt er fest, dass sich berufstätige Frauen eher engagiert waren als Hausfrauen, während gleichzeitig wesentlich mehr Männer berufstätig waren als Frauen. Er begründet diese Beobachtung zum Engagement damit, dass der berufliche Alltag durch Organisationen geprägt ist und somit der Umgang in Organisationen in der Freizeit in identitätsstiftenden Vereinen leichter fällt. Dieses Argument lässt sich analog auf Wikipedia übertragen. Männer sind eher in virtuellen Gemeinschaften eingebunden (z.B. in der ▷Open Source-Szene, die durch Männer dominiert wird), somit ist für sie der Einstieg und Umgang mit Wikipedia einfacher.

Durch diese Idee wird der geschlechterspezifische Unterschied im Engagement bei Wikipedia keineswegs erklärt; in diesem Rahmen können nur Anhaltspunkte gegeben werden. Auch hinsichtlich dieser Frage stehen intensive Untersuchungen noch aus.

5.2.2 Verstärkung der empirischen Untersuchungen

Eine einzelne psychologische Untersuchung der aktiven Wikipedianer der deutschsprachigen Wikipedia reicht nicht aus, um die Thesen dieser Arbeit empirisch zu begründen. Notwendig wäre, analog zu der in dieser Arbeit gewählten Perspektive, ein *Freiwilligensurvey für virtuelle Gemeinschaften*, der die Engagementformen im Internet untersucht. Dieses Engagement ist bisher, seiner zunehmenden Verbreitung zum Trotz, noch nicht intensiv untersucht worden und wird auch von der Öffentlichkeit kaum wahrgenommen.

Von Belang für eine solche Erhebung sind im Zusammenhang mit Wikipedia u.a. folgende Aspekte:

- Anonymes Engagement: Hier besteht die Herausforderung, eine geeignete Untersuchungsmethode zu finden: Haben häufige anonyme Benutzer einen ▷Benutzeraccount und sind absichtlich nicht angemeldet? Nehmen anonyme Benutzer regelmäßig oder nur sporadisch teil? Was für einen Beitrag leisten sie? Ist diese Art des Engagements mit der anonymen Unterstützung klassischer Freiwilligenorganisationen z.B. durch anonyme Spenden vergleichbar? Auch der Gender-Aspekt könnte in diesem Zusammenhang interessant werden: Entspricht die Geschlechterverteilung der angemeldeten Wikipedianer der der anonymen?

- Umfangreiche empirische Prüfung: Können die Thesen dieser Arbeit zum freiwilligen Engagement und zur Partizipation auf der Basis der Theorien (z.B. zu Sozialkapital und sozialem Vertrauen) bestätigt werden?

- Wissenschaftsphilosophie: In wieweit spiegelt sich die Arbeitsweise einer wissenschaftlichen Disziplin oder eines Personenkreises auch in der Arbeit bei Wikipedia wider? Haben sich bei Wikipedia unterschiedliche Arbeitsweisen in verschiedenen Themenbereichen eingebürgert?

- Kultureller Vergleich: Funktioniert Wikipedia in anderen Sprachen bzw. Kulturräumen anders[109]?

- Wie variiert das Engagement innerhalb der Wikipedia-Gemeinschaft? Welche Rolle spielt der Kontakt zu anderen Wikipedianern? Welche genaue Bedeutung spielen soziale Netzwerke? Wie werden neue Mitglieder integriert und wie lässt sich dieser Vorgang verbessern?

- Wie hoch ist der Anteil der im Heimatland bzw. im Ausland lebenden Wikipedianer eines Sprachraums und wie wirkt sich dies inhaltlich aus?

5.2.3 Voraussetzungen für eine funktionierende virtuelle Gemeinschaft

Nach dem Phänomen Wikipedia stellt sich die Frage, was notwendig ist, damit eine funktionierende Gemeinschaft, die praktisch das Rückgrat eines ▷Wiki darstellt, zustandekommt.

- Unter welchen Voraussetzungen entsteht eine virtuelle Gemeinschaft, durch die eine Webseite mit ▷Wiki-Software funktioniert?

- Wie lässt sich dieser Prozess lenken und unterstützen?

- Wo und zu welchen Zwecken lässt sich ein Wiki einsetzen und wann ist eine Wiki-Software eher ungeeignet?

- Ist z.B. der Einsatz eines Wiki bei Partizipationsprozessen oder bei überregional agierenden Vereinen bei vorhandener Medienkompetenz denkbar?

Momentan wird in diesem Bereich viel experimentiert. Beispielsweise nutzen viele Softwareprojekte Wikis, um gemeinsam mit Benutzern und Entwicklern Dokumentationen für eine Software aufzubauen. Nach Wikipedia kann man von einer *Wiki-Euphorie* sprechen. Oft wird dabei aber vernachlässigt, dass ein Wiki-Projekt nur gekoppelt mit einer virtuellen Gemeinschaft funktionieren kann, die Verantwortung für die Inhalte übernimmt. Praktische Erfahrungen zeigen momentan, in welchen Fällen ▷Wiki-Software erfolgreich eingesetzt wurde. Gleichzeitig zeigen sich neue Einsatzgebiete: Wikis lassen sich z.B. auch für kleinere *geschlossene Gruppen* von Benutzern einsetzen, die über das Internet zusammenarbeiten und gemeinsam Dokumente erstellen.

---

[109]Erste Hinweise dafür wurden in Kap. 3.4.4 im Zusammenhang mit der japanischen Wikipedia vorgestellt.

Literatur

Aigrain 2003
AIGRAIN, Philippe: *The Individual and the Collective in Open Information Communities*. Abstract of an invited talk at the 16th BLED Electronic Commerce Conference: 9-11 June 2003. http://www.debatpublic.net/Members/paigrain/texts/icoic.html. Version: 6 2003

Bahrdt 1971
BAHRDT, Hans P. ; GÜLICHER, Herbert (Hrsg.) ; LÜBBE, Hermann (Hrsg.) ; OEHLER, Christoph (Hrsg.) ; SCHELSKY, Helmut (Hrsg.): *Wissenschaftssoziologie - ad hoc. Beiträge zur Wissenschaftssoziologie und Wissenschaftspolitik aus den letzten zehn Jahren.* Düsseldorf : Bertelsmann Universitätsverlag, 1971

Beck 1997
BECK, Ulrich: *Die Erfindung des Politischen.* Frankfurt am Main : Suhrkamp, 1997

Berghaus 2004
BERGHAUS, Margot: *Luhmann leicht gemacht.* Köln : Böhlau Verlag, UTB, 2004

Bernhard 1996
BERNHARD, Michael: Civil Society after the First Transition. Dilemmas of Postcommunist Democratization in Poland and Beyond. In: *Communist and Post-Communist Studies* 29 (1996), Nr. 3, S. 309–330

Bourdieu 1983
BOURDIEU, Pierre: Ökonomisches Kapital, kulturelles Kapital, soziales Kapital. In: *Soziale Ungleichheiten, Soziale Welt* 2 (1983), S. 183–198. – Sonderband

Bouwen u. Taillieu 2004
BOUWEN, René ; TAILLIEU, Tharsi: Multi-party collaboration as social learning for interdependence: developing relational knowing for sustainable natural resource management. In: *Journal of Community & Applied Social Psychology* 14 (2004), S. 137 – 153. http://dx.doi.org/doi.wiley.com/10.1002/casp.777. – DOI doi.wiley.com/10.1002/casp.777

Brin u. Page 1998
BRIN, Sergey ; PAGE, Lawrence: The anatomy of a large-scale hypertextual Web search engine. In: *Computer Networks and ISDN Systems* 30 (1998), Nr. 1–7, S. 107–117

Brändle 2005
BRÄNDLE, Andreas: *Zu wenige Köche verderben den Brei. Eine Inhaltsanalyse der Wikipedia aus Perspektive der journalistischen Qualität, des Netzeffekts und der Ökonomie der Aufmerksamkeit.* Zürich, Institut für Publizistikwissenschaft und Medienforschung der Universität Zürich, Lizentiatsarbeit, 2005

Ciffolilli 2003
CIFFOLILLI, Andrea: Phantom authority, self-selective recruitment and retention of members in virtual communities: The case of Wikipedia. In: *First Monday* 8 (2003), 12, Nr. 12. http://firstmonday.org/issues/issue8_12/ciffolilli/

Coleman 1988
COLEMAN, James S.: Social Capital in the Creation of Human Capital. In: *American Journal of Sociology* 94 (1988), S. 95–120. – Supplement

Diderot 1969
DIDEROT, Denis ; LÜCKE, Theodor (Hrsg.): *Enzyklopädie. Philosophische und politische Texte aus der ,Encyclopédie'*. München : dtv, 1969. – Originaltitel: Encyclopédie ou Dictionnaire raisonné des sciences, des arts et des métiers (1751-1772)

Dunckelmann 1975
DUNCKELMANN, Hennig: *Lokale Öffentlichkeit*. Bd. 51, Schriften des Deutschen Instituts für Urbanistik. Stuttgart : W. Kohlhammer, 1975

Emigh u. Herring 2005
EMIGH, William ; HERRING, Susan C.: Collaborative Authoring on the Web: A Genre Analysis of Online Encyclopedias. In: *Proceedings of the Thirty-Eighth Hawai'i International Conference on System Sciences*. Los Alamitos : IEEE Press, 2005

Erikson 1950
ERIKSON, Erik H.: *Childhood and Society*. New York : Norton, 1950

Etzioni 1975
ETZIONI, Amitai: *Die Aktive Gesellschaft. Eine Theorie gesellschaftlicher und politischer Prozesse*. Opladen, 1975. – Original: The Active Society. A Theory of Societal and Political Processes, 1968

Etzioni 1999
ETZIONI, Amitai: *Die Verantwortungsgesellschaft. Individualismus und Moral in der heutigen Demokratie*. München : Ullstein, 1999. – Original: The New Golden Rule. Community and Morality in a Democratic Society, 1996

Fein u. Matzke 1997
FEIN, Elke ; MATZKE, Sven: Zivilgesellschaft, Konzept und Bedeutung für die Transformationen in Osteuropa. In: *Osteuropa-Institut der Freien Universität Berlin: Arbeitspapiere des Bereichs Politik und Gesellschaft* 7 (1997)

Feindt u. Newig 2005
FEINDT, Peter H. ; NEWIG, Jens: *Partizipation, Öffentlichkeitsbeteiligung, Nachhaltigkeit. Perspektiven der politischen Ökonomie*. Marburg : Metropolis Verlag, 2005

Fiebig 2005

FIEBIG, Henriette (Hrsg.): *Wikipedia, Das Buch.* Zenodot Verlagsgesellschaft mbH (WikiPress 1 - 11/2005). http://www.wikipress.de/baende/wikipedia.xml

Fischer 2000

FISCHER, Gerhard: Social Creativity, Symmetry of Ignorance and Meta-Design. In: *Knowledge-Based Systems Journal (Special Issue on Creativity & Cognition)* 13 (2000), Nr. 7-8, S. 527–537

Fischer u. a. 2004

FISCHER, Gerhard ; SCHARFF, Eric ; YE, Yunwen: Fostering Social Creativity by Increasing Social Capital. In: HUYSMAN, Marleen (Hrsg.) ; WULF, Volker (Hrsg.): *Social Capital and Information Technology.* Cambridge : MIT-Press, 2004, Kapitel 14, S. 355

Free Software Foundation 2002

FREE SOFTWARE FOUNDATION: *GNU Free Documentation Licence. Version 1.2.* http://www.gnu.org/copylest/fdl.html. Version: 2002. – Zuletzt abgerufen am 10.4.2005

Garcia u. Steinmueller 2003

GARCIA, Juan M. ; STEINMUELLER, W. E.: *Applying the Open Source Development Model to Knowledge Work.* SPRU Electronic Working Paper Series (SEWPS). http://www.sussex.ac.uk/Units/spru/publications/imprint/sewps/sewp94/sewp94.pdf. Version: 6 2003. – PAPER 94

Gohl 2001

GOHL, Christopher: Bürgergesellschaft als politische Zielperspektive. In: *Politik und Zeitgeschichte* B 6-7 (2001). http://www.bpb.de/files/BTZORH.pdf

Goldstein 1979

GOLDSTEIN, Ira P.: The genetic graph: A representation for the evolution of procedural knowledge. In: *International Journal of Man-Machine Studies* 11 (1979), S. 51–77

Grassmuck 2000

GRASSMUCK, Volker: *Die Wissens-Allmende.* The Wizards of OS: Information wants to be Free, Workshop im Rahmen der Interface 5. http://web.archive.org/web/20040221103930/http//mikro.org/Events/OS/interface5/wissens-almende.html. Version: 7 2000

Grassmuck 2002

GRASSMUCK, Volker: *Freie Software.* Bundeszentrale für politische Bildung http://freie-software.bpb.de

Habermas 1985

HABERMAS, Jürgen: *Theorie des kommunikativen Handelns.* Frankfurt am Main : Suhrkamp, 1985

Habermas 1999
HABERMAS, Jürgen: *Strukturwandel der Öffentlichkeit*. Frankfurt am Main : Suhrkamp, 1999

Halasz 1988
HALASZ, Frank: Reflections on NoteCards: seven issues for the next generation of hypermedia systems. In: *Communications of the ACM* 31 (1988), Nr. 7, S. 836–852

Hassine 2005
HASSINE, Tsila: The Dynamics of NPOV Disputes. In: *Proceedings of Wikimania 2005*. – Paper-TH1

Hertel u. a. 2003
HERTEL, Guido ; NIEDNER, Sven ; HERMANN, Stefanie: Motivation of Software Developers in Open Source Projects: An Internet-based Survey of Contributors to the Linux Kernel. In: *Research Policy* 32 (2003), Nr. 7, 1159-1177. http://siepr.stanford.edu/programs/OpenSoftware_David/oswp2.pdf

Jäger u. a. 2005
JÄGER, Dana ; SCHROER, Joachim ; SAUER, Nils C. ; PFEIFFER, Elisabeth ; HERTEL, Guido: *Wikipedia: Motivation für die freiwillige Mitarbeit an einer offenen webbasierten Enzyklopädie*. Posterbeitrag auf der 4. Tagung der Fachgruppe Arbeits- und Organisationspsychologie der Deutschen Gesellschaft für Psychologie, Bonn. http://www.psychologie.uni-wuerzburg.de/ao/publications/pdf/wikipedia_poster_fg_2005.pdf. Version: 9 2005

Jütting u. a. 2003
JÜTTING, Dieter H. ; BENTEM, Neil van ; OSHEGE, Volker: *Vereine als sozialer Reichtum*. Bd. 9. Edition Global-lokal Sportkultur. Münster : Waxmann, 2003

Leggewie 1996
LEGGEWIE, Claus: *Netizens oder: der gut informierte Bürger heute*. Online-Dokumentation der Konferenz "Macht Information", 9 1996. – Zur Zeit nicht mehr online, Exemplar von Autor erhalten

Leuf u. Cunningham 2001
LEUF, Bo ; CUNNINGHAM, Ward: *Wiki Way: Collaboration and Sharing on the Internet*. Addison-Wesley Professional, 2001

Lih 2004
LIH, Andrew: *Wikipedia as Participatory Journalism: Reliable Sources? Metrics for evaluating collaborative media as new resource*. http://journalism.utexas.edu/onlinejournalism/wikipedia.pdf. Version: 2004

Luhmann 1996
LUHMANN, Niklas: *Die Realität der Massenmedien*. Opladen, 1996

Luhmann 1997
LUHMANN, Niklas: *Die Gesellschaft der Gesellschaft. Erster und zweiter Teilband.* Frankfurt am Main : Suhrkamp, 1997

McAdams u. De St. Aubin 1992
MCADAMS, Dan P. ; DE ST. AUBIN, Ed: A Theory of Generativity and Its Assessment Through Self-Report, Behavioural Acts, and Narrative Themes in Autobiography. In: *Journal of Personality & Social Psychology* 62 (1992), Nr. 6, 1003–1015. http://content.apa.org/journals/pag/8/2/221

Nahapiet u. Ghoshal 1998
NAHAPIET, J. ; GHOSHAL, S.: Social Capital, Intellectual Capital and the Organizational Advantage. In: *Academy of Management Review* 23 (1998), S. 242–266

Offe u. Fuchs 2001
OFFE, C. ; FUCHS, S.: Schwund des Sozialkapitals? Der Fall Deutschland. In: PUTNAM, Robert D. (Hrsg.): *Gesellschaft und Gemeinsinn.* Gütersloh : Verlag Bertelsmann Stiftung, 2001, S. 417–514

Ortmann 1995
Kapitel 5: Von Computern, Netzen und fetten Fischen. In: ORTMANN, Günther: *Formen der Produktion. Organisation und Rekursivität.* Opladen, Westdeutscher Verlag, 1995, S. 127–150

Pahl-Wostl u. Hare 2004
PAHL-WOSTL, Claudia ; HARE, Matt: Processes of Social Learning in Integrated Resources Management. In: *Journal of Community & Applied Social Psychology* 14 (2004), 193-206. http://dx.doi.org/10.1002/casp.774. – DOI 10.1002/casp.774

Putnam u. Goss 2001
PUTNAM, R. D. ; GOSS, K. A.: Einleitung. In: PUTNAM, Robert D. (Hrsg.): *Gesellschaft und Gemeinsinn.* Gütersloh : Verlag Bertelsmann Stiftung, 2001, S. 15–43

Putnam 1993a
PUTNAM, Robert D.: *Making Democracy work. Civic Traditions in Modern Italy.* Princeton : Princeton University Press, 1993

Putnam 1993b
PUTNAM, Robert D.: What makes democracy work? In: *National Civic Review* 82 (1993), Nr. 2, S. 101–109

Putnam 2000
PUTNAM, Robert D.: *Bowling Alone. The Collaps and Revival of American Community.* New York : Simon and Schuster, 2000

Rasche 2005

RASCHE, Karina: *Praktische Hemmnisse intensiver Partizipation? Eine Untersuchung anhand von fünf Wasserbauprojekten in Nordwest-Europa*, Universität Osnabrück, Diplomarbeit im Studiengang Angewandte Systemwissenschaft, 2005

Rheingold 1994

RHEINGOLD, Howard: *Virtuelle Gemeinschaft: soziale Beziehungen im Zeitalter des Computers*. Addison-Wesley, 1994. – Übers.: Dagmar Schulz u. Dieter Strehle

von Rosenbladt 2000

ROSENBLADT, Berhard von ; BUNDESMINISTERIUM FÜR FAMILIE, SENIOREN, FRAUEN UND JUGEND (BMFSFJ) (Hrsg.): *Freiwilliges Engagement in Deutschland - Ergebnisse der Repräsentativerhebung zu Ehrenamt, Freiwilligenarbeit und bürgerschaftlichen Engagement*. Bd. 194.1. W. Kohlhammer http://www.bmfsfj.de/RedaktionBMFSFJ/Broschuerenstelle/ Pdf-Anlagen/PRM-24454-SR-Band-194.1,property=pdf.pdf

Schroer u. Hertel 2006

SCHROER, J. ; HERTEL, G.: *Wikipedia: Motivation for the voluntary engagement in an open, web-based encyclopedia*. 2006. – Manuskript in Vorbereitung

Schroer 2005

SCHROER, Joachim: *Deutschsprachige Wikipedia - Erste Ergebnisse der Online-Befragung vom 18. März bis 8. April 2005*. http://wy2x05.psychologie. uni-wuerzburg.de/ao/research/wikipedia/vorabergebnisse.pdf. Version: April 2005

Scotchmer 2002

Kapitel 29: Local and public goods and clubs. In: SCOTCHMER, Suzanne: *Handbook of Public Economics*. Bd. 4. Elsevier Science B. V., 1998–2036

Voß 2005a

VOSS, Jakob: *Informetrische Untersuchungen an der Online-Enzyklopädie Wikipedia*, Humboldt-Universität zu Berlin, Diplomarbeit, 2005

Voß 2005b

VOSS, Jakob: *Measuring Wikipedia*. Version: 2005. http://eprints.rclis. org/archive/00003610/. – PREPRINT.

Voß u. Danowski 2004

VOSS, Jakob ; DANOWSKI, Pattrick: Bibliothek, Information und Dokumentation in der Wikipedia. In: *Infomation Wissenschaft und Praxis* 55 (2004), Nr. 8, 457-462. http://eprints.rclis.org/archive/00002566/

Weber 1995

WEBER, Max: *Schriften zur Soziologie*. Stuttgart : Reclam, 1995. – 140 ff. S

Wikimedia Deutschland 2004
WIKIMEDIA DEUTSCHLAND: *PDF-Informationspaket (Unterlagen wie Satzung, Beitragsordnung und Antragsformulare).* http://upload.wikimedia.org/ wikipedia/meta/2/2e/Wikimedia_Deutschland_Vereinsinformationen_u_ Antragsformular_20050215.pdf. Version: 6 2004

Willke 1997
WILLKE, Helmut: *Supervision des Staates.* Frankfurt am Main : Suhrkamp, 1997

Zappe 2004
ZAPPE, Uli: Vom spielerischen Ernst des Programmierens. In: LUTTERBECK, Bernd (Hrsg.) ; GEHRING, Robert A. (Hrsg.): *Open Source Jahrbuch 2004. Zwischen Softwareentwicklung und Gesellschaftsmodell.* Berlin : Lehmanns Media, 2004, S. 407 ff

Anhang

Glossar

Wichtige Begriffe rund um Wikipedia

- **Archive.Org:** Ein digitales Internetarchiv (*Internet Archive*) mit über 40 Milliarden Webseiten, die seit 1996 dort gesammelt werden. Hier kann auf gespeicherte alte Versionen von Webseiten referiert werden.

- **Benutzeraccounts:** Datensätze, die bei der Erstanmeldung eines Nutzers bei einem System erstellt werden. Dort werden benutzerspezifische Daten wie Benutzername und Benutzerpasswort abgelegt.

- **Beobachtungsliste:** Jeder angemeldeter Nutzer bei Wikipedia hat die Möglichkeit, Änderungen an bestimmten Artikeln anzeigen zu lassen (siehe auch Kap. 2.2.2.).

- **Bewertungsbausteine:** spezielle ▷Textbausteine, die die Qualität betreffen (WP_DE: WIKIPEDIA: BEWERTUNGSBAUSTEINE)

- **Blog:** Kurzform für ▷Weblog

- **Bots:** Programme, die automatisiert kleinere Änderungen in Artikeln durchführen (siehe 2.2.3: Benutzertypen)

- **Bürokraten** können Benutzer zu Administratoren machen (siehe 2.2.3: Benutzertypen)

- **CC: Creative-Commons-Lizenz**, Lizenz für ▷*Freie Inhalte*, die die freie Verbreitung und Verwendung der Inhalte ermöglicht, wenn Autoren genannt und die Lizenz beibehalten wird.

- **Edit-War:** Bearbeitungskonflikt innerhalb Wikipedias von zwei oder mehr Benutzern, die sich nicht auf eine Version einigen können und deshalb abwechselnd ihre favorisierte Version wiederherstellen.

- **Fork:** Aufspaltung eines ▷Open Source-Projekts bei unterschiedlichen Vorstellungen über Fortgang des Projektes

- **Freie Inhalte:** Inhalte deren freie Weitergabe garantiert wird, indem sie unter Lizenzen wie der ▷*Creative-Commons-Lizenz* oder der ▷GNU-Lizenz für freie Dokumentation *(▷GFDL)* veröffentlicht werden

- **Freie Software:** Bei Freier Software handelt es sich nicht um *frei* im Sinne von *umsonst*, sondern um Software die unter Lizenzen wie der ▷GPL veröffentlicht wurde und bei der so die 4 Grundfreiheiten gewährt sind: (1) Freiheit des Zugangs, (2) Freiheit, Kopien zu erstellen, (3) Freiheit, Kopien weiterzugeben, (4) Freiheit, Kopien zu verändern - siehe Kapitel 3.1 und Grassmuck (2002)

- **GNU-Projekt**: „GNU's Not Unix" unixartige Betriebssystemumgebung, von Richard Stallman initiiertes Projekt (siehe Kap. 2.1.3)

- **GNU FDL** kurz **GFDL**: „GNU Free Documentation License", ursprünglich gedacht, um Dokumentationen Freier Software unter eine ▷GPL-ähnliche Lizenz zu stellen, siehe Free Software Foundation (2002) sowie Anhang

- **GPL**: „GNU General Public License", ursprünglich vom ▷GNU-Projekt, später von der Free Software Foundation herausgegeben - *Allgemeine öffentliche Lizenz*, unter der die meiste ▷Freie Software veröffentlicht wird

- **Löschantrag**: Formales Verfahren innerhalb Wikipedias, um zu entscheiden ob ein Artikel gelöscht werden sollte.

- **Meta-Wiki**: Projektübergreifendes ▷Wiki zur Organisationszwecken der einzelnen Wikimedia-Projekten und verschiedenen Wikipedia-Ausgaben.

- **Namensraum**: Informatischer Begriff: Innerhalb eines Namensraums können Objekte frei und ohne Rücksicht auf bereits vergebene Namen benannt, werden. In Wikipedia haben beispielsweise die Artikel und Diskussionen je einen eigenen Namensraum. So haben ein Artikel und seine Diskussionsseite den gleichen Namen, sie sind aber in verschiedenen Namensräumen zu finden.

- **Neutraler Standpunkt:** Deutsches Pendant zum ▷*NPOV* aus der englischsprachigen Wikipedia

- **NPOV**: „Neutral point of view" - ▷Neutraler Standpunkt mit folgendem Leitsatz: „Articles should be written without bias, representing all majority- and significant-minority views fairly"- Artikel sollten nicht tendenziös geschrieben sein, sondern alle Sichtweisen der Mehrheit und der signifikanten Minderheiten gerecht darstellen (siehe Kap. 2.2.1).

- **Open Content**, siehe ▷*Freie Inhalte*

- **Open Source**, siehe ▷*Freie Software*

- **Pagerank**: Verfahren mit dem einzelnen Einträge einer Liste eine Wertigkeit zugeordnet werden. Wird z.B. zur Bewertung von Webseiten bei bekannten Suchmaschinen eingesetzt (siehe auch Brin u. Page (1998))

- **Portale** bieten den thematischen Einstieg in ein Thema innerhalb von Wikipedia: Sie bieten einen Überblick über behandelte Unterthemen und vorhandene Artikel. Das „Wikipedia-Portal" ist eine Plattform zur Organisation von Wikipedia (siehe Kap. 2.2.3: Das Wikipedia-Portal).

- **Stewards** können Administratoren und ▷Bürokraten benennen (siehe Kap. 2.2.3: Benutzertypen)

131

- **Textbaustein**: Vorgefertigte Hinweise, die einfach in Artikel eingefügt werden können und so den Nutzer z.b. über bekannte Mängel eines Artikels informieren (siehe auch: WP_DE: WIKIPEDIA: TEXTBAUSTEINE)

- **Versionsgeschichte**: Eine Technik aus der Softwareentwicklung, die es ermöglicht, Veränderungen vorheriger Versionen eines Programms anzuzeigen. Auf Wikipedia übertragen bedeutet das: alle Änderungen, die zu der aktuellen Version des Artikels geführt haben, lassen sich in der Versionsgeschichte sichtbar machen.

- **Weblog**: (meist) private Webseiten mit spezieller Software, mit der Kommentare zu bestimmten Themen geschrieben und veröffentlicht werden. Oft können Leser durch eigene Kommentare die Inhalte ergänzen. Im deutschsprachigen Raum gibt es inzwischen zu einer breiten Themenpalette Weblogs.

- **Wiki, Wiki-Software**: Umgesetzt wird das Wiki-Prinzip (siehe Kap. 2.2.2) durch verschiedene Implementationen, der Wiki-Software. Wenn eine solche Software auf einer Webseite im Einsatz ist, verwendet man häufig die Kurzform „Wiki". Wikipedia ist ein solches Wiki und verwendet die Wiki-Software *MediaWiki*.

- **Wikifizieren**: Umgangssprachlich für Überführung eines Textes ins Wiki-Layout (Überschriften, Paragraphen, interne Links etc.)

- **WP_DE**: Abkürzung für *Artikel aus der deutschsprachigen Wikipedia* http://de.wikipedia.org/wiki/{Artikelname}

- **WP_EN**: Abkürzung für *Artikel aus der englischsprachigen Wikipedia* http://en.wikipedia.org/wiki/{Artikelname}

- **WP_M**: Abkürzung für *Beitrag aus dem projektübergreifenden* ▷*Meta-Wiki* http://meta.wikipedia.org/wiki/{Artikelname}

132

Anlagen

Material aus Wikipedia-Projekten

1. WP_DE: WIKIPEDIA: NEUTRALER STANDPUKT (3 Seiten) vom 29.12.2005

2. WP_DE: WIKIPEDIA:
   WIKIPROJEKT_SELBSTREFLEXION_DER_WIKIPEDIA/ERHEBUNGEN (2 Seiten)
   vom 28.12.2005

3. WP_DE: WIKIPEDIA: WIKIQUETTE (2 Seiten) vom 1.1.2006

4. WP_DE: WIKIPEDIA: VANDALISMUS (2 Seiten) vom 21.4.2005

5. WP_DE: WIKIPEDIA: BEOBACHTUNGSKANDIDATEN (Auszug: erste Seite) vom
   21.4.2005

GNU Free Documentation License

1. Version 1.2, November 2002 (3 Seiten)

2. Deutschsprachige Übersetzung (4 Seiten)

Wikipedia:Neutraler Standpunkt

aus Wikipedia, der freien Enzyklopädie

(Weitergeleitet von Neutraler Standpunkt)

Der **Neutrale Standpunkt** *(Neutraler Gesichtspunkt/Neutrale Sichtweise, kurz NPOV* für *Neutral Point Of View)* ist einer der vier unveränderlichen Grundsätze für das Schreiben von Artikeln in der Wikipedia. Nach der englischen Bezeichnung *Neutral Point Of View* wird der Neutrale Standpunkt auch *NPOV* abgekürzt.

In der Wikipedia ist ein neutraler Standpunkt Voraussetzung eines guten Artikels.

Durch Einnehmen eines neutralen Standpunkts wird versucht, Ideen und Fakten in einer Weise zu präsentieren, die es unmöglich macht, den Standpunkt des Autors zum Thema zurückzuverfolgen.

Inhaltsverzeichnis

Grundsätze des neutralen Standpunkts

1. Ein Artikel in einer Enzyklopädie sollte nicht versuchen, für den Standpunkt des Autors zu argumentieren. Es sollte vielmehr erwähnt werden, welche relevanten Personen, Gruppen, Religionen etc. welchen Standpunkt vertreten.
2. Mehrere verschiedene oder gar widersprüchliche Standpunkte können in einem Artikel beschrieben werden. Fakten und Bewertungen sollten dabei klar als solche gekennzeichnet und voneinander abgegrenzt werden.
3. Argumente für den einen oder anderen Standpunkt dürfen angegeben werden, müssen aber klar zugeordnet sein.
4. Alle Standpunkte sollten unterschiedslos in einem neutralen, nicht emotional gefärbten Ton dargestellt werden.
5. Im Zweifelsfall statt *„X gilt"* besser *„Für X spricht ..."* schreiben, aber nicht *„Es wird allgemein angenommen, X gelte"*, denn das wäre Geschwurbel. Die erste Aussage (*„X gilt"*) beansprucht eine Absolutheit, die nicht immer bewiesen ist und daher von einem neutralen Standpunkt aus wertlos ist. Mit Geschwurbel würde man sich vor der Aussage drücken, warum etwas allgemein angenommen wird.
6. Wenn möglich, alle ernsthaften Standpunkte erwähnen. Eine Sicht mag dann als ernsthaft gelten, wenn sie von beträchtlichen Teilen der Bevölkerung oder von Wissenschaftern eines Fachgebiets aktuell vertreten wird. Es sollte sich nicht um einen aus rhetorischen Gründen untertriebenen, übertriebenen oder satirisch gemeinten Standpunkt handeln.
7. Die vollständige Darstellung von Argumenten hat Vorrang vor dem Bestreben, konkurrierende Sichtweisen möglichst im gleichen Umfang wiederzugeben.
8. Wer in einem sehr emotionalen Verhältnis zu einem bestimmten Thema steht, sollte auf eine Mitarbeit in dem betroffenen Themengebiet verzichten, um die Neutralität nicht zu beeinträchtigen.

Zum Vorgehen

Was ist Tatsache, was ist Wertung?

Als Tatsachen kann man Aussagen formulieren, die unter den meisten Menschen heute unumstritten sind: beispielsweise allgemein etablierte naturwissenschaftliche Erkenntnisse oder mathematische Aussagen (Satz des Pythagoras, Elemente, Gravitation) sowie statistische Daten, etwa über die Einwohnerzahl eines Landes oder den Geschäftsverlauf eines börsennotierten Unternehmens.

Meinungen und Wertungen – dies müssen nicht unbedingt die eigenen sein – sollten am besten mit Tatsachen untermauert oder begründet werden: *Sänger XY war einer der beliebtesten Musiker der 70er Jahre: Seine Lieder waren fünf Jahre lang ununterbrochen in den Charts und er erhielt acht goldene Schallplatten ...*

Zuweisung von Standpunkten

Besonders bei umstrittenen Themen ist es wichtig, Standpunkte zuzuordnen, dabei darf der eine oder andere wichtige Vertreter wörtlich erwähnt oder zitiert werden. Bei einem Thema der deutschen Politik will der Leser vielleicht wissen, welche Position die CDU und welche die SPD vertritt.

Ein anderes Beispiel: *Softwarepatente werden von vielen Menschen abgelehnt. – Wer sind denn die vielen?*, mag sich nun der Leser fragen. Besser: *Softwarepatente werden von vielen Programmierern – vor allem aus den Reihen der Open-Source-Bewegung – abgelehnt, während große Konzerne wie Microsoft ihre Verankerung in einer EU-Richtlinie fordern.*

Unparteiische Darstellung

Zur unparteiischen Darstellung gehört in erster Linie, die Argumente aller Seiten angemessen zu schildern, das heißt, sowohl vom Umfang her eine Ausgewogenheit zu wahren, als auch in der Wortwahl keine (implizite) Wertung vorzunehmen. Es bringt auch nichts, Pro- und Kontralisten in den Artikel einzubauen, die eine scheinbare Unparteilichkeit erzeugen sollen, da gerade in politischen Fragen viele Argumente unter Berücksichtigung verschiedener Nebenaspekte von beiden Seiten verwendet werden. Die Kunst besteht hier in der Konzentration auf das Wesentliche.

In welchem Umfang soll man Minderheitenmeinungen überhaupt erwähnen?

Eine Faustregel besagt: Wenn eine wissenschaftliche Theorie in der ganzen Fachwelt nur von einem Professor und seinen drei Assistenten anerkannt wird, sollte die Darstellung dieser abweichenden Haltung auf keinen Fall länger als der restliche Artikel sein.

Wenn das Auftreten einer Minderheitenmeinung bereits historisch ist und zu einer breiteren öffentlichen Diskussion geführt hat, dann sollten diese Meinung und ihre Diskussion sowie die gesellschaftlichen, politischen, wirtschaftlichen usw. Auswirkungen in ausreichendem und angemessenem Umfang erwähnt werden.

Beispiel ist die theoretische und praktische Forschung über die Möglichkeiten extraterrestrischen Lebens gegenüber den Berichten von UFO-Sichtungen und Kontakten mit Außerirdischen; beides hat einen gewissen Minderheitenstatus.

Wortwahl

Die Wahl der Worte ist wichtig. Bereits ein einzelnes Wort in einem Satz kann die Sachlichkeit zerstören und den Satz zu einer tendenziösen Aussage machen. Ein Beispiel: Im Satz *Er hat es versäumt, die Öffentlichkeit zu informieren* ist es das Wort *versäumt*. Es impliziert und unterstellt eine nachlässige Haltung, die zu diesem angeblichen Versäumnis führte. Der Satz kann auch ohne das Wort *versäumt* geschrieben werden. Die Formulierung *Er hat die Öffentlichkeit nicht informiert* ist neutraler, da aus ihr nicht hervorgeht, weshalb er sie nicht informiert hat. Ein weiteres Beispiel: *Sie informieren immer noch nicht* impliziert, dass sie längst hätten tun müssen, womöglich aufgrund eines Gesetzes o. Ä. *Sie informieren nicht* ist neutraler. Es geht um Nuancen.

Mit der Wortwahl kann der Autor den Leser manipulieren. Es gibt Autoren, die sich dessen nicht bewusst sind und Autoren, die diese Möglichkeit bewusst und gezielt einsetzen. Es gibt Leser, die zu wenig Sprachgefühl haben, um diese Nuancen zu spüren, Leser, die sich deutlich manipuliert fühlen, aber auch Leser, die manipuliert werden, ohne sich dessen bewusst zu werden.

Wörter wie *oft, selten, viele, wenige* sind ungenau, und was wenig ist, hängt oft vom Standpunkt ab. Beispiel: *Ist das Glas halb voll oder halb leer?* Neutraler sind numerische Quantifizierungen, also Zahlenangaben: *Das Glas hat ein Fassungsvermögen von 2 dl und ist mit 1 dl Flüssigkeit gefüllt.*Ebenso Statistiken: *Das Glas hat ein Fassungsvermögen von 2 dl und die Messungen im 10-Minuten-Abstand ergaben: 1,4 dl, 1,3 dl, 1,1 dl, 1,0 dl, 0,9 dl, 0,7 dl, 1,7 dl.* Der Leser kann sich somit dann selber sein Bild von der Realität machen.

Statistiken sind numerische Quantifizierungen, sie sind deswegen aber nicht a priori sachlich. Wir dürfen davon ausgehen, dass die meisten Leute, die eine Statistik erstellen, sauber arbeiten und grundsätzlich richtig messen. Die Probleme beginnen einerseits dort, wo man festlegt, was überhaupt gemessen werden soll und hören dort auf, wo die Messwerte ausgewertet, zusammengefasst und mit Sätzen kommentiert werden. Ein (möglichst neutrales) Beispiel: Wenn ich z. B. eine Statistik über die Anzahl der jährlich im Straßenverkehr getöteten Hunde erstelle, jedoch lediglich Autobusse berücksichtige und dann schreibe:*X-tausend Hunde in den letzten zehn Jahren durch Autobusse getötet*, rücke ich so alle Leute in ein schlechtes Licht, die mit Autobussen zu tun haben (Autobusfahrer, Autobusunternehmen etc.), obwohl es für das eigentlich betrachtete Schicksal des Hundes irrelevant ist, ob er von einem Autobus oder einem Sportwagen getötet wurde. Ich sollte hier also auch andere Verkehrsteilnehmer berücksichtigen.

Generell gilt: Wer eine Statistik bringt, sollte immer eine Quellenangabe beifügen: Name, Organisation, Land der Autoren und Jahr der Erstellung. So kann der Leser – falls er die Quelle und deren Qualität kennt – abschätzen, wie zuverlässig die Angaben sind.

Siehe auch: Zu vermeidende Wörter

Was tun, wenn ein Artikel oder Teile davon deiner Meinung nach nicht neutral sind?

Hier gibt es mehrere Möglichkeiten:

- Wenn du vom Thema genug Kenntnis besitzt, kannst du versuchen den Artikel umzuschreiben.
- Eine andere, höfliche, Möglichkeit besteht darin, die Teile, die deiner Ansicht nach nicht neutral sind, auf die Diskussionsseite auszulagern mit einer – am besten mit Argumenten versehenen – Bitte an den Autor, sie umzuformulieren.
- Zusätzlich kannst du den Artikel auch auf Artikel, die etwas mehr Neutralität benötigen eintragen und hoffen, dass sich jemand der Sache annimmt.
- Ultima ratio, wenn du einen Artikel für nicht „neutralisierbar"hältst, ist ein Löschantrag. In diesem Fall solltest du auf den Löschkandidaten begründen, warum eine Überarbeitung nicht möglich oder sinnvoll ist.

Auf keinen Fall solltest du Passagen kommentarlos löschen.

Du solltest auch nicht versuchen, Artikel, in denen der eine Standpunkt nur ungenügend erklärt wird, durch Kürzunger des anderen Standpunktes neutraler zu machen. Stattdessen solltest du den nur ungenau erklärten Standpunkt besser erklären.

Besonders gefährdete und umstrittene Artikel, in die häufig nicht-neutrale Passagen eingefügt werden, kannst du auf Beobachtungskandidaten verlinken, damit viele Benutzer sie regelmäßig verfolgen.

Artikel, die einige als nicht neutral ansehen und nicht so einfach umzuschreiben sind, kannst Du mit dem Baustein "{{Neutralität}} " kennzeichnen, der auf diese Seite linkt. Das Ganze sieht dann so aus:

 Die Neutralität dieses Artikels oder Absatzes ist umstritten. Die Gründe stehen auf der Diskussionsseite oder auf der Seite für Neutralitätsprobleme. Versuche, den Artikel **neutraler** zu formulieren und entferne diesen Baustein erst, wenn er nicht mehr nötig ist.

Von "http://de.wikipedia.org/wiki/Wikipedia:Neutraler_Standpunkt"

Kategorien: Wikipedia:Neutralität | Wikipedia Hilfe

- Diese Seite wurde zuletzt geändert um 09:56, 29. Dez 2005.
- Ihr Inhalt steht unter der GNU-Lizenz für freie Dokumentation
- Datenschutz
- Über Wikipedia

Wikipedia:Wikipedistik/Soziologie/Erhebungen

aus Wikipedia, der freien Enzyklopädie

< Wikipedia:Wikipedistik | Soziologie (Weitergeleitet von Wikipedia:Wikiprojekt Selbstreflexion der Wikipedia/Erhebungen)

Inhaltsverzeichnis

Umfrage: Erhebung zum Alter

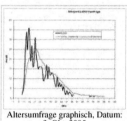

Altersumfrage graphisch, Datum: 3. Okt. 2005

- Grundgesamtheit: Alle (angemeldeten) Wikipedianer: N = ?
- Stichprobe: 258 die sich auf der Seite Wikipedia:Altersumfrage eingetragen haben.
- Datum: Zuletzt 3. Oktober 2005
- Absolute Zahlen
- Erläuterung: Insgesamt sind 258 Stimmen in die Auswertung eingegangen (Stand vom 25. Dezember 2004, 19:25 Uhr CET). Das Durchschnittliche Alter liegt bei etwa 30,8 Jahren. Der Median liegt anscheinend bei 29 Jahren. Allerdings lässt sich natürlich die Repräsentativität der Umfrage anzweifeln.
- Ergebnis in Kürze: Der schwerpunkt scheint bei 12-23 jahren zu liegen. Dann flacht es exponentiell ab. Die Verteilung ist linksschief und alles andere als gleichverteilt. Gründe sind wohl Technische Selbstverständlichkeit der Jugend und offenheit für neue Informationstechniken -qwqch 15:11, 3. Okt 2005 (CEST)
- Weiter siehe Wikipedia:Altersumfrage/Auswertung

Listenauswertung: Wikipedianer nach Bundesländern

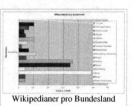

Wikipedianer pro Bundesland

- Grundgesamtheit: Alle (angemeldeten) Wikipedianer: N = ?
- Stichprobe: Kategorie:Benutzer aus Deutschland
- Abgeleitete Größe: Absolute Zahlen in Relation zu *Bevölkerungszahlen der Bundesländer*
- Datum: 7. Oktober 2005
- Erläuterung:

dunkelrot: 0,02 / 10.000
rot: 0,04 / 10.000
orange: 0,06 / 10.000
gelb: 0,08 / 10.000
dunkelgrün: 0,12 / 10.000
grün: > 0,14 / 10.000

- Weiter Siehe auch: Wikipedia:Die Wikipedianer/nach Ländern/Auswertung

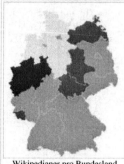

Wikipedianer pro Bundesland graphisch

Geschlechterverteilung von Benutzern mit Admin-Funktion

Adminstratoren: Deutlich mehr männlich

- Grundgesamtheit:

  a) aktiv: 70 Administratoren
  b) inaktiv: 2
  c) Status zurück gegeben: 1

- Stichprobe: gleich Grundgesamtheit
- Datum: (Stand Mai 2004)

- Ergebnis in Kürze:

  a) 55 männlich, 3 weiblich, 12 nicht eindeutig aus der Benutzerseite erkennbar (vermutlich männlich)
  b) 1 männlich, 1 weiblich
  c) 1 männlich
     zusammen: 73, davon sicher 55, wahrscheinlich 69 männlich und 4 weiblich

Bekanntheit und Nutzung nach Schicht

"Einer Umfrage zufolge kennen [...] 700 von 1000 Forschern, die schon einmal in "Nature" publizieren durften, die Online-Enzyklopädie, 17 % nutzen sie mindestens einmal wöchentlich - schon einmal mitgeschrieben haben [...] weniger als 10 Prozent." Quelle: http://www.spiegel.de/netzwelt/netzkultur/0,1518,390475,00.html

(Sekundäranalyse)

Ich hab an dieser Stelle mal die "nur", und "jedoch" weggelassen. Ich denke etwa 10% Beteiligung bei Wissenschaftlern ist sehr viel! --qwqch 10:50, 15. Dez 2005 (CET)

Allgemeine Statistische/empirische Erhebungen mit bislang wenig soziologischem Schwerpunkt

- Wikipedia:Statistik
- Wikipedia:Umfrage
- Wikipedia:Die Wikipedianer

Von "http://de.wikipedia.org/wiki/Wikipedia:Wikipedistik/Soziologie/Erhebungen"

Kategorie: WikiProjekt

- Diese Seite wurde zuletzt geändert um 12:16, 28. Dez 2005.
- Ihr Inhalt steht unter der GNU-Lizenz für freie Dokumentation
- Datenschutz
- Über Wikipedia
- Impressum

Wikipedia:Wikiquette

aus Wikipedia, der freien Enzyklopädie

Hinter jedem, ob guten oder schlechten Beitrag zur Wikipedia steckt ein Mensch. Diesen trivialen Satz wird jeder bejahen. Die Herausforderung ist jedoch, auch nach diesem Wissen zu handeln und nie zu vergessen, dass Beiträge Autoren haben. Diese sind verletzt, wenn sich jemand in allzu grobem Ton über den Inhalt der Texte auslässt, dass auch Fehler oder eine einseitige Darstellung meist nicht auf bösem Willen beruhen, sondern aus ungenügendem Wissen oder einem von deinem verschiedenen Weltbild resultieren - und wer weiß, ob nicht gerade du es bist, der in einem Fall Unrecht hat? Diese Seite stellt die zentralen Grundsätze des Umgangs miteinander in der Wikipedia dar.

- **Keine persönlichen Angriffe** : Bei Diskussionen und Kritik bleib sachlich und versuche, dein Gegenüber nicht zu verletzen. Kritik lässt sich auf vielerlei Weisen formulieren – wähle die schonendste.
- **Geh von guten Absichten aus.** Geh davon aus, dass die Benutzer über Wissensressourcen verfügen und sie hier einbringen wollen. Bis auf wenige Ausnahmen haben die meisten Leute, die hier mitarbeiten, genau wie du das Ziel, Wikipedia besser zu machen. Für eine Aktion, die du auf den ersten Blick für unsinnig hältst, hatte jemand anders möglicherweise gute Gründe. Zum gegenseitigen Respekt gehört auch, Änderungen nicht ohne Begründung rückgängig zu machen. Versuche, den Dissens auf der Diskussionsseite des Benutzers zu klären.
- **Sei freundlich:** Freundlichkeit ist ein Zeichen von Professionalität. Sie fördert den Austausch von Informationen und somit die gemeinsame Konstruktion von Wissen. Sag etwas Nettes, wenn du etwas liest, das dir gefällt. Es kostet nicht viel, einem anderen Nutzer eine kleine Nachricht auf seiner Diskussionsseite zu hinterlassen, motiviert dagegen ungemein. Zur Freundlichkeit gehört auch, dass du keine Anfrage ohne Antwort lässt.
- **Hilf anderen.** Heiße Neuankömmlinge willkommen und hilf ihnen, sich im Dschungel der Wikipedia zurechtzufinden. Antworte, wenn du angesprochen bist, und bedanke dich, wenn man dir geholfen hat. Nichts ist frustrierender als Kommunikationsversuche, die ins Leere laufen.
- **Bleibe ruhig!** Jeder hat mal schlechte Tage und ist impulsiv und reizbar - atme durch und probiere mal mit Gemütlichkeit! Dann hast du keinen Stress, kannst besser reagieren und bist nicht so verletzlich.
- **Wir sind alle ehrenamtlich.** Keiner bekommt Geld für seine Arbeit hier. Wenn du etwas willst, dann bitte darum; du hast keinen Anspruch darauf, dass der Andere etwas sofort erledigt oder antwortet - vielleicht macht er ja gerade Wikipause. Wir sind ein Wiki - *Du* bist Autor und kannst etwas selbst in die Hand nehmen; sei mutig! Wenn Anderen deine Arbeit nicht gefällt, könnt ihr auf den Diskussionsseiten darüber diskutieren und einen Kompromiss finden oder die Aktion am Ende rückgängig machen.
- **Besser spricht es sich von Angesicht zu Angesicht.** Nimm Kontakt mit deinem Gegenüber auf und benutze den Chat. Dort findest du immer erfahrene und hilfsbereite Wikipedianer, die du um ihre Meinung bitten kannst, wenn du unsicher bist oder auch moderieren können. Und mit deinem Gegenüber kannst du so auch schnell Dinge klären, die sonst vielleicht zu handfesten Flamewars geworden wären.
- **Trage Konflikte nicht öffentlich aus.** Wenn zwei sich öffentlich streiten, leidet die ganze Community darunter - und zur Konfliktlösung trägt es auch wenig bei, denn wer will schon vor allen anderen das Gesicht verlieren? Deshalb: Nutzt in solchen Fällen E-Mail, IRC, ICQ oder jedes andere Kommunikationsmittel, das eine sachliche Form der Klärung zulässt.
- **Vergib und vergiss.** Wer lange genug bei Wikipedia mitmacht, gerät sich mal mit Sicherheit einmal mit Anderen in die Haare. Beleidigt sein, Schmollen und Grummeln ist in solchem Fall schon in Ordnung, aber sei nicht nachtragend: Vergib Beleidigungen, sei bereit, dich zu entschuldigen oder zu vergessen und begrabe Konflikte nach angemessener Zeit. Nicht alles, was du so verstehst, ist auch so gemeint - vielleicht ist es ja nur ein Missverständnis?

Siehe auch: Wikiliebe, Vermittlungsausschuss

Regeln und Konventionen

- Was Wikipedia nicht ist
- Neutraler Standpunkt
- Urheberrechte beachten
- **Wikiquette**

Inhalt

- Mindestanforderungen
- Gute Artikel schreiben
- Quellenangaben
- Literatur
- Artikel illustrieren
- Rechtschreibung

Systematik

- Namenskonventionen
- Begriffsklärung
- Personendaten
- Kategorien
- Listen

Links

- Verlinken
- Weblinks
- Assoziative Verweise
- Datenbanklinks

Formatierung

- Wie sehen gute Artikel aus
- Typografie
- Zitate
- Fremdwörter
- Zahlen
- Datumsangaben
- Formatvorlagen

- Diese Seite wurde zuletzt geändert um 22:28, 1. Jan 2006.
- Ihr Inhalt steht unter der GNU-Lizenz für freie Dokumentation
- Datenschutz
- Über Wikipedia
- Impressum

Wikipedia:Vandalismus

aus Wikipedia, der freien Enzyklopädie

Version vom 20:20, 19. Mär 2005; Aktuelle Version ansehen
Nächstältere Version | Nächstjüngere Version

Immer wieder kommt es vor, dass Benutzer aus Vandalismus oder, weil sie sich für komisch halten, Artikel bewusst zerstören. Dazu zählt das kommentarlose Entfernen von ganzen Artikeln oder einzelnen Passagen oder das absichtliche Verfälschen von Informationen.

Inhaltsverzeichnis

Was tun, wenn ein Vandale wütet

Wenn du einen Vandalen entdeckst: **keine Panik**, alle Änderungen lassen sich rückgängig machen.

Vandalismus rückgängig machen

Jeder Wikipedianer kann Vandalismus rückgängig machen, das geht so:

1. Du klickst im Artikel auf "Versionen", um dir die Versionsgeschichte anzeigen zu lassen.
2. Dort suchst du die letzte korrekte Version heraus. Wenn du auf das Datum klickst, bekommst du diese angezeigt.
3. Du klickst auf Seite bearbeiten und bekommst den Inhalt der alten Version angezeigt, außerdem eine Warnung: "ACHTUNG: Sie bearbeiten eine alte Version dieses Artikels. Wenn Sie speichern, werden alle neueren Versionen überschrieben."
4. Es reicht als Zusammenfassung deiner Änderung "Vandalismus" zu schreiben, manche Wikipedianer machen es auch etwas ausführlicher (zum Beispiel "revert zur Version von 12:34, 31. Jul 2008 wg. Vandalismus" oder "Wiederherstellung zur letzten Änderung von x").
5. Seite speichern, fertig.

Ein Blick in die Beiträge des entsprechenden Benutzers ist sehr zu empfehlen, da Vandalen ihre destruktive Energie oft in gleich mehreren Artikeln auslassen.

Falls der Benutzer nicht eingeloggt ist, einfach in der Versionsgeschichte auf die IP-Adresse klicken, die direkt hinter dem Datum steht: (Aktuell) (Letzte) . . 13:40, 14. Mär 2004 . . 172.18.173.128 (http://de.wikipedia.org/w/wiki.phtml?title=Spezial:Contributions&target=172.18

Falls er über ein registriertes Benutzerkonto verfügt, musst du erst auf seinen Benutzernamen und dann auf den Link "Benutzerbeiträge" klicken.

Vandalen in die Schranken weisen

Gewöhnlich verziehen sich Vandalen nach ein paar Minuten von alleine wieder, manchmal brauchen sie jedoch etwas länger, um die Sinnlosigkeit ihres Tuns zu erkennen.

Vielleicht reicht es eine freundliche Nachricht an den Benutzer zu übermitteln, um ihn umzustimmen. Folgender Textblock bietet sich da zum Beispiel an (unter Benutzerbeiträge auf "Diskussion" klicken und dort einfügen):

```
Hallo und [[Wikipedia:Willkommen|]] bei der Wikipedia!

Leider scheinst du nicht sinnvoll bei uns mitarbeiten zu wollen. Deine
Zerstörungen an den Artikeln werden sowieso alle rückgängig gemacht und die
Administratoren zögern auch nicht lange, Vandalen den Zugang zur Wikipedia
einzuschränken. Dann könntest du auch nicht mehr konstruktiv beitragen und das
wäre doch schade, oder? --~~~~~
```

In hartnäckigen Fällen hilft nur den Benutzer oder die betroffenen Artikel zeitweise zu sperren, was jedoch nur Administratoren können. Über die letzten Änderungen oder die Beobachtungsliste fallen solche Fälle den Administratoren gewöhnlich von alleine auf. Falls nicht, kannst du auch kurz im Chat Bescheid geben oder eine Mitteilung auf Wikipedia:Vandalensperrung hinterlassen.

Administratoren können auch ganze IP-Adressbereiche sperren. Dazu hängt man an die zu sperrende IP-Adresse eine Nummer b, die angibt, wieviele der höchstwertigen Bits der Adresse festgelegt werden sollen. Der gültige Bereich ist: $16<=b<=31$. Ein Block von "1.2.3.4/24" blockiert z.B. alle IP-Adressen von 1.2.3.0 bis 1.2.3.255. Mit solchen Bereichsblocks sollte man aber sehr vorsichtig sein, weil die Gefahr, andere Benutzer mit zu blocken, ziemlich groß ist, besonders wenn man ein kleines b wählt. Bitte unbedingt vorher die Beiträge aus diesem Adressbereich ansehen, was mit den Datenbank-Abfragen auf der Seite Wikipedia:Vandalismus/Datenbank-Abfragen möglich ist, und möglichst kurze Block-Zeiträume wählen. (*Siehe auch:* m:Range blocks)

Was ist nicht angebracht

Manchmal handelt es sich auch um Benutzer, die sich mit dem System nicht auskennen - dies ist in der Regel an der Art der Änderung gut zu erkennen. Wenn z. B. ein Benutzer einmalig eine Seite löscht, hat er dies eventuell gar nicht bemerkt - hier sollte man ohne viel Aufhebens und vor allem ohne beleidigende Ausdrücke (auch das Wort "Vandalismus" ist hier nicht neutral) zurückändern. Unter Titeln wie "Name der neuen Seite" angelegte Artikel oder mit Inhalten überschriebene Hilfeseiten sind kein Vandalismus, sondern wohl auf technische Probleme zurückzuführen. Es ist nicht zuviel verlangt, einen kurzen Blick auf die Benutzerbeiträge des Betroffenen zu werfen. Im Sinne der Menschenfreundlichkeit gilt also hier: "Im Zweifelsfalle für den Angeklagten" und was kostet uns ein Lächeln? Die hartnäckigen Kandidaten fallen sowieso auf, und zwar umso schneller, je genauer man sich die Benutzerbeiträge anschaut ...

Wo wird vandaliert?

Unter Wikipedia:Beobachtungskandidaten sind Artikel zusammengefasst, die häufiger Opfer von Vandalismus werden und daher auf keiner Beobachtungsliste fehlen sollten.

- m:Vandalbot (v.a. bei besonders schlimmen Fällen)

Von "http://de.wikipedia.org/wiki/Wikipedia:Vandalismus"

- Diese Version des Artikels wurde zwischenzeitlich bearbeitet.
- Datenschutz
- Über Wikipedia
- Impressum

Wikipedia:Beobachtungskandidaten

aus Wikipedia, der freien Enzyklopädie

Version vom 13:00, 21. Apr 2005; Aktuelle Version ansehen
Nächstältere Version ｜ Nächstjüngere Version

Während in der Wikipedia unzählige Mitarbeiter um die Qualität bemüht sind, gibt es immer wieder auch Vandalen. Diese beziehen sich insbesondere auf Themen, die polarisieren und in denen extremistische Ideen aufeinanderstoßen oder deren wissenschaftlicher Inhalt von einer fundamentalistischen Ideologie nicht akzeptiert werden. Nachfolgend findet sich eine Auswahl von Artikeln, die regelmäßig Ziel solcher Attacken werden und die daher auf der Beobachtungsliste keines um Ordnung bemühten Wikipedianers fehlen sollten:

Bitte listet auf dieser Seite nur Artikel auf, die über einen längeren Zeitraum beobachtet werden sollten.

Die Übersichtsseite*Jeweils letzte Änderung der Artikel der Beobachtungskandidaten
(http://de.wikipedia.org/w/wiki.phtml?title=Spezial:Recentchangeslinked&target=Wikipedia:Beobachtungskandidaten*
listet alle Änderungen der letzten Woche an Artikeln, auf die von dieser Seite verwiesen wird und gibt daher einen schnellen Überlick über möglichen Vandalismus.

Inhaltsverzeichnis

Diese Seite ist nach vermuteten Gründen für die wiederkehrenden Bearbeitungen geordnet:

Aktuelles

- Johannes Paul II.(zwar gesperrt, könnte aber wieder entsperrt werden)
- Konklave(könnte eine Sperrung vertragen)

Sexualität

Besonders Artikel aus dem Bereich der Sexualität scheinen immer wieder pubertierende Vandalen anzulocken:

- Analverkehr
- Homosexualität
- Sex
- Penis und Zirkumzision

GNU Free Documentation License

Version 1.2, November 2002

Copyright (C) 2000,2001,2002 Free Software Foundation, Inc.,

51 Franklin St, Fifth Floor, Boston, MA 02110-1301 USA Everyone is permitted to copy and distribute verbatim copies of this license document, but changing it is not allowed.

0. PREAMBLE

The purpose of this License is to make a manual, textbook, or other functional and useful document "free" in the sense of freedom: to assure everyone the effective freedom to copy and redistribute it, with or without modifying it, either commercially or noncommercially. Secondarily, this License preserves for the author and publisher a way to get credit for their work, while not being considered responsible for modifications made by others.

This License is a kind of "copyleft", which means that derivative works of the document must themselves be free in the same sense. It complements the GNU General Public License, which is a copyleft license designed for free software.

We have designed this License in order to use it for manuals for free software, because free software needs free documentation: a free program should come with manuals providing the same freedoms that the software does. But this License is not limited to software manuals; it can be used for any textual work, regardless of subject matter or whether it is published as a printed book. We recommend this License principally for works whose purpose is instruction or reference.

1. APPLICABILITY AND DEFINITIONS

This License applies to any manual or other work, in any medium, that contains a notice placed by the copyright holder saying it can be distributed under the terms of this License. Such a notice grants a world-wide, royalty-free license, unlimited in duration, to use that work under the conditions stated herein. The "Document", below, refers to any such manual or work. Any member of the public is a licensee, and is addressed as "you". You accept the license if you copy, modify or distribute the work in a way requiring permission under copyright law.

A "Modified Version" of the Document means any work containing the Document or a portion of it, either copied verbatim, or with modifications and/or translated into another language.

A "Secondary Section" is a named appendix or a front-matter section of the Document that deals exclusively with the relationship of the publishers or authors of the Document to the Document's overall subject (or to related matters) and contains nothing that could fall directly within that overall subject. (Thus, if the Document is in part a textbook of mathematics, a Secondary Section may not explain any mathematics.) The relationship could be a matter of historical connection with the subject or with related matters, or of legal, commercial, philosophical, ethical or political position regarding them.

The "Invariant Sections" are certain Secondary Sections whose titles are designated, as being those of Invariant Sections, in the notice that says that the Document is released under this License. If a section does not fit the above definition of Secondary then it is not allowed to be designated as Invariant. The Document may contain zero Invariant Sections. If the Document does not identify any Invariant Sections then there are none.

The "Cover Texts" are certain short passages of text that are listed, as Front-Cover Texts or Back-Cover Texts, in the notice that says that the Document is released under this License. A Front-Cover Text may be at most 5 words, and a Back-Cover Text may be at most 25 words.

A "Transparent" copy of the Document means a machine-readable copy, represented in a format whose specification is available to the general public, that is suitable for revising the document straightforwardly with generic text editors or (for images composed of pixels) generic paint programs or (for drawings) some widely available drawing editor, and that is suitable for input to text formatters or for automatic translation to a variety of formats suitable for input to text formatters. A copy made in an otherwise Transparent file format whose markup, or absence of markup, has been arranged to thwart or discourage subsequent modification by readers is not Transparent. An image format is not Transparent if used for any substantial amount of text. A copy that is not "Transparent" is called "Opaque".

Examples of suitable formats for Transparent copies include plain ASCII without markup, Texinfo input format, LaTeX input format, SGML or XML using a publicly available DTD, and standard-conforming simple HTML, PostScript or PDF designed for human modification. Examples of transparent image formats include PNG, XCF and JPG. Opaque formats include proprietary formats that can be read and edited only by proprietary word processors, SGML or XML for which the DTD and/or processing tools are not generally available, and the machine-generated HTML, PostScript or PDF produced by some word processors for output purposes only.

The "Title Page" means, for a printed book, the title page itself, plus such following pages as are needed to hold, legibly, the material this License requires to appear in the title page. For works in formats which do not have any title page as such, "Title Page" means the text near the most prominent appearance of the work's title, preceding the beginning of the body of the text.

A section "Entitled XYZ" means a named subunit of the Document whose title either is precisely XYZ or contains XYZ in parentheses following text that translates XYZ in another language. (Here XYZ stands for a specific section name mentioned below, such as "Acknowledgements", "Dedications", "Endorsements", or "History".) To "Preserve the Title" of such a section when you modify the Document means that it remains a section "Entitled XYZ" according to this definition.

The Document may include Warranty Disclaimers next to the notice which states that this License applies to the Document. These Warranty Disclaimers are considered to be included by reference in this License, but only as regards disclaiming warranties: any other implication that these Warranty Disclaimers may have is void and has no effect on the meaning of this License.

2. VERBATIM COPYING

You may copy and distribute the Document in any medium, either commercially or noncommercially, provided that this License, the copyright notices, and the license notice saying this License applies to the Document are reproduced in all copies, and that you add no other conditions whatsoever to those of this License. You may not use technical measures to obstruct or control the reading or further copying of the copies you make or distribute. However, you may accept compensation in exchange for copies. If you distribute a large enough number of copies you must also follow the conditions in section 3.

You may also lend copies, under the same conditions stated above, and you may publicly display copies.

3. COPYING IN QUANTITY

If you publish printed copies (or copies in media that commonly have printed covers) of the Document, numbering more than 100, and the Document's license notice requires Cover Texts, you must enclose the copies in covers that carry, clearly and legibly, all these Cover Texts: Front-Cover Texts on the front cover, and Back-Cover Texts on the back cover. Both covers must also clearly and legibly identify you as the publisher of these copies. The front cover must present the full title with all words of the title equally prominent and visible. You may add other material on the covers in addition. Copying with changes limited to the covers, as long as they preserve the title of the Document and satisfy these conditions, can be treated as verbatim copying in other respects.

If the required texts for either cover are too voluminous to fit legibly, you should put the first ones listed (as many as fit reasonably) on the actual cover, and continue the rest onto adjacent pages.

If you publish or distribute Opaque copies of the Document numbering more than 100, you must either include a machine-readable Transparent copy along with each Opaque copy, or state in or with each Opaque copy a computer-network location from which the general network-using public has access to download using public-standard network protocols a complete Transparent copy of the Document, free of added material. If you use the latter option, you must take reasonably prudent steps, when you begin distribution of Opaque copies in quantity, to ensure that this Transparent copy will remain thus accessible at the stated location until at least one year after the last time you distribute an Opaque copy (directly or through your agents or retailers) of that edition to the public.

It is requested, but not required, that you contact the authors of the Document well before redistributing any large number of copies, to give them a chance to provide you with an updated version of the Document.

4. MODIFICATIONS

You may copy and distribute a Modified Version of the Document under the conditions of sections 2 and 3 above, provided that you release the Modified Version under precisely this License, with the Modified Version filling the role of the Document, thus licensing distribution and modification of the Modified Version to whoever possesses a copy of it. In addition, you must do these things in the Modified Version:

- **A.** Use in the Title Page (and on the covers, if any) a title distinct from that of the Document, and from those of previous versions (which should, if there were any, be listed in the History section of the Document). You may use the same title as a previous version if the original publisher of that version gives permission.
- **B.** List on the Title Page, as authors, one or more persons or entities responsible for authorship of the modifications in the Modified Version, together with at least five of the principal authors of the Document (all of its principal authors, if it has fewer than five), unless they release you from this requirement.
- **C.** State on the Title page the name of the publisher of the Modified Version, as the publisher.
- **D.** Preserve all the copyright notices of the Document.
- **E.** Add an appropriate copyright notice for your modifications adjacent to the other copyright notices.
- **F.** Include, immediately after the copyright notices, a license notice giving the public permission to use the Modified Version under the terms of this License, in the form shown in the Addendum below.
- **G.** Preserve in that license notice the full lists of Invariant Sections and required Cover Texts given in the Document's license notice.
- **H.** Include an unaltered copy of this License.
- **I.** Preserve the section Entitled "History", Preserve its Title, and add to it an item stating at least the title, year, new authors, and publisher of the Modified Version as given on the Title Page. If there is no section Entitled "History" in the Document, create one stating the title, year, authors, and publisher of the Document as given on its Title Page, then add an item describing the Modified Version as stated in the previous sentence.
- **J.** Preserve the network location, if any, given in the Document for public access to a Transparent copy of the Document, and likewise the network locations given in the Document for previous versions it was based on. These may be placed in the "History" section. You may omit a network location for a work that was published at least four years before the Document itself, or if the original publisher of the version it refers to gives permission.
- **K.** For any section Entitled "Acknowledgements" or "Dedications", Preserve the Title of the section, and preserve in the section all the substance and tone of each of the contributor acknowledgements and/or dedications given therein.
- **L.** Preserve all the Invariant Sections of the Document, unaltered in their text and in their titles. Section numbers or the equivalent are not considered part of the section titles.
- **M.** Delete any section Entitled "Endorsements". Such a section may not be included in the Modified Version.
- **N.** Do not retitle any existing section to be Entitled "Endorsements" or to conflict in title with any Invariant Section.
- **O.** Preserve any Warranty Disclaimers.

If the Modified Version includes new front-matter sections or appendices that qualify as Secondary Sections and contain no material copied from the Document, you may at your option designate some or all of these sections as invariant. To do this, add their titles to the list of Invariant Sections in the Modified Version's license notice. These titles must be distinct from any other section titles.

You may add a section Entitled "Endorsements", provided it contains nothing but endorsements of your Modified Version by various parties--for example, statements of peer review or that the text has been approved by an organization as the authoritative definition of a standard.

You may add a passage of up to five words as a Front-Cover Text, and a passage of up to 25 words as a Back-Cover Text, to the end of the list of Cover Texts in the Modified Version. Only one passage of Front-Cover Text and one of Back-Cover Text may be added by (or through arrangements made by) any one entity. If the Document already includes a cover text for the same cover, previously added by you or by arrangement made by the same entity you are acting on behalf of, you may not add another; but you may replace the old one, on explicit permission from the previous publisher that added the old one.

The author(s) and publisher(s) of the Document do not by this License give permission to use their names for publicity for or to assert or imply endorsement of any Modified Version.

5. COMBINING DOCUMENTS

You may combine the Document with other documents released under this License, under the terms defined in section 4 above for modified versions, provided that you include in the combination all of the Invariant Sections of all of the original documents, unmodified, and list them all as Invariant Sections of your combined work in its license notice, and that you preserve all their Warranty Disclaimers.

The combined work need only contain one copy of this License, and multiple identical Invariant Sections may be replaced with a single copy. If there are multiple Invariant Sections with the same name but different contents, make the title of each such section unique by adding at the end of it, in parentheses, the name of the original author or publisher of that section if known, or else a unique number. Make the same adjustment to the section titles in the list of Invariant Sections in the license notice of the combined work.

In the combination, you must combine any sections Entitled "History" in the various original documents, forming one section Entitled "History"; likewise combine any sections Entitled "Acknowledgements", and any sections Entitled "Dedications". You must delete all sections Entitled "Endorsements."

6. COLLECTIONS OF DOCUMENTS

You may make a collection consisting of the Document and other documents released under this License, and replace the individual copies of this License in the various documents with a single copy that is included in the collection, provided that you follow the rules of this License for verbatim copying of each of the documents in all other respects.

You may extract a single document from such a collection, and distribute it individually under this License, provided you insert a copy of this License into the extracted document, and follow this License in all other respects regarding verbatim copying of that document.

7. AGGREGATION WITH INDEPENDENT WORKS

A compilation of the Document or its derivatives with other separate and independent documents or works, in or on a volume of a storage or distribution medium, is called an "aggregate" if the copyright resulting from the compilation is not used to limit the legal rights of the compilation's users beyond what the individual works permit. When the Document is included in an aggregate, this License does not apply to the other works in the aggregate which are not themselves derivative works of the Document.

If the Cover Text requirement of section 3 is applicable to these copies of the Document, then if the Document is less than one half of the entire aggregate, the Document's Cover Texts may be placed on covers that bracket the Document within the aggregate, or the electronic equivalent of covers if the Document is in electronic form. Otherwise they must appear on printed covers that bracket the whole aggregate.

8. TRANSLATION

Translation is considered a kind of modification, so you may distribute translations of the Document under the terms of section 4. Replacing Invariant Sections with translations requires special permission from their copyright holders, but you may include translations of some or all Invariant Sections in addition to the original versions of these Invariant Sections. You may include a translation of this License, and all the license notices in the Document, and any Warranty Disclaimers, provided that you also include the original English version of this License and the original versions of those notices and disclaimers. In case of a disagreement between the translation and the original version of this License or a notice or disclaimer, the original version will prevail.

If a section in the Document is Entitled "Acknowledgements", "Dedications", or "History", the requirement (section 4) to Preserve its Title (section 1) will typically require changing the actual title.

9. TERMINATION

You may not copy, modify, sublicense, or distribute the Document except as expressly provided for under this License. Any other attempt to copy, modify, sublicense or distribute the Document is void, and will automatically terminate your rights under this License. However, parties who have received copies, or rights, from you under this License will not have their licenses terminated so long as such parties remain in full compliance.

10. FUTURE REVISIONS OF THIS LICENSE

The Free Software Foundation may publish new, revised versions of the GNU Free Documentation License from time to time. Such new versions will be similar in spirit to the present version, but may differ in detail to address new problems or concerns. See http://www.gnu.org/copyleft/.

Each version of the License is given a distinguishing version number. If the Document specifies that a particular numbered version of this License "or any later version" applies to it, you have the option of following the terms and conditions either of that specified version or of any later version that has been published (not as a draft) by the Free Software Foundation. If the Document does not specify a version number of this License, you may choose any version ever published (not as a draft) by the Free Software Foundation.

How to use this License for your documents

To use this License in a document you have written, include a copy of the License in the document and put the following copyright and license notices just after the title page:

Copyright (c) YEAR YOUR NAME.
Permission is granted to copy, distribute and/or modify this document under the terms of the GNU Free Documentation License, Version 1.2 or any later version published by the Free Software Foundation; with no Invariant Sections, no Front-Cover Texts, and no Back-Cover Texts. A copy of the license is included in the section entitled "GNU Free Documentation License".

If you have Invariant Sections, Front-Cover Texts and Back-Cover Texts, replace the "with...Texts." line with this:

with the Invariant Sections being LIST THEIR TITLES, with the Front-Cover Texts being LIST, and with the Back-Cover Texts being LIST.

If you have Invariant Sections without Cover Texts, or some other combination of the three, merge those two alternatives to suit the situation.

If your document contains nontrivial examples of program code, we recommend releasing these examples in parallel under your choice of free software license, such as the GNU General Public License, to permit their use in free software.

FSF & GNU inquiries & questions to gnu@gnu.org. Other ways to contact the FSF.

Copyright notice above. Free Software Foundation, Inc., 51 Franklin St, Fifth Floor, Boston, MA 02111, USA

Updated: $Date: 2005/05/05 19:37:12 $ $Author: novalis $

Quelle: http://www.gnu.org/licenses/fdl.html,
Letzter Abruf am 5.1.2006

GNU Free Documentation License (deutsch)

Dies ist eine inoffzielle deutsche Übersetzung der *GNU Free Documentation License*. Sie ist nicht von der Free Software Foundation herausgegeben und erläutert nicht die Bedingungen der GNU FDL -- Dies tut nur der original englische Text der GNU FDL. Dennoch hoffen wir, dass diese Übersetzung mit dazu beiträgt deutschsprachigen Personen das Verstehen der GNU FDL zu erleichtern.

Präambel

Der Zweck dieser Lizenz ist es, ein Handbuch, Textbuch oder ein anderes zweckdienliches und nützliches Dokument frei, im Sinne von Freiheit, zu machen; jedermann die Freiheit zu sichern, es zu kopieren und mit oder ohne Änderungen daran, sowohl kommerziell als auch nicht kommerziell weiter zu verbreiten.

Weiterhin sichert diese Lizenz einem Autor oder Verleger die Möglichkeit, Anerkennung für seine Arbeit zu erhalten ohne für Änderungen durch Andere verantwortlich gemacht zu werden.

Diese Lizenz ist eine Art des "copyleft", was bedeutet, daß von diesem Dokument abgeleitete Werke ihrerseits in derselben Weise frei sein müssen.

Dies vervollständigt die GNU General Public License, die eine "copyleft"-Lizenz ist, und für freie Software entworfen wurde.

Diese Lizenz wurde für Handbücher für freie Software entworfen, denn freie Software braucht freie Dokumentation: Ein freies Programm sollte von Handbüchern begleitet sein, die dieselben Freiheiten bieten, die auch die Software selbst bietet.

Diese Lizenz ist aber nicht auf Softwarehandbücher beschränkt; vielmehr kann sie für jede Art von textuellen Werken verwendet werden, unabhängig davon, was das Thema ist, oder ob es als gedrucktes Buch veröffentlicht wurde. Wir empfehlen diese Lizenz prinzipiell für Werke, die als Anleitungen oder Referenzen dienen sollen.

1. Anwendbarkeit und Definitionen

Diese Lizenz findet Anwendung auf jedes Handbuch oder andere Werk, unabhängig von dem Medium, auf dem es erscheint, das einen vom Rechteinhaber eingefügten Hinweis enthält, der besagt, daß das Werk unter den Bedingungen dieser Lizenz verbreitet werden darf.

Ein solcher Hinweis gewährt eine weltweit gültige, tantiemenfreie und zeitlich unbefristete Lizenz, die es gestattet das Werk, unter den hier festgelegten Bedingungen, zu nutzen.

Der Begriff *Dokument* wird im Folgenden für alle solche Handbücher und Werke verwendet.

Jede Person kann Lizenznehmer sein und wird im Folgenden mit *Sie* angesprochen.

Sie akzeptieren diese Lizenz, wenn Sie ein Dokument derart kopieren, verändern oder verteilen, daß Sie gemäß den Gesetzen zum Copyright der Erlaubnis benötigen.

Eine *modifizierte Version* des Dokumentes steht für jedes Werk, das das Dokument als Ganzes oder in Teilen enthält, sowohl auf Datenträger kopiert, als auch mit Änderungen und/oder in andere Sprachen übersetzt.

Ein *zweitrangiger Abschnitt* ist ein benannter Anhang oder eine Einleitung des Dokumentes, der sich ausschließlich mit dem Verhältnis des Autors oder Verlegers des Dokumentes zu dem eigentlichen Thema des Dokumentes (oder damit zusammenhängender Dinge) beschäftigt, und der nichts enthält, das direkt zu dem eigentlichen Thema gehört. (Wenn das Dokument beispielsweise ein Buch über Mathematik ist, dann darf ein zweitrangiger Abschnitt nichts über Mathematik enthalten).

Dies kann eine historische Beziehung zu dem Thema, oder damit zusammenhängender Dinge, oder von gesetzlicher, gesellschaftlicher, philosophischer, ethischer oder politischer Art sein, die das Thema betreffen.

Die *unveränderlichen Abschnitte* sind benannte zweitrangige Abschnitte, deren Titel als unveränderlicher Abschnitt in dem Lizenzhinweis, der das Dokument unter diese Lizenz stellt, aufgeführt sind.

Wenn ein Abschnitt nicht in die oben stehende Definition eines zweitrangigen Abschnittes passt, dann ist es nicht erlaubt diesen Bereich als unveränderlichen Bereich zu kennzeichnen.

Umschlagtexte sind bestimmte, kurze Textstücke, die als *vorderer Umschlagtext* oder als *hinterer Umschlagtext* in der Notiz benannt werden, die besagt, dass das Dokument unter dieser Lizenz freigegeben ist.

Ein vorderer Umschlagtext kann bis zu 5 Worte enthalten, ein hinterer Umschlagtext bis zu 25 Worte.

Eine *transparente Kopie* des Dokumentes bezeichnet eine maschinenlesbare Kopie, dargestellt in einem Format, dessen Spezifikationen allgemein verfügbar sind, und das geeignet ist das Dokument auf einfache Weise mit einem allgemeinen Texteditor (für Bilder, die aus Pixeln bestehen) mit einem allgemeinen Bildbearbeitungsprogramm oder (für Zeichnungen) mit einem häufig verfügbaren Zeichenprogramm zu überarbeiten, und das geeignet ist es als Eingabe für Textformatierer zu verwenden, oder als Eingabe für automatische Konvertierungsprogramme, die eine Reihe von unterschiedlichen Formaten erzeugen, die ihrerseits als Eingabe für Textformatierer verwendet werden können.

Eine Kopie in ein anderes transparentes Dateiformat dessen Auszeichnung oder das fehlen der Auszeichnung derart beschaffen sind, nachfolgende Modifikationen durch die Leser zu verhindern oder zu erschweren ist nicht transparent.

Ein Bildformat ist nicht transparent, wenn es für eine wesentliche Menge von Text verwendet wird.

Eine Kopie, die nicht transparent ist, wird als *opak* bezeichnet.

Beispiele verwendbarer Formate für transparente Kopien schliessen einfachen ASCII-Text ohne Auszeichnungen, TeX-info Eingabe, LaTeX-Eingabeformat, SGML oder XML, sofern die verwendete DTD öffentlich verfügbar ist, sowie standardkonformes, einfaches HTML, Postscript oder PDF, die für Veränderungen durch Menschen entworfen sind, ein.

Beispiele für transparente Bildformate sind u.a. PNG, XCF und JPG.

Opake Formate sind unter anderen solche proprietären Formate, die nur von proprietären Textverarbeitungsprogramm gelesen und bearbeitet werden können, SGML oder XML deren DTD und/oder Verarbeitungswerkzeuge nicht allgemein verfügbar sind, und maschinengeneriertes HTML, PostScript oder PDF, das von manchen Textverarbeitungsprogrammen nur zu Ausgabezwecken erzeugt wird.

Mit *Titelseite* wird in einem gedruckten Buch die eigentliche Titelseite sowie die direkt darauf folgenden Seiten bezeichnet, die all das in lesbarer Form enthalten, was in dieser Lizenz gefordert ist, dass es auf der Titelseite erscheinen muss.

Für Werke, die in Formaten vorliegen, die keine Titelseiten haben, gilt als Titelseite der Text, der der auffälligsten Darstellung des Titels des Werkes direkt folgt, aber noch vor dem Inhalt des Werkes steht.

Ein Abschnitt mit dem Titel xyz bezeichnet einen benannten Unterbereich des Dokumentes, dessen Titel entweder genau xyz ist, oder der xyz in Anführungszeichen enthält, der einem Text folgt, der xyz in eine andere

Sprache übersetzt. (Hier steht xyz für einen speziellen Abschnittsnamen, der im Folgenden erwähnt wird wie"Danksagung"(Acknowledgements), "Widmung"(Dedications), "Anmerkung"(Endorsement) oder "Historie"(History).).

Den Titel erhalten eines Abschnittes bedeutet, daß beim Modifizieren des Dokumentes dieser Abschnitt mit dem Titel xyz bleibt, wie es in dieser Definition festgelegt ist.

Das Dokument kann direkt hinter der Notiz, die besagt, dass das Dokument unter dieser Lizenz freigegeben ist, Garantieausschlüsse enthalten. Diese Garantieausschlüsse werden so behandelt, als seien sie als Referenzen in diese Lizenz eingeschlossen, allerdings nur um Garantien auszuschliessen: Jede andere Implizierung, die dieser Ausschluss hat ist ungültig und keine Wirkung im Sinne dieser Lizenz.

2. Datenträgerkopien

Sie dürfen das Dokument auf jedem Medium sowohl kommerziell als auch nicht kommerziell kopieren und verbreiten, vorausgesetzt, daß diese Lizenz, die Copyright-Hinweise sowie der Lizenzhinweis, der besagt, daß diese Lizenz auf das Dokument anzuwenden ist, in allen Kopien reproduziert wird, und daß keine weiteren Bedingungen jeglicher Art zu denen dieser Lizenz hinzugefügt werden.

Sie dürfen in den Kopien, die Sie erstellen oder verbreiten, keinerlei technische Maßnahmen treffen um das Lesen oder das weitere Kopieren zu erschweren oder zu kontrollieren. Dennoch dürfen Sie Gegenleistungen für Kopien akzeptieren. Wenn Sie eine ausreichend große Menge von Kopien verteilen, müssen Sie zusätzlich die bestimmungen von Ziffer 3 beachten.

Sie können ausserdem unter denselben Bedingungen, die oben angeführt sind, Kopien verleihen und sie können Kopien auch öffentlich bewerben.

3. Kopien in Stückzahlen

Wenn Sie gedruckte Kopien des Dokumentes (oder Kopien auf Medien, die üblicherweise gedruckte Umschläge haben), in einer Stückzahl von mehr als 100 veröffentlichen, und der Lizenzhinweis des Dokumentes Umschlagtexte verlangt, müssen die Kopien in Hüllen verpackt sein, die alle diese Umschlagtexte klar und lesbar enthalten. Die vorderen Umschlagtexte auf dem vorderen Umschlag, die hinteren Umschlagtexte auf dem hinteren Umschlag.

Beide Umschläge müssen Sie ausserdem klar und lesbar als den Herausgeber dieser Kopien benennen.

Der vordere Umschlag muss den gesamten Titel darstellen, mit allen Worten gleich auffällig und sichtbar. Sie können weiteres Material den Umschlägen hinzufügen.

Das Kopieren mit Änderungen, die auf Umschläge begrenzt sind, können, so lange der Titel des Dokuments erhalten bleibt, ansonsten als Datenträgerkopien behandelt werden.

Wenn der vorgeschriebene Text für einen der Umschläge zu umfangreich ist um lesbar zu bleiben, sollten Sie den ersten der aufgelisteten Texte auf den aktuellen Umschlag nehmen (so viel wie vernünftigerweise möglich ist) und den Rest auf direkt angrenzenden Seiten.

Wenn Sie mehr als 100 opake Kopien veröffentlichen oder verbreiten, müssen Sie entweder eine maschinenlesbare, transparente Kopie jeder opaken Kopie beilegen, oder mit bzw. in jeder opaken Kopie eine Computer-Netzwerk Adresse angeben, von wo die allgemeine, netzwerk benutzende Öffentlichkeit, Zugriff zum Download einer kompletten transparenten Kopie über öffentliche Standardnetzwerkprotokolle hat.

Wenn Sie sich für die letztere Möglichkeit entscheiden, müssen Sie mit Beginn der Verbreitung der opaken Kopien in Stückzahlen, zumutbare und vernünftige Schritte unternehmen, um sicher zu stellen, daß die transparenten Kopien mindestens ein Jahr nach der Auslieferung der letzten opaken Kopie (direkt oder über einen Agenten oder

Händler) dieser Ausgabe an die Öffentlichkeit, an der genannten Adresse verfügbar bleiben.

Es ist erbeten, aber nicht gefordert, daß Sie ausreichend lange vor der Auslieferung einer grösseren Menge von Kopien, Kontakt mit den Autoren des Dokumentes aufnehmen, um jenen die Möglichkeit zu geben, Ihnen eine aktualisierte Version des Dokumentes zuzuleiten.

4. Modifikationen

Unter den obigen Bedingungen unter Ziffer 2 und 3 können Sie modifizierte Versionen kopieren und verbreiten, vorausgesetzt, daß Sie die modifizierte Version unter exakt dieser Lizenz herausgeben, wobei die modifizierte Version die Rolle des Dokumentes einnimmt, und dadurch die weitere Modifikation und Verbreitung an jeden Lizensieren, der eine Kopie davon besitzt.

Zusätzlich müssen Sie die folgenden Dinge in der modifizierten Version beachten:

1. Benutzen Sie auf der Titelseite (und auf Umschlägen, sofern vorhanden) einen Titel, der sich von dem Titel des Dokumentes und von früheren Versionen unterscheidet. (Die früheren Versionen sollten, wenn es welche gibt, in dem Abschnitt *Historie* aufgelistet werden.) Sie können denselben Titel wie den einer Vorgängerversion verwenden, wenn der ursprüngliche Herausgeber damit einverstanden ist.
2. Geben Sie auf der Titelseite eine oder mehrere Personen oder Einheiten, die als Autoren auftreten können, als für die Modifikationen verantwortliche Autoren der modifizierten Version, zusammen mit mindestens fünf der ursprünglichen Autoren der Ursprungsversion an (alle vorherige Autoren, wenn es weniger als fünf sind), es sei denn diese befreien Sie von dieser Notwendigkeit.
3. Geben Sie auf der Titelseite den Namen des Herausgebers als Herausgeber an.
4. Erhalten Sie alle Copyright-Vermerke des Dokumentes.
5. Setzen Sie einen passenden Copyright-Vermerk für Ihre Modifikationen direkt hinter die anderen Copyright-Vermerke.
6. Schliessen Sie direkt hinter den Copyright-Vermerken einen Lizenzhinweis ein, der die öffentliche Erlaubnis erteilt, die modifizierte Version unter den Bedingungen dieser Lizenz zu benutzen, wie in einem Anhang weiter unten beschrieben ist.
7. Erhalten Sie im Copyright-Vermerk die komplette Liste der unveränderlichen Abschnitte und obligatorischen Umschlagtexte, die in dem Lizenzvermerk des Dokumentes aufgeführt sind.
8. Schliessen Sie eine unveränderte Kopie dieser Lizenz mit ein.
9. Erhalten Sie den Abschnitt "Historie". Erhalten Sie den Titel und fügen Sie einen Punkt hinzu der mindestens den Titel, das Jahr, die neuen Autoren und Herausgeber, wie sie auf der Titelseite aufgeführt sind, enthält. Sollte es keinen Abschnitt Historie geben, dann erstellen Sie einen, der den Titel, Jahr, Autor und Herausgeber des Dokumentes, wie auf der Titelseite angeben, enthält und fügen Sie einen Punkt hinzu, der die modifizierte Version wie oben dargestellt beschreibt.
10. Erhalten Sie die Netzwerkadresse, die angeben wurde, um Zugang zu einer transparenten Kopie zu gewähren, sowie entsprechend angegebene Adressen früherer Versionen, auf denen das Dokument basiert. Diese Angaben können in den Abschnitt Historie verschoben werden. Sie können die Netzwerkadresse weglassen, wenn sie sich auf ein Werk bezieht, das mindestens 4 Jahre vor dem Dokument selbst veröffentlicht wurde, oder

wenn der ursprüngliche Herausgeber der Version, auf die sich die Adresse bezieht, seine Erlaubnis erteilt.

11. Erhalten Sie für alle Abschnitt, die als *Danksagungen*(Acknowledgements) oder *Widmungen*(Dedications) überschrieben sind, den Titel sowie die Substanz und den Ton aller vom Geber gemachten Danksagungen und/oder Widmungen in diesem Abschnitt.

12. Erhalten Sie alle unveränderlichen Abschnitte unverändert, sowohl im Titel als auch im Text. Abschnittsnummern oder dergleichen gelten hierbei nicht als Teil des Titels.

13. Löschen Sie alle Abschnitte, die als *Anmerkungen*(Endorsements) überschrieben sind. Ein solchen Abschnitt sollte nicht in der modifizierten Version enthalten sein.

14. Benennen Sie keinen Abschnitt in *Anmerkungen* um, oder in einen Namen, der in Konflikt mit einem unveränderlichen Abschnitt gerät.

15. Erhalten Sie alle Garantieausschlüsse.

Wenn die modifizierte Version neue Vorspannabschnitte oder Anhänge enthält, die zweitrangige Abschnitte sein können, und die kein vom Dokument kopiertes Material enthalten, können Sie, nach Ihrem Belieben, einige oder alle diese Abschnitte als unveränderliche Abschnitte in die Lizenzanmerkung der modifizierten Version aufnehmen. Diese Titel müssen sich von allen anderen Titeln unterscheiden.

Sie können einen Abschnitt *Anmerkungen* anfügen, sofern dieser nichts als Bemerkungen, verschiedener Stellen, zu der modifizierten Version enthält. Beispielsweise Publikumsreaktionen oder eine Mitteilung, daß der Text von einer Organisation als maßgebliche Definition eines Standards geprüft wurde.

Sie können einen Teil mit bis zu fünf Worten als vorderen Umschlagtext und einen mit bis zu 25 Worten als hinteren Umschlagtext an das Ende der Liste mit den Umschlagtexten der modifizierten Version hinzufügen. Nur je ein Teil für den vorderen Umschlagtext und den hinteren Umschlagtext können von jeder Einheit hinzugefügt (oder durch entsprechende Anordnung erstellt) werden.

Wenn das Dokument bereits einen Umschlagtext für denselben Umschlag enthält, das von Ihnen oder der Einheit, in deren Namen Sie tätig sind, bereits früher eingefügt wurde, dürfen Sie keine neue hinzufügen. Sie können aber den alten ersetzen, wenn sie die ausdrückliche Genehmigung des Herausgebers haben, der den früheren Text eingefügt hat.

Der/die Autor(en) und Herausgeber des Dokumentes geben duch diese Lizenz weder implizit noch explizit die Erlaubnis ihren Namen für Werbung in den Anmerkungen der modifizierten Version zu benutzen.

5. Dokumente Kombinieren

Sie können mehrere Dokumente, die unter dieser Lizenz freigegeben sind, unter den Bedingungen zur Ziffer 4 für modifizierte Versionen miteinander kombinieren, vorausgesetzt, daß in der Kombination alle unveränderlichen Abschnitte aller Originaldokumente, enthalten sind, und daß Sie diese alle in der Liste der unveränderlichen Abschnitte der Lizenzanmerkung des kombinierten Dokumentes aufführen, sowie alle Garantieausschlüsse erhalten.

Das kombinierte Werk braucht nur eine Kopie dieser Lizenz zu enthalten, und mehrere identische unveränderliche Abschnitte können durch eine einzelne Kopie ersetzt werden.

Wenn es mehrere unveränderliche Abschnitte mit unterschiedlichem Inhalt aber gleichem Namen gibt, machen Sie den Namen eindeutig, indem Sie am Ende des Titels, in Anführungszeichen, den Namen des original Autors oder Herausgebers, falls bekannt, oder andernfalls

eine eindeutige Nummer anhängen. Machen Sie dasselbe mit den Titeln der Abschnitte in der Liste der unveränderlichen Abschnitte im Lizenzhinweis des kombinierten Werkes.

In der Kombination müssen Sie alle Abschnitte mit dem Titel *Historie* in den unterschiedlichen Dokumenten zu einem einzelnen Abschnit *Historie* zusammenführen; entsprechend verfahren Sie mit den Abschnitten *Danksagungen* und *Widmungen*. Sie müssen alle Abschnitte mit dem Titel *Anmerkungen* löschen.

6. Sammlungen von Dokumenten

Sie können eine Sammlung von Dokumenten erstellen, bestehend aus diesem Dokument und weiteren, unter dieser Lizenz stehenden Dokumenten, wobei Sie die einzelnen Kopien dieser Lizenz in den verschiedenen Dokumenten durch eine einzelne Kopie, die in der Sammlung enthalten ist, ersetzen, vorausgesetzt, Sie befolgen in allen andern Punkten, für jedes der Dokumente, die Regeln für Datenträgerkopien.

Sie können ein einzelnes Dokument aus einer solchen Sammlung herausziehen und einzeln unter dieser Lizenz verbreiten, vorausgesetzt, Sie fügen eine Kopie dieser Lizenz in das extrahierte Dokument ein, und befolgen ansonsten die Bedingungen dieser Lizenz für Datenträgerkopien.

7. Aggregation mit unabhängigen Werken

Eine Zusammenstellung des Werkes, oder von Ableitungen davon, mit anderen, separaten und unabhängigen Dokumenten oder Werken, in oder auf demselben Band eines Speicher- oder Verbreitungsmediums, wird dann eine Aggregation genannt, wenn die Copyrights der Zusammenstellung nicht dazu verwendet werden die Rechte der Benutzer, die für die einzelnen Werke gewährt werden, stärker zu beschränken als dies durch die Lizenzen der einzelnen Werke geschieht. Wenn das Werk in einer Aggregation vorhanden ist, so gilt diese Lizenz nicht für die anderen Werke dieser Aggregation, die keine Ableitung des Dokumentes sind.

Wenn die Bestimmungen für die Umschlagtexte aus Ziffer 3 Anwendung finden, und wenn das Dokument weniger als die Hälfte der gesammten Aggregation ausmacht, dann können die Umschlagtexte auf Seiten gesetzt werden, die das Dokument innerhalb der Aggregation umschliessen, oder auf das elektronische Äquivalent eines Umschlages, wenn das Dokument in elektronischer Form vorliegt. Andernfalls müssen sie auf gedruckten Umschlägen erscheinen, die das gesamte Werk umschliessen.

8. Übersetzung

Übersetzungen werden als eine Art von Modifikationen betrachtet. Damit können Sie eine Übersetzung des Dokumentes unter den Bestimmungen unter Ziffer 4 verbreiten. Um die unveränderlichen Abschnitte durch eine Übersetzung zu ersetzen, benötigen Sie die spezielle Erlaubnis des Copyright-Inhabers. Sie können allerdings Übersetzungen von einigen oder allen unveränderlichen Abschnitten zu den original Versionen der unveränderlichen Abschnitte hinzufügen. Sie können eine Übersetzung dieser Lizenz und allen Lizenzhinweisen im Dokument sowie allen Garantieausschlüssen hinzufügen, vorausgesetzt, daß Sie ebenso die originale englische Version dieser Lizenz und aller Hinweise und Ausschlüsse beifügen. Sollten die Übersetzung und die Originalversion dieser Lizenz oder eines Hinweises oder Ausschlusses voneinander abweichen, so hat die Originalversion vorrang.

Wenn ein Abschnitt des Dokumentes als Danksagung,

Widmungen oder Historie überschrieben ist, so erfordert die Forderung (Ziffer 4) den Titel dieses Abschnittes zuerhalten, die Änderung des aktuellen Titels.

9. Abschlussbestimmungen

Sie dürfen dieses Dokument nicht kopieren, verändern, unterlizensieren oder verteilen mit der Ausnahme, daß Sie es ausdrücklich unter dieser Lizenz tun.
Jedweder andere Versuch zu kopieren, zu modifizieren, unter zu lizensieren oder zu verbreiten ist unzulässig und führt automatisch zum Entzug der durch diese Lizenz gewährten Rechte. Dennoch verlieren jene Parteien, die von ihnen Kopien oder Rechte unter dieser Lizen erhalten haben, nicht Ihre Rechte, so lange sie sich in völliger Übereinstimmung mit der Lizenz befinden.

10. Spätere Überarbeitungen dieser Lizenz

Die *Free Software Foundation* kann von Zeit zu Zeit neue, überarbeitete Versionen der *GNU Free Dokumentation License* veröffentlichen. Diese neuen Versionen werden im Geiste gleich bleiben, können sich aber in Details unterscheiden um neuen Problemen oder Besorgnissen gerecht zu werden.

Siehe: http://www.gnu.org/copyleft/

Jede Version dieser Lizenz erhält eine eigene Versionsnummer.
Wenn das Dokument bestimmt, daß eine bestimmt numerierte Version *oder jede spätere Version* dafür gilt, haben Sie die Wahl den Bestimmungen dieser speziell benannten Version zu folgen, oder jeder Version, die später von der *Free Software Foundation*, nicht als Entwurf, veröffentlicht wurde.

Anhang:
Wie Sie diese Lizenz für Ihre Dokumente verwenden können

Um diese Lizenz in einem Dokument zu verwenden, das sie selbst geschrieben haben, schliessen Sie eine Kopie dieser Lizenz (eine englische Kopie des Originals anm. des Übersetzers) in Ihr Dokument mit ein, und setzen Sie den folgenden Copyright- und Lizenzhinweis gleich hinter die

Titelseite:

Copyright (c) YEAR YOUR NAME
Permission is granted to copy, distribute and/or modify this document under the terms of the GNU Free Documentation License, Version 1.2 or any later version published by the Free Software Foundation;
with no Invariant Sections, no Front-Cover Texts, and no Back-Cover Texts.
A copy of the license is included in the section entitled "GNU Free Documentation License".

Es folgt eine Übersetzung des oben stehenden Hinweises, der nur zur Klarheit hier angegeben ist ! (anm.: des Übersetzers)
Copyright Jahr Ihr Name
Kopieren, Verbreiten und/oder Modifizieren ist unter den Bedingungen der
GNU Free Documentation License, Version 1.2 oder einer späteren Version, veröffentlicht von der *Free Software Foundation*, erlaubt.
Es gibt keine unveränderlichen Abschnitte, keinen vorderen Umschlagtext und keinen hinteren Umschlagtext
Eine Kopie des Lizenztextes ist unter dem Titel *GNU Free Documentation License* enthalten.
(Ende der Übersetzung des Lizenzhinweistextes)

Wenn Sie unveränderlichen Abschnitte, vordere und hintere Umschlagtexte haben, ersetzen Sie die Zeile: "Es gibt keine...... Umschlagtext" durch die Folgende:
Mit den unveränderlichen Abschnitten:
Liste dem den Titeln der unveränderlichen Abschnitte
mit dem vorderen Umschlagtext:
vorderer Umschlagtext
und dem hinteren Umschlagtext:
hinterer Umschlagtext

Wenn Sie unveränderliche Abschnitte, aber keine Umschlagtexte oder irgend eine andere Kombination der drei Bereiche haben, mischen Sie die verschiedenen Alternativen, daß zu Ihren Anforderungen passen.

Wenn Ihr Dokument nicht-triviale Codebeispiele enthält empfehlen wir diese Beispiele parallel unter einer freien Softwarelizenz Ihrer Wahl, beispielsweise der *GNU General Public License* zu lizensieren, um ihren Gebrauch in freier Software zu erlauben.

Quelle: http://www.giese-online.de/gnufdl-de.html, Letzter Abruf am 5.1.2006

Wirtschafts- und Sozialwissenschaften

Band 32: Diana Maria Scharf: **Direkte Konsumsteuer und aggregiertes Risiko**
2002 · 110 Seiten · ISBN 3-8316-0163-1

Band 31: Susanne Schäfer-Walkmann: **Zeitverwendung und Zeitressourcen für pflegerische Tätigkeit in stationären Pflegeeinrichtungen der Altenhilfe** · Eine theoretische und empirische Untersuchung
2002 · 375 Seiten · ISBN 3-8316-0160-7

Band 30: Walter Buchner: **Gesundheitsreform und Kurwesen – eine ökonomische Analyse am Beispiel der niederbayerischen Heilbäder**
2002 · 397 Seiten · ISBN 3-8316-0104-6

Band 29: Anne Klien: **Kult-Switching** · Beobachtertheoretische Erklärungen der unterschiedlichen Rezeption der TV-Serie »Ally Mc Beal« in Deutschland und den USA
2001 · 153 Seiten · ISBN 3-8316-0079-1

Band 28: Nicholas D. Boone: **Vernetzung dezentraler Lagersysteme im Großhandel** · Service- und Kostenoptimierung im Lagerverbund
2002 · 242 Seiten · ISBN 3-8316-0063-5

Band 27: Josephine Bollinger-Kanne: **Die Institutionalisierung der Russischen Zentralbank** · Eine transformationstheoretische Analyse
2001 · 230 Seiten · ISBN 3-8316-0047-3

Band 26: Christian Royer: **Simultane Optimierung von Produktionsstandorten, Produktionsmengen und Distributionsgebieten**
2001 · 211 Seiten · ISBN 3-8316-0042-2

Band 25: Ralf Prinzler: **Value-at-Risk-Schätzung mit Gauß'schen Mischverteilungen und künstlichen neuronalen Netzen**
2001 · 293 Seiten · ISBN 3-8316-0011-2

Band 24: Jong Hun Lim: **Die Weiterentwicklung der Gemeinsamen Aussen- und Sicherheitspolitik der Europäischen Union unter besonderer Berücksichtigung der Haltung der Bundesrepublik Deutschland (1995 – 1999)**
2000 · 295 Seiten · ISBN 3-89675-863-2

Band 23: Christoph Rojahn: **Militärische Antiterroreinheiten als Antwort auf die Bedrohung des internationalen Terrorismus und Instrument nationaler Sicherheitspolitik – das Beispiel Amerika**
2000 · 182 Seiten · ISBN 3-89675-841-1

Band 22: Achitsaikhan Battushig: **Wirtschaftliche Transformation in der Mongolei**
2000 · 250 Seiten · ISBN 3-89675-833-0

Band 21: Christfriede Baals: **Qualitätsmanagement in der aktiven Landschaftspflege – unter Berücksichtigung ihrer Entwicklung im Freistaat Bayern**
2000 · 303 Seiten · ISBN 3-89675-755-5

Erhältlich im Buchhandel oder direkt beim Verlag:
Herbert Utz Verlag GmbH, München
089-277791-00 · info@utz.de

Gesamtverzeichnis mit mehr als 2500 lieferbaren Titeln: www.utz.de